Schriftenreihe des Behinderten-Sportverbandes NW
Behinderte machen Sport
Band 10

Regina Naschwitz-Moritz (Hrsg.)
Die Psychomotorische Idee

Schriftenreihe des Behinderten-Sportverbandes NW
Behinderte machen Sport
Band 10

Regina Naschwitz-Moritz (Hrsg.)

Die Psychomotorische Idee

Grundlagen und Praxisanregungen

Mit Beiträgen von:

Sandra Hecker
Andrea Hilgert
Dorothee Klöckner
Regina Naschwitz-Moritz
Anja Offergeld-Schnapka
Uta Wolff

Meyer & Meyer Verlag

Die Deutsche Bibliothek – CIP-Einheitsaufnahme

Naschwitz-Moritz, Regina:
Die Psychomotorische Idee : Grundlagen und Praxisanregungen /
Regina Naschwitz-Moritz. – Aachen : Meyer und Meyer, 2000
(Behinderte machen Sport ; 10)
ISBN 3-89124-598-X

Olten (CH), Wien, Oxford, Québec, Lansing/ Michigan, Adelaide,
Auckland, Johannesburg, Budapest
Schriftleitung: Prof. Dr. Volker Scheid
Entwurf Titelseite: Tacke – Neumann & Partner
Grafische Gestaltung: Anja Clemens
Fotos Innenteil: Alexander Kwijas, Regina Naschwitz-Moritz
Umschlagbelichtung: frw, Reiner Wahlen, Aachen
Lektorat: Professor Gerhard Neisel, Aachen
Druck: Druckpunkt Offset GmbH, Bergheim
Printed in Germany
e-mail: verlag@meyer-meyer-sports.com
ISBN 3-89124-598-X

Inhaltsverzeichnis

GRUSSWORT

Ein Buch, das sich mit der Psychomotorik im Behindertensport befasst, war lange überfällig. Elemente aus der Psychomotorik sind aus der Praxis des Behindertensports in vielen Bereichen nicht mehr wegzudenken.

Seit Kiphard vor vielen Jahren die Idee der Psychomotorik in Praxis und Theorie entwickelt hat und damit im Gespräch ist, ist sie auch Thema für den Behindertensport. Für viele Behinderte sind die Möglichkeiten, die sich mit dieser Methode ergeben, eine Chance, überhaupt an sportliche Übungen herangeführt zu werden. Sie sind also oft Grundlage und Voraussetzung zur Durchführung von Spielen, von Leichtathletik, von Schwimmen, letztendlich auch von gymnastischen Übungen. Insbesondere im Sport mit Menschen mit geistiger Behinderung ist sie fester Bestandteil in Lehre und Praxis. Erst durch den Einsatz dieser Methode gelang deren Einbeziehung flächendeckend in den organisierten Freizeitsport. Die Psychomotorik ist als Methode, Grundlage und Bestandteil der Methodik und Didaktik von Spiel- und Sportarten zu sehen. Sie hat Eingang gefunden in den gesamten Sportbereich, insbesondere von Menschen mit Behinderung. Insofern stellt sie selbst keine eigene Sportart - wie sie in der Gesamtvereinbarung enthalten sind - dar.

Es ist uns gelungen, mittels der Möglichkeiten der Psychomotorik in besonderer Weise Kinder zu erfassen, für welche die allgemeinen Methoden des Sports zu schwierig sind. Das Projekt „Sport mit Kindern mit mangelnder Bewegungserfahrung“, das der LandesSportBund Nordrhein-Westfalen aufgelegt hat und das sich einem Personenkreis widmet, der sich zwischen der normalen, üblichen „Klientel“ der Nichtbehinderten-Sportvereine und dem der Behinderten-Sportvereine befindet, zeigt diese Entwicklungen auf. Der Behinderten-Sportverband Nordrhein-Westfalen legt in der Weiterentwicklung der Methode „Psychomotorik“ Wert auf die Zusammenarbeit mit dem Aktionskreis Psychomotorik, der durch Referenten in unsere Arbeit eingebunden ist.

Ich würde mich freuen, wenn dieses Buch mit seinen Praxisanregungen hilft, den Sport von Menschen mit Behinderung attraktiver zu gestalten und denjenigen, die außen vor stehen und kein ihnen angepaßtes Sportangebot wahrnehmen können oder wollen, einen Einstieg in den organisierten Freizeitsport zu geben.

Theo Zühlsdorf

Vorsitzender des Behinderten-Sportverbandes Nordrhein-Westfalen

EINFÜHRUNG

Kinder, die sich ihren Möglichkeiten entsprechend optimal entwickeln können, finden in ihrer Umwelt Anregungen, die sie je nach Interesse und Bedürfnislage nutzen. Und sie können ...

- den Boden unter den Füßen spüren, sich standfest fühlen und somit fortbewegungssicher sein, Außergewöhnliches, den Alltag bereicherndes erleben;
- mit Bewegung experimentieren, neue Bewegungsformen erlernen, Praxisanregungen kennen lernen, ausbauen und eigene erfinden, Materialien ausprobieren und für eigene Vorstellungen nutzen;
- Beziehungen aufbauen, die Spaß machen, sich gemeinsam gut und stark fühlen, Isolationen auflösen und Gemeinschaft spüren.

Nicht für alle Kinder sind solche Erlebnisse Alltagsrealität. Ihnen versucht die Psychomotorische Idee eine Entwicklungsunterstützung über die Vermittlung der oben genannten Erfahrungen anzubieten.

Dieses Buch möchte an der **Psychomotorischen Idee** Interessierten und insbesondere Übungsleitern und Übungsleiterinnen im Behindertensport Mut machen, sich auf eine Entdeckungsreise zu begeben, welche durch die Erfahrungen mit Kindern auch eine Suche und ein Aufspüren eigenen Erlebens beinhaltet.

Die Psychomotorische Idee ist eine lebendige Idee und ständig in Bewegung. Sie entwickelt sich durch alle, die mit ihr wirken. Jeder kann seine **eigene, individuelle Psychomotorische Idee** entwickeln. Das Zusammenwirken von wertvollen, sich stetig vergrößernden wissenschaftlichen Erkenntnissen und Grundlagen, wie auch die eigene persönliche Entwicklung im Kontext zu den gesellschaftlichen Veränderungen, sorgen für immer neue Impulse zur Entwicklungsunterstützung von Kindern.

Mit den eigenen Empfindungen, dem Gefühl für die basalen Bedürfnisse der Kinder und dem wertvollen intuitiven Erspüren ist es jedem möglich, Kinder auf ihrem Entwicklungsweg zu begleiten und zu unterstützen. Die Rolle des Übungsleiters/Begleiters ist mit der eines Hafenlotsen vergleichbar:
Dieser hilft, schwierige (Entwicklungs-)Engpässe zu passieren, um dann den (Lebens-)Kapitänen wieder die volle Navigations- und Steuerkompetenz zu überlassen.

Dieses Buch stellt einen praktischen Begleiter für all diejenigen dar, die Kindern mit und ohne Behinderung bei Bewegung, Spiel und Sport unter Einbeziehung der Psychomotorischen Idee begegnen wollen.

Als **Theorie-(Nachlese-)Buch** finden sich Informationen zur Geschichte der Psychomotorik, zu den Grundlagen kindlicher Entwicklung, zu Aspekten der Wahrnehmung und Wahrnehmungsentwicklung sowie zu diagnostischen Verfahren. Die beschriebenen Behinderungsformen und Entwicklungsstörungen sollen dem in der Bewegungspraxis Tätigen eine auf das einzelne Kind abgestimmte Planung und Gestaltung psychomotorischer Entwicklungsförderung erleichtern. Der Aufbau persönlicher Kompetenzen und die Festigung des Selbstwertgefühls ist hier eines der wesentlichen Ziele. Zur prozessorientierten Planung von Bewegungseinheiten ist das Wissen um Möglichkeiten der Gestaltung von Bewegungsräumen, Gruppenprozessen, Stundenverläufen und Leitungsfaktoren ebenso eine Hilfe wie die Einbeziehung der Familie in die Entwicklungsbegleitung des Kindes.

Als **Praxis-(Ideen-)Buch** bietet es Anregungen zur inhaltlichen Planung der Psychomotorikstunde. Neben Spielformen zu den verschiedenen Persönlichkeitskompetenzen werden Stundenprojekte, Bewegungsgeschichten, Entspannungseinheiten und Möglichkeiten zur Gestaltung von Stundenbeginn und -ende vorgestellt, die den Bedürfnissen der Gruppen entsprechend einzusetzen sind.

Gedanken, die das Zusammenleben von Menschen mit und ohne Behinderung betreffen, finden sich in einer kleinen Geschichte. Der Leser ist eingeladen, neue Kontaktformen zu Kindern mit Behinderung und deren Eltern zu versuchen.

Das Buch beschäftigt sich weniger mit wissenschaftstheoretischen Auseinandersetzungen, wie sie derzeit im Rahmen einer notwendigen, fundierten Theoriebildung geführt werden, sondern mehr mit den grundlegenden kindnahen Begleitungs- und Fördermöglichkeiten.

Allen Autorinnen ist das Bestreben gemeinsam, die für eine sinnvolle kindliche Entwicklungsunterstützung notwendigen theoretischen und praktischen Kenntnisse an im Behindertensport Tätige weiterzugeben. Gleichzeitig versucht jede - ihrer Persönlichkeit entsprechend -, ein Menschenbild der gegenseitigen Achtung und Wertschätzung zu vermitteln. Sandra Hecker (Kapitel 1), Andrea Hilgert (Kapitel 4), Dorothee Klöckner (Kapitel 8), Regina Naschwitz-Moritz (Kapitel 5, 6, 7), Anja Offergeld-Schnapka (Kapitel 3) und Uta Wulff (Kapitel 2, 5) sind in Arbeitsbereichen, die eine pädagogisch-therapeutische Förderung von Kindern mit und ohne Behinderung und deren sozialem und institutionellem Umfeld zum Inhalt haben, tätig.

Und natürlich sollen der Leser und die Leserin Spaß beim Durchblättern des Buches haben. Daher wurde ein 'bewegliches' Daumenkino von Anja Clemens als Grafikerin gestaltet, welches das 'unbewegliche' Wort begleitet.

Zugunsten der Lesbarkeit wurde auf eine zweigeschlechtliche Schreibweise verzichtet. Der im Behindertensport übliche Begriff des Übungsleiters (ÜL) meint auch andere in der Psychomotorik Tätige wie Sportlehrer, Motopäden, Lehrer, Erzieher, Pädagogen etc.

Regina Naschwitz-Moritz

1 PSYCHOMOTORIK (Sandra Hecker)

'Psychomotorik' beschreibt eine ganzheitlich-humanistische, entwicklungs- und kindgemäße Art der Bewegungserziehung (STEHN/EGGERT 1987). Der Begriff 'Psychomotorik' hat einerseits seine geschichtlichen Ursprünge in Frankreich. Andererseits beschreibt er einen Teilbereich des Bewegungsseins des Menschen. Das Gesamt der Motorik wird in verschiedene Aspekte unterteilt:

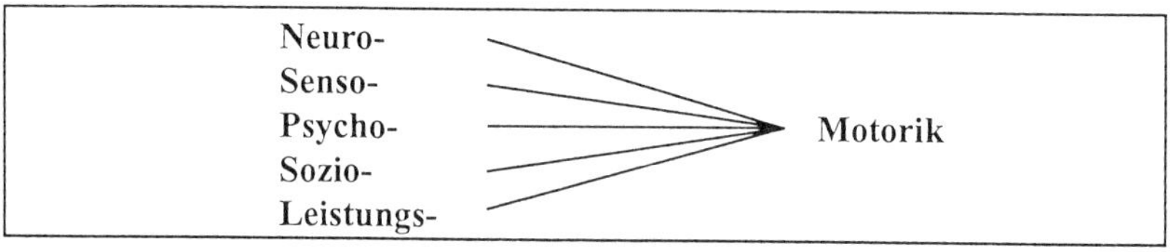

- Die *Neuromotorik* beschreibt die Zusammenhänge neurologischer Steuerung und Bewegung (besonders die Reflexmotorik bei Säuglingen), wobei der neurologisch-koordinative Aspekt hervorgehoben wird.
- Die *Sensomotorik* wird als funktionelle Einheit von Reiz/Reaktion bzw. von Wahrnehmen und Handeln verstanden.
- *Psychomotorik* beeinhaltet die Einheit Erleben und Sich-Bewegen.
- Unter *Soziomotorik* werden die Aspekte von Kooperation, Kommunikation sowie gemeinsames Handeln gefasst, während die
- *Leistungsmotorik* zielgerichtete, mess- und bewertbare Bewegungen beschreibt.

Motorik selbst wird verstanden als Haltungs- und Bewegungsgesamtheit, verknüpft mit den Aspekten des Wahrnehmens, Denkens, Erlebens und Handelns (SCHÄFER 1998).

Psychomotorik kennzeichnet den engen Zusammenhang zwischen psychischer und motorischer Entwicklung, d.h. Gefühle werden mittels Bewegung ausgedrückt, welche umgekehrt die affektive Stimmungslage beeinflusst. Streng genommen kann der Begriff nur bezüglich der frühen Entwicklung eines Kindes bis zum zweiten Lebensjahr verwendet werden. Bis dahin verläuft die kindliche Entwicklung der Psyche und Physe parallel (KIPHARD 1992).

Die Psychomotorik ist keine einheitliche Methode, sondern besteht aus verschiedenen pädagogisch-therapeutischen Programmen, die von einer möglichen Intervention mittels Bewegung ausgehen, um motorische, kognitive und soziale Prozesse zu fördern (BIELEFELD 1987). Sie gehen alle von einem Zusammenhang zwischen perzeptuellen, psychischen und motorischen Prozessen aus:

PIAGET bezeichnet motorische Aktivität als Fundament kognitiver Funktionen. DOMAN-DELACATO geht davon aus, dass die motorische Aktivität die (Re-) Organisation des Zentralen Nervensystems (ZNS) stimuliert. AYRES baut ihre Theorie darauf auf, dass die motorische Aktivität die (Re-) Organisation des ZNS und die perzeptuelle Aktivität steuert. KIPHARD sagt, dass motorische Fähigkeiten zur Handlungsfähigkeit beitragen. Diesen Annahmen fehlt weitestgehend die empirische Grundlage, denn der Motologie als Wissenschaft ist es bisher nur wenig gelungen, die Erfolge der Praxis wissenschaftlich zu belegen (vgl. KIPHARD 1995 und Kap. 1.4).

Die Psychomotorik wird in zwei Bereichen eingesetzt, die bezüglich ihrer Klienten und ihrer Zielsetzung unterschiedlich sind: Zum einen in *pädagogischen Institutionen* als 'psychomotorische Erziehung', zum anderen in *therapeutischen Institutionen* als 'psychomotorische Therapie'. Eine differenziertere Darstellung der Inhalte beider Bereiche erfolgt in Tabelle 1. KIPHARD setzte das Medium Bewegung als therapeutisches Mittel bei behinderten und verhaltensauffälligen Kindern ein. Er schuf den Begriff der 'Psychomotorischen Übungsbehandlung' (PMÜ).

Es ist unumstritten, dass körperliches Erleben und psychische Befindlichkeit sich gegenseitig beeinflussen. Darüberhinaus erleichtern Bewegungsspiele die Kontaktaufnahme untereinander. Mittels vielseitiger Wahrnehmungs- und Bewegungserfahrungen können so umfassende Entwicklungsmöglichkeiten, die den unterschiedlichen Bedürfnissen der Kinder gerecht werden, angeboten werden. Einerseits unterstützt die Psychomotorik die Stabilisierung der Persönlichkeitsentwicklung, andererseits hilft sie, motorische Defizite auszugleichen. Sie findet in der Rehabilitation und auch Prävention ihren Einsatz (EGGERT 1994).

Eine aus der Interessengemeinschaft heraus entstandene Grundlagenkommission hatte zur Aufgabe, die Psychomotorik als neuen Fachbereich wissenschaftlich zu fundieren. Daraus entstand die **'Motologie'** als eigenständige Fachdisziplin mit ihren untergliederten Bereichen Motogenese, Motopathologie, Motodiagnostik, Motopädagogik sowie Mototherapie (BIELEFELD 1987). Erkenntnisse aus Medizin, Psychologie sowie Pädagogik fließen mit ein (SCHILLING 1976).

Die Motologie versteht die Motorik als Gesamtheit aller Bewegungsäußerungen eines Menschen und beschäftigt sich mit deren Entwicklung und Störungen sowie deren Erfassung und Behandlung (KIPHARD 1992). Sie stellt die systematisierte Lehre von Motogenese (Bewegungsentwicklung) und Motopathologie (Bewegungsstörungen) dar. Erkenntnisse aus diesen Bereichen bilden die Grundlage für die Motodiagnostik (Bewegungsdiagnostik). Die Motodiag-

nostik liefert die Informationen, welche zur Planung und Durchführung der Motopädagogik und Mototherapie notwendig sind (KIPHARD 1992).

Motopädagogik	**Mototherapie**
• ganzheitliches Konzept zur Unterstützung der kindlichen Entwicklung	• ganzheitlich-psychomotorische Behandlungsmethode
• Förderansatz über Bewegung als Medium der Erziehung	• bewegungsorientierte Methoden zur Behandlung von Auffälligkeiten und Störungen im psychomotorischen Leistungs- und Verhaltensbereich
• Persönlichkeitsbildung über motorische Lernprozesse	• Fördermethoden bei verzögerter Bewegungsentwicklung
• befähigt das Kind, sich mit sich selbst, der dinglichen und personalen Umwelt sinnvoll auseinander zu setzen • befähigt über allmähliche Umweltanpassung, diese zu verändern und an sich selbst anzupassen. ➔ Zunahme der Handlungsfähigkeit und Umweltbewältigung • Erwerb von Ich-, Sach- und Sozialkompetenz	• psychomotorische Übungsbehandlung = psychomotorische Therapie • psychomotorisch orientierter Ansatz • Mittlerrolle zwischen Physio- und Psychotherapie • orientiert sich an Behinderung und Störung des Einzelnen
• motopädagogisches Handeln bildet die Grundlage für mototherapeutische Maßnahmen	
• psychomotorische Elementarerziehung im Kindergarten-, Vorschul- und Grundschulalter (Präventivbereich) • schulischer / außerschulischer Bereich • Sonder-/heilpädagogischer Bereich	• Klientel besteht hauptsächlich aus Vorschul- und Schulkindern mit minimalen zerebralen Funktionsstörungen (Bewegungs-, Wahrnehmungs- und Verhaltensstörungen)
	• klare therapeutische Zielvorstellungen: ➔ Sachbezogenheit ➔ Funktionsbestimmtheit • Kindgemäßheit • Entwicklungs- und Lernbezogenheit • Handlungs- und Kommunikationsorientierung

Tab. 1: Gegenüberstellung Motopädagogik / Mototherapie (nach: BIELEFELD 1987, KIPHARD 1992, MATTNER 1989, SCHILLING 1986)

Im Grenzbereich zwischen Motopädagogik und Mototherapie finden sich habilitative und rehabilitative Aufgaben. Hierbei geht es um die Vorbeugung von Störungen und/oder Behinderungen bei motorischen, perzeptiven und emotional-sozialen Lernprozessen mittels entsprechender psychomotorischer Fördermaßnahmen (KIPHARD 1989).

1.1 Die historische Entwicklung der Psychomotorischen Idee

In den letzten Jahrzehnten hat die Bekanntheit der Psychomotorik sehr zugenommen. Ihre Anfänge liegen jedoch zu Beginn des 19. Jahrhunderts. Denn der Psychiater DUPRÉ, der als „Vater der französischen Psychomotorik" (PRÉVOST 1990, 108) gilt, vermutete bereits 1909 eine Verbindung zwischen motorischer und geistiger Debilität (Schwäche) aufgrund seiner Beobachtungen bei geistig gestörten Menschen. Dabei bemerkte DUPRÉ einen Zusammenhang zwischen motorischen Auffälligkeiten und geistigen Störungen (PRÉVOST 1990).

Zunächst wurde der Begriff 'Psychomotorik' von psychiatrischen und neurologischen Gesichtpunkten geprägt. DUPRÉ, der klinische Psychologe WALLON sowie der Sonderschulpädagoge und Psychologe GUILMAIN leisteten Pionierarbeit (PRÉVOST 1990). WALLON konzentrierte sich anfangs auf die Forschung nach hirnlokalisatorischen Gesichtspunkten, verlagerte aber nach und nach seinen Schwerpunkt auf den Zusammenhang zwischen Motorik und Psyche. Bis in die 60er Jahre beeinflusste er psychomotorische Arbeiten und Ansätze.

GUILMAIN begründete 1935 die heilpädagogische Psychomotorik (Rééducation psychomotrice). Seine Forschungen (beeinflusst von WALLON) und die daraus resultierenden Ergebnisse führten zur Klassifikation psychomotorischer (Störungs-)Typen (KIPHARD 1991). Einen Ansatz aus kinderpsychiatrischer und neurologischer Sicht verfolgten DE AJURIAGUERRA und DIATKINE, als Nachfolger DUPRÉs. Der Schwerpunkt ihrer Forschung lag auf motorischen Schwächen und deren Auswirkungen auf mentale Prozesse. DE AJURIAGUERRA ging von der motorischen Störungssymptomatik aus (KIPHARD 1991). 1964 und 1977 beschreibt DE AJURIAGUERRA vier Hauptformen psychomotorischer Störungen mit Schwerpunkt auf den affektiven und psychosozialen Begleiterscheinungen. Er prägte den Begriff **„tonischer Dialog"**, was bedeutet, dass der Muskeltonus die Beziehung und Kommunikation zwischen Personen vermittelt (PRÉVOST 1990). DE AJURIAGUERRA beeinflusste neben der französischen auch die Psychomotorik in der Schweiz (KIPHARD 1991).

Wie DE AJURIAGUERRA begann in den 50er Jahren der damalige Sportstudent KIPHARD an der Westfälischen Jugendklinik in Gütersloh, mit verhaltensgestörten Kindern zu arbeiten. Daraus entwickelte er eine Therapie, die auf Bewegung basiert. Seit 1955 existiert die PMÜ für bewegungs-, verhaltens- und lerngestörte Kinder. Mit Hilfe eines Forschungsauftrages, den die Klinik 1958/59 erhielt, wurden die Grundlagen der PMÜ erarbeitet, die in Form einer Übungsfibel namens „Bewegung heilt" 1960 veröffentlicht wurden (SCHÄFER 1998).

Die Erfolge in der praktischen Arbeit konnten mittels der bisherigen psychomotorischen Tests nicht befriedigend belegt werden. Ein interdisziplinäres Team, bestehend aus KIPHARD, KESSELMANN, SCHÄFER, HÜNNEKENS und SCHILLING, forschte und erarbeitete neue motoskopische und motometrische Verfahren für die Diagnostik. Aus dieser Zusammenarbeit entstanden

- 1970 der Trampolin-Körper-Koordinations-Test (TKT),
- 1974 der Körperkoordinations-Test für Kinder (KTK),
- 1975 das Sensomotorische Entwicklungsgitter (SEG).

Die PMÜ fand großes nationales sowie internationales Interesse bei der Fachwelt. Dem 1. Internationalen Motorik-Symposium 1968 in Hamm folgte 1971 das 2. Internationale Motorik-Symposium in Frankfurt und 1973 das 3. Symposium in Luxemburg.

Die Idee der Psychomotorik fand zahlreiche Anhänger, es fehlte aber an speziell ausgebildeten Fachleuten. HÜNNEKENS, KIPHARD und SCHILLING erkannten dieses Dilemma. 1973 entstand der Plan, eine entsprechende Ausbildung anzubieten, woraus später das Fachgebiet „Motologie" entstand. Bereits 1974 fand sich eine Interessengemeinschaft verschiedener Berufsgruppen, aus der 1976 der Aktionskreis Psychomotorik hervorging (SCHÄFER 1998). Im Jahr 1977 wurde die Fachschule für Bewegungstherapie in Dortmund eröffnet, und 1978 führte der Aktionskreis seine 1. Fortbildung für Motopädagogik durch. 1983 entstand ein 4-semestriger Zusatzstudiengang Motologie an der Universität Marburg (HAMMER 1998). Um die wissenschaftliche Arbeit einer breiten Öffentlichkeit zugänglich zu machen, kam 1976 die Zeitung „Psychomotorik" heraus, die seit 1978 bis heute „Motorik" heißt (FISCHER 1998). 1998 wurde eine Erweiterungsqualifikation für Lehrende von der Akademie für Motopädagogik eingerichtet (OLBRICH 1998).

Die Entwicklung in den europäischen Nachbarländern, welche in Tabelle 2 chronologisch dargestellt wird, zeigt die vielfältigen Ursprünge der Psychomotorischen Idee. Auf diese Weise wird deutlich, wie eng sie mit der jeweiligen Kultur des Landes verknüpft ist und sich von der deutschen Entwicklung unterscheidet.

Belgien/Luxemburg	
1965	Einrichtung eines Universitätsstudienganges „Psychomotorische Therapie" mit dem Schwerpunkt: Erwachsenenpsychiatrie, später auch Kinder- und Jugendpsychiatrie
1973	3. Internationales Motorik-Symposium in Luxemburg mit dem Titel: „Motorik im Vorschulalter"
Frankreich	
1957	Einrichtung einer Ausbildung zum Rééducateur psychomotrice
ab 1963	Gründung weiterer staatlicher und privater Ausbildungsstätten
ab 1974	zentrales staatliches Ausbildungsreglement für Frankreich
1984	Einführung der 3-jährigen Ausbildung zum Psychomotricien (Psychomotoriker) mit staatlichem Diplom
vor 1988	Anerkennung der Psychomotorik als Heilhilfsberuf
seit 1991	ganzheitlich-humanistische Erziehung in Kindergärten und Schulen (IRMISCHER 1998, KURZ 1998)
Dänemark	
	Gründung von Ausbildungsinstituten in den 40er Jahren, so dass bis heute 7 staatlich anerkannte Ausbildungsstätten entstanden
1997	Vereinheitlichung der Ausbildungsinhalte (IRMISCHER 1998)
Schweiz	
1960-63	Zusammenarbeit der Tanzpädagogin Suzanne Naville mit dem Psychiater de Ajuriaguerra
ab 1963	Ausbildungslehrgang an der Universität Genf mit Elementen aus Tanz, Tanztherapie und Rhythmik
ab 1971	Naville etablierte am Heilpädagogischen Institut in Zürich die 2-jährige Ausbildung zum Psychomotoriktherapeuten
Niederlande	
1969	Dissertation des Psychomotorikers Klaas von Roozendaal; Gründung der Nederlandse Verenigung voor Psychomotorische Therapie
1971	Studienrichtung Bewegungstherapie
1974	Ausdruck „Psychomotorische Therapie" eingeführt, der den Begriff „Bewegungstherapie" allmählich ersetzte (BOSSCHER 1991)
Spanien	
1980	Internationaler Kongress für Psychomotorik in Madrid; ab diesem Zeitpunkt fand in Spanien die Psychomotorik Beachtung; Ausbildung bis 1998 nicht öffentlich, sondern nur in privaten Zentren möglich
seit 1981	CITAP gibt spezielle Zeitung heraus
seit 1986	zweite Psychomotorik-Zeitung existiert

1996	Gründung eines nationalen Verbandes der Vereinigung der Psychomotoriker (BERRUEZO 1998)
Gemeinsame europäische Entwicklung	
1994	Treffen in München von Vertretern aus den Niederlanden, Belgien, Luxemburg, der Schweiz, Österreich, Tchechien und Deutschland
1995	Symposium in Marburg: Psychomotorik in Europa, mit Vertretern aus 15 europäischen Ländern
1996	1. Europäischer Psychomotorik-Kongress in Marburg
1997	Gründung des Europäischen Forums für Psychomotorik mit Sitz in Straßburg (IRMISCHER 1998)

Tab.2: Die Entwicklung der Psychomotorischen Idee in den europäischen Nachbarländern

1.2 Modelle und Denkweisen der Psychomotorischen Idee

Innerhalb der Psychomotorik als Arbeitskonzept finden sich vielfältige Modelle. Im Folgenden werden drei grundlegende Ansätze beschrieben:

Bewegung als Funktionsgeschehen (funktioneller Ansatz = PMÜ)

Bei diesem Ansatz werden die von einer Person getätigten Bewegungen lediglich unter dem Aspekt der Funktion gesehen. Die Person selbst mit ihrem Erleben tritt völlig in den Hintergrund. Kriterien wie Koordination, Rhythmik, Flexibilität, Ausdauer, Kraft und Tonusregulierung sind entscheidend und führen in der weiteren Diagnose zu einem auf Schwächen und Symptomen basierenden Therapieplan. Während der psychomotorischen Förderung werden Wahrnehmungs- und Bewegungsprozesse mittels zahlreicher Übungseinheiten systematisch verbessert. Aufgrund der Vorgehensweise, sich an den Mängeln des Kindes zu orientieren, verweigert das Kind in einigen Fällen das Mitmachen, da ihm immer wieder seine Grenzen deutlich gemacht werden. Als Folge kann eine Abneigung gegen jegliche Form der Therapie entstehen. Der Förderprozess liegt vollständig beim Therapeuten, so dass das Kind keine Möglichkeit hat, eigene Wünsche und Bedürfnisse zu äußern oder einzubringen. Die Rollenverteilung ist eindeutig festgelegt.

Bewegung als Strukturierungsleistung

Die Prozesse des Wahrnehmens und Bewegens tragen dazu bei, dass das Gehirn sich strukturierter aufbauen kann, woraus sich infolgedessen Wahrnehmungs- und Bewegungsmuster entwickeln können. Die erworbenen Muster unterstützen die Selbstorganisation der Person und lassen sich vielfältig miteinander kombinieren, so dass wiederum neue Muster entstehen. Dies befähigt einen Menschen, sinnvoll und kompetent mit sich, der dinglichen und personalen Umwelt umzugehen. Die Bewegung steht demnach in direktem Bezug zur Person.

Die Handlungsfähigkeit wird allmählich mittels das Kind motivierender Fördersituationen erworben, wobei das Kind selbsttätig agieren soll. Das Ausprobieren und Finden von Lösungswegen erhält einen hohen Stellenwert. Der Ansatz setzt bei den Stärken und Vorlieben des Kindes an, so dass das Kind sich selbst einbringen kann und der Therapeut die Fördereinheiten lediglich indirekt leitet. Die Gefühle und Bedürfnisse des Kindes werden berücksichtigt, woraus sich ein Dialog zwischen Therapeut und Kind entwickelt. Die Bedeutung der Bewegung bleibt bei diesem Konzept unberücksichtigt, und es wird letztlich auf ein Ursache-Wirkungs-Schema zurückgegriffen.

Bewegung als Bedeutungsphänomen

Dieses Modell bezieht die Lebensgeschichte des Kindes mit ein, da sie die Bewegungsäußerungen mit beeinflusst. Die Bewegung wird mit Sinn gefüllt, so dass sie Symbolcharakter erhält. Verhalten innerhalb von Spielszenen bekommt infolgedessen eine andere Deutung, denn die Ebene der Gefühle und Emotionen findet in der Bewegung ihren Ausdruck. Erlebnisse negativer sowie positiver Art können ver- und aufgearbeitet werden, so dass sich während des Spiels das kindliche Selbst entwickeln kann. Darin wird der Heilfaktor der psychomotorischen Förderung gesehen.

Zwischen Therapeut und Kind entsteht eine auf Vertrauen basierende Beziehung, so dass sie zu Spielpartnern werden können. Es ergibt sich ein Dialog, der sowohl auf verbaler als auch auf non-verbaler Kommunikation basiert. Aus der Tatsache heraus, dass der Ansatz die Bewegung im Zusammenhang mit der kindlichen Lebensgeschichte (und daraus folgend mit den geknüpften Beziehungen) sieht, könnte sich eine Gefahr ergeben. Bewegungen werden mit einem symbolischen Ausdruckswert belegt, obwohl sie ihren Ursprung in einer organisch-bedingten Störung haben. Um den Bewegungsausdruck in einen passenden Zusammenhang zu bringen und ihn richtig zu deuten, bedarf es einer speziellen Ausbildung, die Eigenerfahrungen ermöglicht sowie dazu begleitend eine Supervision anbietet.

Die beschriebenen Modelle sind nicht unabhängig voneinander zu sehen, sondern sie bauen aufeinander auf, so dass das vorangegangene Konzept vom folgenden erweitert wird (SEEWALD 1993). Den angeführten Modellen liegen die gleichen Denkansätze zugrunde.

Ausgehend von der Ansicht, dass ein Mensch nicht nur wertvoll ist, wenn er für die Gesellschaft nützliche Leistungen erbringt, wird er mit seinen Eigenarten, Defiziten und Fehlern angenommen. Altersunabhängig gilt jeder Mensch als Persönlichkeit, die als Einheit aus Körper und Geist verstanden wird (BRAUN 1992). Die Körper-Geist-Einheit ist untrennbar, so dass körperliche Vorgänge die seelische Befindlichkeit beeinflussen und umgekehrt (SEEWALD 1997).

Die kindliche Entwicklung geschieht durch Bewegung, was im ersten Lebensjahr deutlich wird. Die Psychomotorik greift dieses Phänomen auf und möchte mittels lustbetonter und zweckfreier Umweltauseinandersetzung das Kind eine ganzheitliche Entwicklungsförderung erfahren lassen. Infolgedessen soll es ihm möglich sein, das Leben mit zunehmender Reife eigenverantwortlich selbst zu gestalten. In den Förderungsprozess werden neben den engeren Familienangehörigen ebenfalls Institutionen wie Kindergarten und Schule einbezogen, indem aufklärende Gespräche geführt sowie Eigenerfahrungen gefördert werden (BRAUN 1992).

Die psychomotorische Förderung stellt den Menschen ins Zentrum ihrer Bemühungen, wobei vorrangig Bewegungserfahrungen und Körperbewusstsein über ansprechende Angebote ermöglicht werden. Dies geschieht auf eine spielerische Art und Weise, so dass sich das Kind zu nichts gezwungen fühlt. Die Teilnahme erfolgt auf freiwilliger Basis. Mittels selbsttätiger Auseinandersetzung mit den Spielmaterialien und Spielfreunden durchläuft es einen Selbstheilungsprozess, der es im Laufe der Zeit zu einer stabilen Persönlichkeit werden lässt, bei welcher die Wahrnehmungs- und die Bewegungsvorgänge integriert sind. „Nichts kann sich wirklich im Menschen einschreiben, was nicht zunächst einmal seine tonisch-emotionale Organisation durchlaufen hat“ (AUCOUTURIER/LAPIERRE 1998, 36).

Während der Zusammenkünfte sollen Werte wie Freude an der Bewegung, Spaß an gemeinsamen Unternehmungen und das Ereichen von gemeinsam gefassten Zielen sowie gegenseitige Rücksichtnahme und Kooperation vermittelt werden. Es geht weniger um genormte Bewegungen und zweckorientierte Übungen, die auf ihre Effektivität hin beobachtet werden. Über Bewegung wird das innere Erleben angesprochen, infolgedessen eine gesunde Gesamtentwicklung erst beginnen kann (BRAUN 1992, SCHOCH 1992).

1.3 Ziele der psychomotorischen Förderung

Die Planung psychomotorischer Förderung erfährt ihr inhaltliches Fundament duch die Berücksichtigung folgender Frage: Was macht für das Kind einen Sinn? Als Anzeichen für die Sinnhaftigkeit kann gelten, wenn die Kinder jegliches Zeitgefühl verlieren, sie das Gefühl haben, ihnen ‘läuft die Zeit davon’. Ziel der Förderung ist die Schaffung einer intrinsischen Motivation, d.h., die Kinder werden aus sich selbst heraus aktiv und kreativ. Dazu bedarf es Situationen, die ihnen einen Erfolg in Aussicht stellen (KIPHARD 1992).

Motorische Frustrationen sowie negative Vorerfahrungen im Bewegungs- und Sozialbereich sollen durch lustbetonte, erfolgreiche Bewegungs- und Sozialerfahrungen abgelöst werden (Stärken des Kindes unterstützen, Leistungssteigerungen für das Kind erfahrbar sowie das kindliche Wirken sichtbar werden lassen). Folgende Persönlichkeitsbereiche werden gezielt berücksichtigt (KIPHARD 1992):

Sensomotorisch: Erweiterung des Erfahrungsbereichs
Affektiv: Selbstvertrauen, Erlebnisfreude, Motivation
Sozial: Verhaltenssteuerung im dinglichen und personalen Bereich, Kontaktaufnahme und -halten, Kooperation, Interaktion, Kommunikation
Kognitiv: 'Handlungsintelligenz' (praktische Intelligenz), Problemlösung, Kreativität

Psychomotorische Förderangebote beinhalten primär:

- Basale Stimulation / Sensibilisierung der Sinne
- Wahrnehmungsverarbeitung / Verarbeitung der wahrgenommenen Erfahrungen
- Erweiterung der Umwelterfahrungen
- Anregung motorischer Aktivität
- Entwicklung der Koordination, der Feinmotorik
- Entwicklung der Selbständigkeit, des Kontaktverhaltens
- kognitive Entwicklung

In der Literatur werden in Anlehnung an die kindliche Entwicklung drei aufeinander aufbauende Ziele psychomotorischer Förderung genannt (SCHÄFER 1998):

Aufbau der Ich-Kompetenz: sich selbst und seinen Körper erfahren, erleben und kennenlernen
Aufbau der Sach-Kompetenz: sich aktiv mit der Sachwelt auseinandersetzen und sie gebrauchen lernen
Aufbau der Sozial-Kompetenz: auf andere Personen eingehen können, gleichzeitig seine eigenen Bedürfnisse erkennen und berücksichtigen

Mit Hilfe von ansprechenden, kindgemäßen Materialien, die das Kind zur spielerischen Tätigkeit motivieren, werden Umwelterfahrungen ermöglicht, die letzlich zur Verbesserung

- der optischen, akustischen und taktilen Wahrnehmungsfähigkeit
- der Körperhaltung
- der Bewegungskoordination
- der Kraft
- der Ausdauer

sowie des Zusammenspiels aller dieser Fähigkeiten führen. Für die Praxis gilt:

- Kinder können sich mit Hilfe von außen selbst regulieren.
- Jedes Kind besitzt die Fähigkeit, seine Handlungen selbst zu regulieren.
- Indem das Kind selbst handeln und wirksam werden kann, erhält es fundamentale Informationen (Ziel: angepasster Muskeltonus, ausgebildetes Körperschema, Impulskontrolle).
- Das Miteinander der Beteiligten wird von allen mitgesteuert (die emotionale Befindlichkeit jedes Einzelnen - auch des Übungsleiters (ÜL) - wirkt sich auf die anderen aus).
- Stehen die Bedürfnisse des Kindes nicht mehr im Mittelpunkt der Förderbemühungen des ÜL (sondern Vorstellungen von Eltern, Ärzten, ...), gerät dieser schnell unter (Erfolgs-)Druck.

Um die Ziele der psychomotorischen Förderung zu erreichen, ist ein gemeinsames Vorgehen und Gestalten der Übungseinheiten notwendig (Ideen und Anregungen seitens der Kinder sind wertvolle Gestaltungselemente). Die Kinder sollen sich wohl fühlen und wissen, dass ihre Interessen und Bedürfnisse beachtet werden. Unter diesen Voraussetzungen werden Kinder mit negativen Bewegungserfahrungen allmählich Vertrauen gewinnen, aktiv werden und eigene Kreativität zur Verfügung stellen (AUCOUTURIER/LAPIERRE 1998).

1.4 Das Problem eines Effektivitätsnachweises

Motorische Auffälligkeiten und Störungen sind eng verbunden mit vielfältigen Entwicklungsschwierigkeiten des Kindes. Es liegt eine mehrdimensionale Entwicklungsverzögerung auf kognitiver, sprachlicher sowie emotional-sozialer Ebene vor. Für die Effektivitätsstudien ergeben sich daraus einige Schwierigkeiten, wenn eine Vielzahl von beeinflussenden Faktoren vorhanden sind. Dies erklärt die geringe Anzahl von Studien, die die Wirksamkeit der Psychomotorik belegen (EGGERT 1994).

SCHILLING hat darauf hingewiesen, dass die Psychomotorische Idee aufgrund ihres breit gefächerten Einsatzgebietes für viele ein "willkommenes Aushängeschild" (SCHILLING 1982, 58) darstellt. Es besteht dabei die Gefahr, dass jedes bewegungsorientierte Angebot als psychomotorische Therapie betitelt wird.

ZIMMER (1998) bekräftigte SCHILLINGs Aussage in ihrem Vortrag auf der 24. Jahrestagung des Aktionskreis Psychomotorik, indem sie die Psychomotorik als „Breitband-Antibiotikum" bezeichnete. Dies verdeutlicht, dass psychomotorische Förderung vielfältig eingesetzt wird, aber die Grenzen wenig beachtet werden.

Motorik als Medium, um den Körper zu erleben, spielt eine bedeutende Rolle bei benachteiligten und behinderten Kindern. Mittels Bewegung wird deren Selbstkonzept zunehmend verbessert, so dass die Gesamtentwicklung positiver verläuft (EGGERT 1994). Bei einer Behandlung mit der PMÜ sind innerhalb einer 6-wöchigen Zeitdauer Änderungen des Verhaltens bei Kindern sichtbar (SCHÄFER 1998). Weitere Untersuchungen belegen, dass Kinder mit spezifischen Lernauffälligkeiten nach einer psychomotorischen Förderung verbesserte Schulleistungen zeigen, darüber hinaus nehmen negative emotionale und soziale Verhaltensweisen ab. Daraus kann aber nicht geschlossen werden, dass jegliche Art von Bewegungsförderung die kognitive Entwicklung positiv beeinflusst.

Die psychomotorische Förderung bedingt eine Veränderung der Motivation sowie des Selbstkonzepts, so dass sich allmählich die Persönlichkeit stabilisieren kann. Eine so in sich gefestigte Person besitzt vielfältigere Möglichkeiten, soziale Beziehungen zu gestalten. Darüber hinaus zieht eine motorisch orientierte Förderung gesteigerte Eigenaktivität nach sich, die sich allmählich in zunehmender Eigenverantwortung äußert (EGGERT 1994).

PANTEN (1980) weist bei den guten Erfolgen der Psychomotorik auf die Rolle des Pädagogen/Therapeuten hin. Seiner Meinung nach blühen auffällige Kinder innerhalb kurzer Zeit verstärkt auf, da sie Eigenschaften seitens des Pädagogen/Therapeuten wie „emotionale Wertschätzung, empathisches Verstehen, Kongruenz und Echtheit" (ebd., 156) selten in ihrer Lebensumwelt erleben. Während der Übungseinheiten erfahren sie, dass sie von einer erwachsenen Person ernst genommen und angenommen werden.

Der Therapieerfolg hängt des Weiteren von der Einstellung und der Mitarbeit der Eltern ab. Enorm wichtig ist die Aufklärung über die besondere Situation ihres Kindes sowie die Beratung über den Umgang mit diesem. Ein Wunsch ist es, dass Eltern mehr Zeit mit ihrem Kind verbringen und gemeinsame Unternehmungen gestalten. Als wirkungsvoll hat sich das Einbeziehen der Eltern in den Therapieverlauf erwiesen, da sie so die Erfahrungen ihres Kindes aktiv nachvollziehen können (PANTEN 1980).

Überdauernde Effekte nach einer einmaligen psychomotorischen Intervention sind nicht beobachtet worden. Festgestellt wurde, dass innerhalb eines halben Jahres eine neuerliche psychomotorische Förderung erfolgen sollte, um die positiven Veränderungen zu stabilisieren. Die Er-

folge der Psychomotorik bedingen sich aus einer qualifizierten Sachkenntnis, der ansprechenden Persönlichkeit des Pädagogen/Therapeuten sowie der Integration der Eltern in den Förderprozess (KIPHARD 1992, 1995).

1.5 Zusammenfassung

Anfang des 19. Jahrhunderts verbreitete sich, ausgehend von Frankreich, über ganz Europa bis in die USA die Psychomotorische Idee. Dabei durchlief sie sehr unterschiedliche Entwicklungen, die eng mit der Kultur des jeweiligen Landes zusammenhängen. Dennoch bestehen zwischen den einzelnen psychomotorischen Strömungen einige Gemeinsamkeiten.

So möchte die Psychomotorik über die Bewegung nicht nur den motorischen Entwicklungsprozess positiv beeinflussen, sondern ebenso auf die emotional-sozialen Vorgänge förderlich einwirken. Mittels motivierender, kindgemäßer Angebote soll das innere Beteiligtsein und Erleben angesprochen werden, so dass sich im weiteren Förderprozess die persönliche Handlungsfähigkeit allmählich entwickelt. Als Ziel der psychomotorischen Förderung gilt der Aufbau einer Körper-, Sach- und Sozialkompetenz, die einen Menschen befähigt, sinnvoll mit seiner Umwelt umzugehen.

Die Psychomotorik geht dabei einen ungewöhnlichen Weg, indem sie Kinder mit ansprechenden Materialien ermutigt, die Initiative zu ergreifen, aktiv und kreativ zu werden. Auf diese Weise möchte sie Selbstheilungsprozesse in Gang setzen, um die Persönlichkeit ganzheitlich zu fördern. In den Förderprozess wird aufgrund des ganzheitlichen Ansatzes die soziale Umwelt des Kindes mit einbezogen. Dabei kommt dem Therapeuten/Pädagogen eine wichtige Rolle zu.

Da vielfältige Faktoren bestehen, die den Therapieprozess beeinflussen, besteht derzeit keine einheitliche Meinung über die Effektivität der psychomotorischen Förderung. Zahlreiche Untersuchungen belegen jedoch, dass bereits nach kurzer Zeit nicht nur Veränderungen bei motorischen Fähigkeiten eintreten, sondern ebenfalls auf der sozial-emotionalen Ebene. Die Psychomotorik trägt wesentlich dazu bei, dass Kinder im spielerischen Tätigsein zu einer eigenständigen Persönlichkeit heranwachsen können.

2 DIE KINDLICHE ENTWICKLUNG (Uta Wolff)

Die Entwicklung des Kindes ist ein komplexer Prozess. Einzelne Komponenten - Bewegung, Erkenntnis, Motivation usw. - hängen miteinander und mit der Umwelt, in der sie sich vollziehen, eng zusammen und wirken aufeinander ein.

Ein heranwachsendes Kind wird nicht nur größer, schwerer und älter, sondern auch stärker, geschickter und klüger. Es erlangt zunehmend mehr Selbständigkeit und wird mit der Zeit immer unabhängiger. Sein Aktionsraum erweitert sich und es erobert sich die Umwelt. Ein sich entwickelndes Kind versucht, sich der Umgebung mehr und mehr anzupassen. Um diese enorme Leistung zu erbringen, übt es sich schon früh im Gebrauch seiner Nerven und Muskeln. Bereits kurz nach der Geburt beginnt es zu schmecken, zu riechen, zu fühlen, vor allem aber zu sehen und zu hören. Dadurch werden seine Sinnesbahnen zum Gehirn angelegt und trainiert. Erinnerungen an so aufgenommene Wahrnehmungsqualitäten speichern die Gehirnzellen. Ohne Gedächtnis kann nichts von Gesehenem, Gehörtem oder Gefühltem wiedererkannt, geordnet und begriffen werden.

Indem ein Kind neue Sinneseindrücke mit schon im Gedächtnis verankerten vergleicht, beginnt es zu verstehen und die Erscheinungen der Umwelt richtig einzuordnen. So lernen Kinder, etwas Gleiches als gleich zu erkennen und etwas Verschiedenes von dem Gleichen zu unterscheiden. „Die Sensomotorik ermöglicht das Wiedererkennen, welches das Kind beständig braucht, um sich an die verschiedenen Gegenstände und Ereignisse seiner Umgebung anzupassen. PIAGET bezeichnet diesen Vorgang als 'die wiederkehrende und generalisierte Assimilation.'" (FLEHMIG 1990, 40).

Das Aufnehmen und Verarbeiten von Umwelteindrücken ist nur ein Teil kindlicher Lernerfahrungen. Es lernt auch die Auseinandersetzung mit der Umwelt durch aktives Handeln. Dazu benötigt das Kind seine Bewegungsorgane, mit deren Hilfe es lernend und experimentierend das vertieft, was durch die Sinne nur vage erfahrbar wäre. Das Lernen erfolgt hauptsächlich in spielerischer Form. Spielhandlungen gehen immer vom Gehirn (Befehlszentrale) aus, wobei die Anreize ihm über verschiedene Sinnesnervenbahnen zugeleitet werden.

Deutlich wird dies bei der Beobachtung eines spielenden Babys, welches mit vollem Eifer einen Karton untersucht, ihn schüttelt, auf den Boden fallen lässt, sich darauf setzt, hineinkriecht, darauf herumkaut, ihn beriecht und mit den Fingern zerreißt. Dieser Säugling erfährt spielerisch unter Einsatz all seiner Sinnes- und Bewegungsorgane mehr

über die Beschaffenheit eines Kartons, als es Erwachsenen bei jedem theoretischem Unterricht möglich wäre. *Das Betasten und Ergreifen mit der Hand unterstützt das Begreifen mit dem Gehirn.* Das Gehirn des Säuglings saugt (wie ein Schwamm) alle nur erhältlichen Informationen über die Welt um ihn herum auf. Dabei muss ihm ein entsprechender Aktionsradius zur Verfügung stehen, denn durch sein Handeln tritt er in eine engere Verbindung zur Umwelt, er nimmt Beziehungen auf und teilt sich mit.

Jede Handlung ist eine Mitteilung an die Außenwelt. Zum Handeln braucht das Kind vor allem die Hände, aber auch seinen gesamten Körper. Es muss sich selbständig fortbewegen können, um an die verlockendsten Gegenstände heranzukommen. So lernt ein Kind seine Wünsche und Bedürfnisse nicht nur über Stimme und Mimik, sondern auch über Handlung auszudrücken. Im weiteren Verlauf (im 2. Lebensjahr) benutzt es dann das gebräuchlichste und wichtigste menschliche Kommunikationsmittel: die Sprache.

2.1 Die motorische Entwicklung des Kindes

Um eine normale, physiologische Entwicklung von einer pathologischen Entwicklung zu unterscheiden, gibt es eine Vielzahl von Tabellen und Skalen, die eine zeitgerechte Entwicklung aufzeigen sollen. Es ist sehr schwierig, genaue Zeitangaben für Entwicklungssequenzen zu geben, da viele Faktoren beispielsweise die Aufrichtung aus der Horizontalen in die Vertikale beeinflussen. Aus dem angloamerikanischen Raum kommt der Begriff 'Milestones' (Meilensteine), der charakterisiert, wie ein Kind sich in verschiedenen Altersgruppen zu einer aufrechten Position entwickeln kann. „Was in den meisten Tabellen jedoch nicht beachtet wird, ist die Variation des Normalen in Abhängigkeit von dem genetischen Grundmuster und der Stimulation bzw. Motivation durch die Umwelt. Nach neueren Untersuchungen aufgestellte Tabellen zeigen diese Variation der Norm an, wobei hier im Wesentlichen der Zeitpunkt der Erhebung des Kindes aus der Horizontalen in die Vertikale bekannt wird, jedoch die Qualität der Bewegungen nicht mit einbezogen ist" (FLEHMIG 1990, 34).

„Im Hinblick auf eine Früherkennung muss das Konzept der Entwicklungsskalen geändert werden. Es kann sich nur auf das Erfassen von Entwicklungstendenzen beschränken. Darüber hinaus ist eine eingehende Beschäftigung mit der Qualität der kindlichen Bewegungsversuche zur Aufrichtung gegen die Schwerkraft notwendig" (FLEHMIG 1990, 34). Die 'Denver Entwicklungsskala' beispielsweise verdeutlicht den raschen Wandel der Motorik - insbesondere während der Säuglingszeit. Zwar lässt sich das Zustandsbild der Entwicklungsschritte nicht isoliert erfassen, dennoch bietet die Skala die Möglichkeit, Normabweichungen festzustellen.

PIKLER (1988) weist in ihren Beobachtungen und Studien folgendes nach:

- Säuglinge sind im allgemeinen zufrieden, friedlich, heiter und aktiv. Sie haben eine sehr gute Beziehung zu ihren Eltern und ihrer Umwelt.
- Die Bewegungsentwicklung der Kinder ist kontinuierlich.
- Kindern bereitet jede Phase der Bewegungsentwicklung, die ständige aktive Tätigkeit, das Experimentieren und Üben sichtbare Freude.
- Kinder bewegen sich schön und harmonisch, nicht ungeschickt und schwerfällig. Ihre Bewegungen sind in der Regel weich, sicher, gut koordiniert und im Gleichgewicht.

Für PIKLER (1982, 48 f.) ist nicht wesentlich, „was kann das Kind schon", sondern wichtig ist für sie „das WIE", d.h., ob es gut, richtig stehen, gehen, laufen usw. lernt. „Das wichtigste Kriterium der guten Bewegung ist die Ökonomie, das zweckmäßige Ausnutzen der Möglichkeiten. Das richtige Stehen, Gehen ist nicht nur schöner, sicherer, harmonischer, sondern in erster Linie bedeutend weniger ermüdend und erschöpfend als die steife, ungeschickte, unrichtige Art". Auch sie legt Wert auf die Qualität der Bewegungen und eine harmonische Entwicklung, deren richtige Einschätzung eine gute Beobachtung und Kenntnisse der Bewegungsentwicklung voraussetzt.

Die stato-motorische Entwicklung vom Neugeborenen bis hin zum Erwachsenenalter ist abhängig von der Reifung des Zentralnervensystems. Deren Ablauf wird durch genetisch festgelegte Entwicklungsmuster (Pattern of behavior) und Stimulationen durch Reize aus der Umwelt bestimmt. Diese durch die Sinnesorgane aufgenommenen Reize werden vom Gehirn - als Organ der Integration und Koordination - mit automatisch ablaufenden, komplexen Reaktionen beantwortet. Diese Reaktionen sind je nach Alter des Kindes verschieden, aber sie erfolgen von Geburt an in einer festgelegten Reihenfolge. Charakterisiert sind sie durch die Entwicklung der Reflexmechanismen der Haltung und Haltungsbewahrung, die dem Menschen ermöglichen, sich entgegen der Schwerkraft aufzurichten und sein Gleichgewicht zu bewahren. Der Mensch setzt sich mittels Motorik mit der Umwelt auseinander.

„Für das Kind bedeutet die ständige Verbesserung der motorischen Fähigkeiten das Erringen seiner Unabhängigkeit und die Fähigkeit zur Adaptation an soziale Gegebenheiten" (FLEHMIG 1990, 9). Alle motorischen Abläufe stehen in ständiger Beziehung zu psychischen und kognitiven Vorgängen, die sich fast immer in motorischen Verhaltensweisen wie Mimik, Gestik oder in bestimmten Körperhaltungen äußern.

Jeder einzelne Bewegungsablauf vollzieht sich immer unter optimaler Anpassung an äußere Stimuli, d.h., Organismus und Umwelt sind voneinander abhängig. Nach SCHILLING (1970) ist die motorische Fähigkeit bzw. der motorische Entwicklungsstand umweltabhängig und somit situationsabhängig. Für CHRISTIAN (1952, in FLEHMIG 1990) ist Bewegung nicht das Ergebnis funktionssicher gewordener Organe, sondern Inanspruchnahme funktionierender Organe. Nach PIKLER (1988) ist die Bewegungsentwicklung im Säuglingsalter nur ein Bestandteil des komplexen Entwicklungsprozesses, in dessen Verlauf das Kind die verschiedenen Formen des Liegens, Sitzens und Stehens erlernt, bis es fähig wird, diese Positionen und seinen Platz zu wechseln, und selbständig gehen kann. PIAGET (1975) und andere Autoren weisen immer wieder darauf hin, dass die geistige Entwicklung des Säuglings und Kleinkindes während der ersten 18 Monate von der Fähigkeit abhängt, sich normal zu bewegen.

Die Grundlage der Bewegung ist die sensomotorische Wahrnehmung. Sensomotorik wird verstanden als Regulationssystem von Extero- und Propriozeption durch Haut (taktil), Sehnen-, Muskel-, Gelenk- und Vestibularsystem mit seinen Verbindungen, z.B. zum visuellen und auditiven System. In all diesen Systemen besteht eine Fremd- und Selbstvermittlung, deren unterschiedliche Beeinflussung nicht übersehen werden darf.

In den nun folgenden Abschnitten wird die motorische Entwicklung des Kindes in verschiedene Altersstufen eingeteilt und genauer beschrieben. Das Säuglings- und Kleinkindalter wird ausführlicher dargestellt, da hier die Basisbildung für eine weitere harmonische Entwicklung erfolgt.

2.1.1 Pränatale Aspekte in der Entwicklung des Kindes

Am Anfang läuft die Entwicklung des ungeborenen Kindes sehr rasch ab und erinnert an die Evolutionsgeschichte der Menschheit. In der 3. Schwangerschaftswoche (SSW) entwickeln sich die wichtigsten Organe (Hirn und Herz). In der 4./5. SSW werden Knochen, Muskulatur, der Verdauungstrakt und die Nieren gebildet. Zwischen der 4. bis 8. Woche sind alle Organe angelegt. Bereits ab der 7./8. Woche bilden sich phylogenetisch ältere Sinnessysteme, nämlich Gehör, Geruchs- und Geschmackssinn, heraus. In dieser Phase beginnt der Aufbau der komplizierten Körpermuskulatur. Alle späteren Bewegungsmuster sind qualitativ schon vorhanden und bis zur 14. SSW ausgeprägt, d.h., der Fetus kann sich zu diesem Zeitpunkt schon bewegen. Ab der 9./10. SSW erhält der Fetus Informationen über sein Gleichgewichtsorgan, und ab der 11. SSW entwickelt sich der Tastsinn. Der Fetus ist somit relativ früh in der Lage, Berührungen und Schmerz zu empfinden. Bis zur 20. SSW ist das Hörsystem ausgereift. Ab der 25. SSW beginnt sich das posturale System herauszubilden, d.h., propriozeptive Wahrnehmungen sind möglich. Das Sehsystem ist im 7. Schwangerschaftsmonat (SSM) entwickelt. Ein Öffnen und Schließen der Augen ist möglich. Die intrauterine Entwicklung des Kindes ist im Wesentlichen im 7. SSM abgeschlossen. Jetzt muss der Fetus noch an Länge, Gewicht und Kraft zunehmen, um allen Anforderungen außerhalb des Mutterleibes gerecht zu werden. Bestens ausgestattet kann nun das Leben außerhalb des Mutterleibs beginnen und die Weiterentwicklung des Kindes fortgesetzt werden (STEHR/LANG 1989).

2.1.2 Das Säuglingsalter

Diese Phase wird unterteilt in *das Neugeborenenalter*, welches die Zeitspanne von der Geburt bis zur Vollendung des 3. Lebensmonats umfasst, sowie *das Säuglingsalter*, welches vom 4. Lebensmonat bis zur Vollendung des 1. Lebensjahres dauert.

Bei der Betrachtung des Säuglings fällt zunächst die *symmetrische Beugehaltung* in Rücken- und Bauchlage auf. Dieses Muster entspricht der intrauterinen Haltung. Das Neugeborene ist nur kurzzeitig in der Lage, dieses typische Beugemuster aufzulösen bzw. zu verändern. Im Wachzustand zeigt das Baby *unkoordinierte, ziellose Spontanbewegungen und ungerichtete Massenbewegungen*. Der ganze Körper scheint sich auf einmal zu bewegen, isolierte Bewegungen der Extremitäten sind noch nicht möglich. Die *Motorik* wird noch hauptsächlich von den *angeborenen Reflexen (Reaktionen)* bestimmt, die zum Teil lebensnotwendig bzw. als Schutzfunktionen bedeutsam sind.

Der motorische Entwicklungsstand im Neugeborenenalter erklärt sich durch das in diesem Alter noch nicht voll arbeitsfähige und ausgereifte ZNS (Zentralnervensystem). Die Motorik wird über Basalganglien gesteuert, die nur reflektorische, unwillkürliche Bewegungen ermöglicht. Auch die Sinnesorgane, die zur Reizaufnahme für die Motorik von Bedeutung sind, haben noch nicht ihre volle Funktionsfähigkeit erreicht. Der Zeitraum vom 4.-12. Monat wird als Phase der Aneignung erster koordinierter Fähigkeiten bezeichnet. Das Kind lernt in dieser Zeitspanne das *gezielte Greifen*, als Voraussetzung für die *Aufrichtung in den Stand* und *die Fortbewegung* (STEMME/V. EICKSTEDT 1998).

Die Entwicklung dieser Fähigkeiten ist ein individueller Prozess, der von vielen Faktoren (Eltern, Umfeld, ...) abhängt. Die Entwicklung des gezielten Greifens und der Aufrichtung wird im Folgenden beschrieben.

Die Entwicklung des Greifens

Das Greifen oder Nehmen hat die Bedeutung, etwas von außen zu umschließen und somit dem eigenen Organismus zuzuführen. Die Aktivität ist *zum Körper hin* gerichtet. Der Mensch greift nicht nur mit den Händen, sondern auch mit dem Mund, den Füßen und den Augen, sogar mit dem gesamten Körper. „Mund, Hände und Augen bilden durch ihre besonderen Fähigkeiten und ihr differenziertes Zusammenspiel die Grundlage allen erkennenden Handelns" (STEMME/V. EICKSTEDT 1998, 94). DieVoraussetzung für das Greifenlernen ist eine gute Auge-Hand-Koordination. Überwiegt noch bis zum 3. Monat der Greifreflex als Vorstufe des Greifens, kann schon im 4. Monat der Arm zum Gegenstand gebracht werden, und zunächst erfolgt eine zufällige Berührung. Der Säugling beginnt, Gegenstände zu fassen, und lernt seitenbezogenes Greifen. Stufen der weiteren Entwicklung sind das Erlernen der Hand-Mund-Koordination, dem das beidseitige Hantieren, das Greifen über die Mittellinie, die Hand-Fuß-Koordination und die Entdeckung des gesamten Körpers bis zum Ende des 6./7. Monats folgen. Nun werden Gegenstände zusammengeklopft, der Säugling beginnt zu sortieren (erst aus-, dann einräumen). Bis zum Ende des ersten Lebensjahres verfeinert sich die Greifmotorik. Erst wird der Pinzettengriff erlernt, gefolgt vom Greifen mit Daumenopposition. Die dargestellte Entwicklungstendenz führt von der *Grob- zur Feinmotorik*.

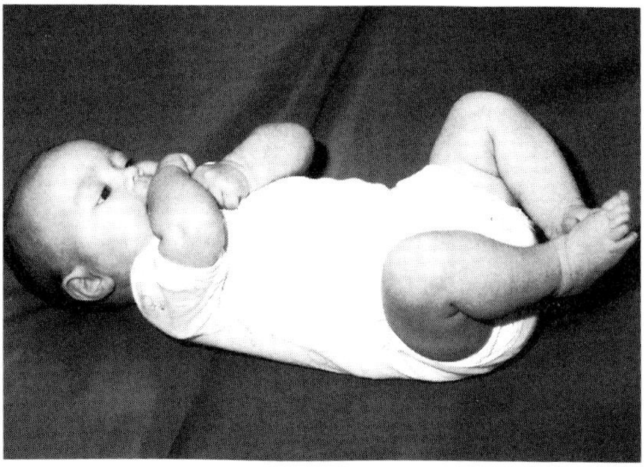

3 Monate altes Mädchen mit guter Rumpfsymmetrie, Hand-Hand-, Hand-Mund- und Fuß-Fuß-Koordination

Die Entwicklung zur aufrechten Körperhaltung und Fortbewegung

Voraussetzung für den Erwerb der Aufrichtung bis zum Stand ist das Vorhandensein der *Labyrinthstellreaktion*. Die Entwicklung der Fortbewegung verläuft parallel zur Ausbildung der aufrechten Haltung. Es können einzelne 'Vorstufen' übersprungen werden. Die Reihenfolge der Meilensteine kann sehr unterschiedlich und variantenreich ablaufen. Das Kind ist bestrebt, seine Umwelt kennen zu lernen. Es zeigt zunehmend den Drang, sich zu interessanten Gegenständen hinzubewegen, um diese zu entdecken. Die folgende Tabelle (Tab.3) enthält die wichtigsten Entwicklungsstufen der Aufrichtung und Fortbewegung.

Motorische Entwicklung	
aus der Bauchlage	***aus der Rückenlage***
1. Woche: Drehen des Kopfes	
1.-3. Monat: Kopfheben	**1.-3. Monat**: bringt Kopf in Mittelposition
3./4. Monat: Verminderung des Beugemusters / Unterarmstütz	**3./4. Monat**: hebt Kopf kurzzeitig; beginnt, sich mit Hilfe aktiv hochzuziehen
	5. Monat: selbständiges Kopfheben
	5./6. Monat: Seitwärtsdrehen mit Halten des Kopfes
6. Monat: Handstütz (Greifen und Gewichtsverlagerung möglich) / Drehen in Rückenlage durch Extension und Flexion der Arme und Beine	**6. Monat**: seitlicher Unterarmstütz
7. Monat: Rotation um die eigene Achse als Lokomotion, Robben beginnt, wenig koordiniert	**7. Monat**: seitlicher Handstütz
8. Monat: Vierfüßlerstand; Wechsel in den Fersensitz, koordiniertes Robben	**8. Monat**: seitlicher Handstütz, Seitsitz und Langsitz (Sitzvarianten)
9. Monat: Koordiniertes Krabbeln	**8./9. Monat**: Wechsel vom Seitsitz in den Vierfüßlerstand
10. Monat: Aufrichtung zum Kniestand / Einbeinkniestand / Stand / Vervollkommnung von Zwischenpositionen	Weitere Entwicklung wie in Bauchlage ⇩
11. Monat: freier Stand / Seitwärtsgehen / Vorwärtslaufen mit Haltehilfe	⇩
12. Monat: erste freie Schritte	⇩
14. Monat: sicheres Gehen	⇩

Tab.3.: Motorische Entwicklung zum Gehen (nach: BOBATH/BOBATH 1998, FLEHMIG 1990)

Beide Entwicklungsreihen laufen parallel und harmonisch ab.

18 Monate alter Junge beim Krabbeln über Hindernisse

„Der Körper besitzt am Ende des 1. Lebensjahres die Fähigkeit, seine Haltung nicht mehr zu ändern, sondern diese auch zu bewahren. Die Reflexe und Reaktionen der frühen Säuglingszeit treten immer mehr in den Hintergrund. Die normale motorische Entwicklung des Säuglings ist an den kontinuierlichen Ablauf der Entwicklungsschritte gebunden" (FLEHMIG 1990, 34).

Anhand der beschriebenen Entwicklungsetappen werden folgende charakteristische Merkmale dieser Phase deutlich (STEMME/V. EICKSTEDT 1998):

1. Die Entwicklung erfolgt von cranial nach caudal, man bezeichnet dies als *Zephalo-Caudale Entwicklungsrichtung der Willkürmotorik:*
   - Zunächst verfügt das Kind über geordnete Bewegungen des Mundes, der Augen und des Kopfes,
   - danach folgen gezielte Bewegungen der Arme, des Rumpfes und der Beine; an den Extremitäten ist die Reihenfolge von den proximalen (großen) zu den distalen (kleinen) Gelenken beobachtbar, von der Grob- zur Feinmotorik.
2. Bei Willkürbewegungen einer Seite bewegt sich die andere Körperhälfte unbeabsichtigt mit. Dies wird als *kontralaterales Mitbewegen* bezeichnet.
3. Es sind sogenannte *Ausbreitungsreaktionen* vorhanden. Beispielsweise wird beim bewussten Öffnen der Augen ebenfalls der Mund geöffnet, gleichzeitig werden Streckbewegungen der Arme sichtbar (später Ausdruck des Staunens).
4. Allmählicher Abbau des primär überwiegenden Bewegungsmusters durch zunehmende Streckung in den Gelenken. *Herausbildung von Streckmustern.*

Die Rolle des Reflexverhaltens in der motorischen Entwicklung

„Eine Vorstufe vieler Verhaltensformen, deren sich der Mensch später bedient, findet sich beim Baby in der Form von Reflexen. Auf diesen Reflexen baut seine Entwicklung auf" (BRAZELTON 1997, 62). Mit zunehmender Ausreifung des Organismus in einer bestimmten Reihenfolge und Gesetzmäßigkeit werden neue Fähigkeiten erworben und dafür angeborenes Reflexverhalten langsam aufgegeben. Das Baby ist kein passives Wesen, welches die Sinneseindrücke aus der Umgebung unterschiedslos aufnimmt. Vielmehr ist es ein Lebewesen mit gezielter Aktivität nach außen, das sich der Reizflut gegenüber selektiv verhält. Das Baby treibt von sich aus seine eigene Entwicklung voran. Es bestimmt bis zu einem gewissen Grade sogar den Lauf der Entwicklung.

Die anfangs unwillkürlichen Bewegungen eines Neugeborenen enthalten die Grundausstattung zum Überleben, zum Schutz und zur Entfaltung seiner gesamten Entwicklung. Diese ersten Reaktionen werden vom Baby zunehmend kontrolliert und somit veränderbar. Damit verlieren sie ihren automatischen Charakter. Gleich nach der Geburt verschwinden phylogenetisch alte Reflexe nach einem festen Zeitplan. Umgekehrt treten für die weitere motorische Entwicklung notwendige Stell- und Gleichgewichtsreaktionen in den Vordergrund. Anhand dieser Gesetzmäßigkieten kann die Entwicklung des ZNS nachvollzogen werden. Für die Motorik von Bedeutung ist folgende Einteilung der Reflexe:

1. Tonische Reflexe

- sind Haltungsreaktionen, die durch Reizung des unreifen Labyrinths bzw. über Dehnungsrezeptoren der Nackenmuskulatur ausgelöst werden
- werden schrittweise abgebaut
- sind ein Maßstab zur Reifegradbestimmung der Bewegungsentwicklung

2. Stellreaktionen

- sind normale, zur Aufrichtung benötigte Reaktionen, (Basis für die motorische Entwicklung)
- werden schrittweise aufgebaut, parallel zum Abbau der tonischen Reflexe
- haben einen Höhepunkt als abprüfbare Reaktion und werden danach in die Willkürmotorik übernommen (Integration in Alltagsbewegungen)
- das Vorhandensein zeigt den Reifungsprozess im Gehirn an

3. Statokinetische Reaktionen (Gleichgewichtsreaktionen)

- diese entwickeln sich, wenn die Stellreaktionen umfassend vorhanden sind
- ermöglichen die Aufrichtung und Haltungssicherung
- bleiben ein Leben lang erhalten und abrufbar

2.1.3 Das Kleinkindalter

Das Kleinkindalter umfasst die Zeitspanne vom vollendeten 1. bis zum 3. Lebensjahr. Dieser Zeitabschnitt ist die *Phase der Aneignung vielfältiger Bewegungsformen*. Das Kind setzt sich in zunehmendem Maße mit seiner Umwelt auseinander. Es festigt erlernte Bewegungsformen, erwirbt und übt neue, wie das Gehen, Laufen, Balancieren, Steigen, Niederspringen, Hüpfen, Springen, Kriechen, Wälzen, Rollen, Schieben, Ziehen, Klettern, Hängen, Tragen sowie Anfänge des Werfens und Fangens.

Die Entwicklung verschiedener Grundbewegungsformen

Anhand des Gehens und Werfens werden charakteristische Merkmale dieser Entwicklungsphase, wie sie in Tabelle 4 dargestellt sind, deutlich.

Gehen	Werfen
breitbasig, stampfend, unsicherer Gang	erste Wurfversuche mit ca. einem Jahr
kaum Abrollbewegung der Füße	wahlloses Werfen bzw. Wegschleudern der Gegenstände
Abduktionshaltung der Arme zur Erhaltung des Gleichgewichts	Zweijährige führen den Schockwurf mit beiden Händen, den Schlagwurf mit einer Hand aus
keine unterstützenden Armbewegungen	fehlender Rumpfeinsatz
geringe Schrittlänge, hohe Bewegungsfrequenz	geringe Ausholbewegungen
unvollkommene Hüftstreckung	frontale Aufstellung zum Ziel
sehr aufrechte Rumpfhaltung, wenig fließende Bewegungsübertragung über den Rumpf	Dreijährige führen den Einwurf mit beiden Händen über dem Kopf und den Schwungwurf von der Hüfte aus
mangelnde Richtungskonstanz und seitliche Ausgleichsbewegungen	

Tab.4: Entwicklung des Gehens und Werfens im Kleinkindalter

Kennzeichen des Bewegungsbildes im Kleinkindalter

Die Bewegungen eines Kleinkindes werden mit geringem Krafteinsatz und Bewegungstempo ausgeführt. Der Rumpf wird zu wenig in die Bewegungsabläufe mit einbezogen, so wirken die motorischen Aktivitäten unelastisch, wenig rhythmisch und fließend. Der Bewegungsumfang, die Präzision, die Konstanz und das Gleichgewichtsvermögen sind noch gering entwickelt. Die Ausdauerleistungen schwanken.

Die Beweglichkeit weist individuelle Unterschiede auf. Prinzipiell überwiegt die Beugefähigkeit gegenüber der Streckfähigkeit in den großen Gelenken. In dieser Entwicklungsphase erreicht das Kind für alle Bewegungsabläufe die *Stufe der Grobkoordination*.

Das *motorische Lernen* ist anfangs auf das Imitieren *des Gesehenen* begrenzt. Erst im 3. Lebensjahr gewinnt die sprachliche Kommunikation und Informationsübermittlung zunehmend an Bedeutung. Die Auseinandersetzung mit der Umwelt erfolgt hauptsächlich im Spiel. Man unterscheidet 2 Formen des Spielverhaltens (siehe Tab. 5):

Funktionsspiele	**Fiktions- bzw. Rollenspiele**
• beobachtbar im 1. und 2. Lebensjahr	• ab dem 3. Lebensjahr
• das Kind entwickelt seine motorischen Fähigkeiten, indem es sich bewegt und ausprobiert	• das Kind gestaltet seine Umwelt spielend nach
• es spielt noch ohne Ziel	• im Rollenspiel wird die soziale und sprachliche Entwicklung beeinflusst

Tab.5: Formen des Spielverhaltens (nach: CORDES/ARNOLD/ZEIBIG 1987)

2.1.4 Das Vorschulalter

Das Vorschul- und Kindergartenalter beginnt mit Ende des 3. und umschließt die Zeit bis zum 6./7. Lebensjahr (Schuleintritt). Es wird als *Phase der Vervollkommnung vielfältiger Bewegungsformen und Aneignung erster Bewegungskombinationen* bezeichnet. Bisher erworbene Bewegungsabläufe stabilisieren sich.

Allgemeine Kennzeichen der motorischen Entwicklung

In diesem Alter steigt das *quantitative Leistungsvermögen*. Es werden deutliche Fortschritte beim Gehen, Klettern, Steigen, Laufen, Springen, Werfen, Fangen, Ziehen, Schieben, Hängen, Schwingen, Wälzen, Rollen, Tragen, Schlagen und Balancieren sichtbar. Auch findet eine *qualitative Leistungssteigerung* statt. So werden erste Bewegungskombinationen meist in Verbindung mit Gehen und Laufen erworben. Hier zeigen sich die ersten Unterschiede zwischen trainierten und untrainierten Kindern. *Bewegungsabläufe* können jetzt zunehmend *variabel* gestaltet und eingesetzt werden.

Die quantitativen und qualitativen Steigerungen zeigen sich besonders im 6. und 7. Lebensjahr. Die Qualität aller Merkmale der Bewegungsausführung, der konditionellen und koordinativen Fähigkeiten liegt beim sechsjährigen Kind deutlich höher als beim dreijährigen. Bewegungstempo, Krafteinsatz und Gleichgewichtsfähigkeiten erhöhen sich. Die motorische Steuerungs-, Anpassungs- und Umstellungsmöglichkeit nimmt zu. Bewegungsrhythmus, -kopplung und -elastizität verbessern sich, das Antizipationsvermögen erweitert sich.

Am Beispiel des Gehens und des Werfens (siehe Tab. 6) wird die Weiterentwicklung dieser Grundbewegungsformen und o.g. Merkmale nochmals verdeutlicht.

<table>
<tr><th>Gehen</th><th>Werfen</th></tr>
<tr><td>Qualität verbessert sich erst zwischen dem 5. und 7. Lebensjahr</td><td rowspan="7">große Unterschiede zwischen Jungen und Mädchen ab dem 5. Lebensjahr
Mädchen: Schlagwurfbewegung aus frontaler Körperstellung oder aus leichter Schrittstellung mit Rumpfeinsatz
Jungen: Werfen mit vergrößertem Rumpfeinsatz und gekreuzter Arm-Bein-Koordination</td></tr>
<tr><td>Abnahme der Schrittfrequenz</td></tr>
<tr><td>Vergrößerung der Schrittlänge um ca. 10 cm</td></tr>
<tr><td>Verbesserung der Abrollfunktion des Fußes</td></tr>
<tr><td>zunehmende Hüftstreckung</td></tr>
<tr><td>elastischer, schmalspuriger Gang</td></tr>
<tr><td>gezielter Armeinsatz beim Gehen, keine Abduktionshaltung der Arme</td></tr>
</table>

Tab.6: Entwicklung des Gehens und Werfens im Vorschulalter

Das ausgeprägte Spiel-, Betätigungs- und Bewegungsbedürfnis der Vorschulkinder ermöglicht eine rasche motorische Entwicklung. Durch ein intensives Rollenspiel entwickeln sich *Rücksichtnahme, Anpassung, Zielstrebigkeit, Beharrlichkeit und Konzentrationsfähigkeit.* Die *Erweiterung der intellektuellen Fähigkeiten* des Kindes führt zu einer *gezielten Auseinandersetzung mit der Umwelt.* Sprachliche Informationen werden zunehmend besser registriert und verarbeitet. Das Kind entwickelt eine bewusste Aufgabenhaltung.

Zwischen dem 5. und 7. Lebensjahr erlebt das Kind den ersten Gestaltwandel in Form einer Streckphase, frühkindliches Fettgewebe geht zurück, die Extremitäten wachsen. Somit verbessert sich das Kraft-Last-Verhältnis (CORDES/ARNOLD/ZEIBIG 1987). Zur besseren Übersicht werden die wesentlichen Zeitmarken der kindlichen Entwicklung von Geburt bis zum 7. Lebensjahr in Tabelle 7 dargestellt. Mit Abschluss des Kindergartenalters beginnt ein neuer, bedeutender Lebensabschnitt für das Kind. Es hat in seinen ersten 7 Jahren rasante Fortschritte gemacht.

Werden die prägnantesten Wachstumsetappen nicht eingehalten, besteht der Verdacht auf einen Entwicklungsrückstand. Störungen der Entwicklung gehen zumeist mit Störungen der Emotionen einher, da einerseits auch der emotionale

Hirnzellverband beschädigt und damit instabil sein kann, und andererseits die sensomotorischen Störungen Frustrationen bedeuten, die mit Resignation oder Überkompensation und Aggression beantwortet werden (GSCHWEND 1996, siehe auch Kap. 5).

Monat	**Entwicklungsmarken**
1	Mundschema. Akustisches und olfaktorisches Raumschema
1 - 2	Hochheben des Kopfes. Lächeln ab der 6.Woche
3	Visuelles Raumschema
	Aufrichten des Oberkörpers auf Ellbogen. Spiel mit Händen und Füßen
6	Handschema
	Oberkörper auf den gestreckten Armen (Handstütz), sich drehen, Speisen erfassen und zum Mund führen, Klötze aneinander schlagen
9	Schrägsitz, Krabbeln, Klemmgriff mit Daumen und Zeigefinger
Jahr	**Entwicklungsmarken**
1	Beinschema
	Beginnt zu gehen, Konstruktionsspiele
1 ½	Werfen im Stehen, wird stuhlsauber, Einwortsätze
2	Eingespieltes Körperschema (gutes Gleichgewicht, gibt berührte Körperstellen an)
	Gutes Treppensteigen, Klettern, Versteckspiel, Rollenspiel, Zweiwortsätze
3	Kann sich selber an- und ausziehen, Blasenkontrolle
4	Beginnt Gruppenspiele, zeichnet Kopffüßler
5	Zeichnet Männchen in der Umgebung. Unterscheidet Wachsein vom Traum. Kann alleine zur Toilette gehen
6	Kann einbeinig hüpfen
7	Bindet die Schuhe, schreibt geschickt

Tab.7: Zeitmarken der Entwicklung - Zusammenfassung der ersten 7 Lebensjahre (nach: GSCHWEND 1996)

2.1.5 Das frühe Schulkindalter

Das frühe Schulkindalter umfasst das 7. bis 10. Lebensjahr (1. bis 3. Schuljahr). Diese Altersstufe wird als *Phase schneller Fortschritte in der motorischen Lernfähigkeit bezeichnet.* Der Eintritt in die Schule führt zu tiefgreifenden Veränderungen im Leben eines Kindes. Gezieltes Lösen von Aufgaben, Konzentration und Disziplin im Unterricht werden zunehmend wichtiger. Die Freizeit steht nicht

mehr uneingeschränkt dem Spiel zur Verfügung. Der veränderte Tagesablauf und die erhöhten Anforderungen bewirken bei vielen Kindern einen 'Erregungsstau'. Einige typische Merkmale der motorischen Entwicklung dieser Phase sind in nachfolgender Tabelle (Tab. 8) dargestellt.

Ausgeprägte Lebendigkeit und Mobilität	
1. Klasse • ungehemmte Bewegungen • Bedürfnis, sich auszutoben	*2./3. Klasse* • zweckgebundenes, ziel- und situationsgerichtetes Bewegungsverhalten
Zunehmende Ansprechbarkeit für sportliche Leistungsanforderungen und Entwicklung sportlichen Leistungsstrebens	
1. Klasse • noch wenig Konzentration • sehr verspieltes Gesamtverhalten • sehr interessiert, aber unausgeglichenes Leistungsstreben	*2./3. Klasse* • sehr ansprechbar für sportliche Leistungsanforderungen • dauerhaftes und ausgeglichenes Leistungsstreben
Schnelle Zunahme der motorischen Lernfähigkeit	

Tab.8: Entwicklungsmerkmale des frühen Schulkindalters

Bei gezielter Übung setzt eine verstärkte Differenzierung der Bewegungsformen ein (aus dem allgemeinen Laufen entwickelten sich der Sprint und Dauerlauf). Das 6- bis 7-jährige Kind beherrscht bei komplizierten Bewegungsabläufen die Grundstruktur und den Bewegungsrhythmus in der Regel noch nicht. Unökonomische Nebenbewegungen der Extremitäten werden eingesetzt. Zum Ende der Altersstufe verbessern sich diese Fähigkeiten. Die Beweglichkeit ist individuell unterschiedlich, insgesamt aber gut. Die Bewegungsfähigkeit in den Wirbel-, Schulter- und Hüftgelenken nimmt zu. Die Streckfähigkeit in den Schultergelenken und die Abduktionsfähigkeit in den Hüftgelenken können bereits eine Reduzierung aufweisen.

In diesem Alter werden geschlechtsspezifische Unterschiede verstärkt deutlich. So zeigen besonders Jungen einen Anstieg von Bewegungsstärke und -tempo sowie eine Zunahme der Ausdauerleistungen. Bei Mädchen ist eher eine weniger differenzierte Bewegungssteuerung zu beobachten. Die Kraft der Arm- und Bauchmuskulatur entwickelt sich nur gering, da diese Muskelgruppen bei Spiel- und Alltagsbewegungen kaum beansprucht werden. Hingegen nimmt die Kraft in den Beinmuskeln zu. Gegen Ende dieser Phase steigern sich die Schnelligkeitsfähigkeiten und die Bewegungsfrequenz. Die motorischen Steuerungs- und Kombinationsmöglichkeiten sowie das Erfassen und Darstellen rhythmischer Varianten nehmen an Qualität zu (CORDES/ARNOLD/ZEIBIG 1987).

Anhand des Gehens und Werfens werden die charakteristischen Merkmale in Tabelle 9 nochmals verdeutlicht.

Gehen	Werfen
wird prinzipiell beherrscht	Auftreten individueller und geschlechtsspezifischer Unterschiede, Jungen sind den Mädchen überlegen
Mängel in der Bewegungselastizität, d.h., die Abrollfunktion wird zu wenig eingesetzt	Das Werfen muss geübt werden, wenn eine gute Qualität erreicht werden soll
Rhythmische Varianten des Gehens werden ab dem 2./3. Schuljahr erlernt und sollten geübt werden	Kombination von Lauf und Wurf wird langsam erlernt und erfolgt noch wenig fließend

Tab.9: Entwicklung des Gehens und Werfens im frühen Schulkindalter

2.1.6 Das späte Schulkindalter

Das späte Schulkindalter umfasst das 10./11. bis 11./12. Lebensjahr (3./4. bis 5./6. Schuljahr). Diese Phase endet mit dem Beginn der Geschlechtsreife, daher unterliegt die obere Altersgrenze individuellen Unterschieden. Sie wird als die *Phase der besten motorischen Lernfähigkeit in der Kindheit* bezeichnet.

Die Hauptmerkmale dieser Entwicklungsphase

Die Kinder besitzen ein hohes motorisches Aktivitätsniveau, das bei Anforderungen zielgerichtet und beherrscht eingesetzt wird (z.B. Sportunterricht). Besonders deutlich wird dies beim Spiel im Freien, hier werden Lauf- und Kletterspiele bevorzugt. Folglich verbessert sich die Gewandtheit, und die assoziierten Mitbewegungen vermindern sich. Die Bewegungsabläufe werden sicher beherrscht und die Grundstrukturen von Bewegungen erkannt. Durch einen adäquaten Rumpfeinsatz erfolgt eine gute Bewegungskopplung sowie ein Nachvollziehen des Bewegungsrhythmus. Die Kinder erweitern ihr Antizipationsvermögen und erreichen ein sehr gutes Niveau der motorischen Steuerungs-, Kombinations- und Lernfähigkeit. Verbesserte koordinative und konditionelle Leistungen, zunehmende Bewegungserfahrungen und gesteigerte Wahrnehmungsleistungen führen zum 'Lernen auf Anhieb'. Die Entwicklung der Beweglichkeit ist stark übungsabhängig, d.h., in nicht beanspruchten Bewegungsrichtungen zeigt die Mobilität eine rückläufige Tendenz. Bei Übung nimmt die Beweglichkeit in den Wirbel-,

Hüft- und Schultergelenken zu und erreicht das höchste Niveau. Maximal- und Schnellkraft nehmen kontinuierlich zu, wobei die Leistungen der Jungen etwas höher als die der Mädchen sind und die Kraftzunahme in den Beinen deutlich höher als im Armbereich ist. Die Schnelligkeitsfähigkeiten steigen. Die Ausdauerleistungen sind stark übungsabhängig und zeigen große individuelle und geschlechtsspezifische Unterschiede.

Insgesamt besteht immer noch ein starker Bewegungsdrang. Die Kinder haben aber gelernt, ihre Bewegungsantriebe zu beherrschen und sich den Erfordernissen von Ordnung und Disziplin unterzuordnen. Ihre motorischen Fähigkeiten sind abhängig von *individuellen Besonderheiten, geschlechtsspezifischen Unterschieden, Training* und *regelmäßiger Übung* sowie *Freizeitaktivitäten.*

2.1.7 Die Reifungszeit

Diese Phase wird nochmals in das Pubertäts- und Adoleszensalter unterteilt.

Pubertätsalter - erste Phase der Reifungszeit

Die Pubeszens umfasst bei Mädchen das 11./12. bis 13./14. Lebensjahr (5./6. - 7./8. Schuljahr) und bei Jungen das 12./13. bis 14./15. Lebensjahr (6./7. - 8./9. Schuljahr). Es ist die Spanne vom Beginn der Geschlechtsreifung bis zur Menarche bzw. Spermarche, d.h., individuelle Unterschiede von +/- 2 Jahren sind möglich.

Diese Altersstufe bezeichnet man als *Phase der Umstrukturierungen von motorischen Fähigkeiten und Fertigkeiten.* Während dieser Phase vollzieht sich eine umfassende hormonelle Umstellung im Organismus, was zu einer Widersprüchlichkeit im psychisch-emotionalen und im motorischen Bereich führt. Phasen der ausgeprägten, übersteigerten motorischen Aktivität wechseln mit sogenannten 'Trägheitsphasen' bis hin zum Desinteresse an Bewegungen ab.

Das Bewegungsverhalten ist abhängig von den Interessen des Jugendlichen. Die geschlechtsspezifischen Unterschiede treten immer mehr in den Vordergrund, d.h., männliche Jugendliche sind meist leistungsfähiger. Bedingt durch die hormonelle Umstellung erfahren die Jugendlichen den *zweiten Gestaltwandel*, d.h., ein gesteigertes Längenwachstum führt zu Disproportionen im äußeren Erscheinungsbild, nämlich überlangen Extremitäten und wenig Muskelzuwachs. Bei Mädchen erfolgt häufig eine reichliche Gewichtszunahme. So treten individuelle und trainingsbedingte Unterschiede immer mehr in den Vordergrund. Im psychischen Bereich lässt sich eine erhöhte Erregbarkeit bzw. Sensibilität feststellen.

Aus diesen Kriterien ergeben sich für das Pubertätsalter folgende charakteristische Bewegungsmerkmale:

- Die Ganzkörperbewegungen werden plumper und schwerfälliger, Bewegungsfluss und -harmonie nehmen ab
- Assoziierte Mitbewegungen treten verstärkt auf ('schlacksige' Bewegungen)
- Die motorische Anpassungs-, Umstellungs- und Lernfähigkeit ist vermindert
- Sportliche Leistungen sind sehr instabil und können sogar stagnieren

Die aufgeführten Veränderungen der konditionellen und koordinativen Fähigkeiten treten auf, wenn von einem nichttrainierten Jugendlichen ausgegangen wird:

- Kraft- und Schnelligkeitsfähigkeiten steigen und entwickeln sich besonders bei männlichen Jugendlichen gut
- Ausdauerleistungen entwickeln sich vorübergehend nur wenig, da sie stark abhängig sind von der Kreislaufsituation
- Die Entwicklung der Beweglichkeit sowie der koordinativen Fähigkeiten weist nur geringe Fortschritte auf und ist stark übungsabhängig

Adoleszentenalter - Zweite Phase der Pubertät

Die Adoleszens umfasst bei weiblichen Jugendlichen das 13./14. bis 17./18. Lebensjahr (7./8. - 10./11. Schuljahr), bei männlichen Jugendlichen das 14./15. bis 18./19. Lebensjahr (8./9. bis 12./13. Schuljahr). Vom biologischen Aspekt her handelt es sich um eine Spanne von der Menarche/Spermarche bis zur Maturität.

Dieses Alter wird als Phase *der Stabilisierung, der ausgeprägten geschlechtsspezifischen Differenzierung und der fortschreitenden Individualisierung* bezeichnet (CORDES/ARNOLD/ZEIBIG 1987). Die für das Pubertätsalter typischen Gegensätze in Verhalten und Motorik werden allmählich überwunden. Lernbereitschaft und Leistungsstreben steigen wieder an. Sportliche Betätigungen sind interessengebunden, d.h., von völliger Ablehnung bis hin zur extremen sportlichen Betätigung ist alles möglich.

Insgesamt werden die Bewegungen wieder kraftvoller, fließender und rhythmischer. Die Bewegungselastizität verbessert sich. Assoziierte Mitbewegungen verlieren sich, der Bewegungsumfang entspricht der Bewegungsgabe. Die Bewegungsausführung normalisiert sich zunehmend. Bewegungskonstanz und -präzision verbessern sich deutlich. Kraft, Schnelligkeit, Beweglichkeit und Ausdauerleistung verbessern sich weiterhin und erreichen in dieser Phase ihren vorläufigen Höhepunkt.

Individuelle Unterschiede

Die Bewegungen werden generell schnell oder langsam, mit großem und kleinem Bewegungsumfang, kraftvoll oder schlaff, gelöst oder verkrampft, fließend oder elastisch oder eckig und unharmonisch ausgeführt. In der Bewegungsführung lassen sich Temperament und Einstellung erkennen.

Geschlechtsspezifische Unterschiede

Weibliche Jugendliche bevorzugen weniger anstrengende, Gewandtheit fordernde Bewegungen, d.h., sie ziehen großräumige, sehr rhythmische Bewegungen vor. Ihre Bewegungen weisen einen größeren Ausdrucksgehalt auf. *Männliche* Jugendliche sind generell sehr bewegungsaktiv und wollen Mut, Kraft und Durchsetzungsvermögen beweisen. Es entwickeln sich Bewegungstempo und -stärke. Sie bevorzugen kleinräumige, kraftvolle Bewegungen. Außerdem verbessert sich die motorische Lernfähigkeit zunehmend.

Die Adoleszens stellt einen erneuten Höhepunkt in der motorischen Entwicklung dar. Viele Jugendliche erreichen den Höchststand der motorischen Leistungsfähigkeit, der allerdings bei entsprechendem Training noch viele Jahre erhalten oder auch gesteigert werden kann.

2.2 Zusammenfassung

„Die Meilensteine der Entwicklung des normalen Kindes und seine Bewegungsabläufe in den verschiedenen Altersstufen sind wohlbekannt und klar vorherzusagen. Meilensteine sind Aktivitäten, die ein normales Kind in bestimmten chronologischen Stadien erreicht. Sie sind isoliert und aus dem Zusammenhang aus einer vielseitigen Entwicklung herausgenommen. Sie werden benutzt, um den motorischen und geistigen Fortschritt eines Kindes zu testen und haben ihren Wert bei der Feststellung und Diagnose motorischer und geistiger Retardierung, besonders bei den Fällen, wo man keine Zeichen pathologischer Abweichungen findet" (BOBATH/BOBATH 1998, 4).

Nach der Geburt versuchen sich alle biologischen Systeme an die neuen Umweltgegebenheiten anzupassen, d.h., lebenswichtige Systeme (Herz-Kreislauf, Atmung) erreichen dies in kurzer Zeit. Weniger überlebenswichtige Systeme, wie die Motorik, Statik usw., die bereits während der Schwangerschaft und Geburt vorbereitet sind, benötigen dafür länger. Die meisten Aktivitäten in den ersten Lebensjahren sind Teil eines Organisationsprozesses, d.h. der Einordnung von Empfindungen und Eindrücken im gesamten Nervensystem. Das Neugeborene kann bereits hören, sehen und empfinden, aber es kann diese Erlebnisse nicht gut einordnen. Je mehr Erfahrungen das Kind macht, desto besser lernt es, sie in seinem Gehirn zu ordnen, und findet allmählich deren Bedeutung heraus.

Bewegungen, die anfangs unbeholfen und ausfahrend waren, werden mit zunehmendem Alter eleganter und zielgerichteter. Komplizierte Muskelbewegungen der Zunge, Lippen und Stimmbänder werden erlernt und ermöglichen das Sprechen. Das Kind kann allmählich seine Gefühle beherrschen, da es Sinneswahrnehmungen im Gehirn besser ordnen kann. Innerhalb der ersten 12 Lebensmonate lernt es, sich gegen die Schwerkraft vom Liegen bis zum Stand aufzurichten. Die Reifung und Entwicklung verläuft primär vom Kopf zu den Füßen (von oben nach unten) und vom Rumpf zu den Extremitäten (von der Mitte nach außen). Symmetrische und asymmetrische Haltungs- und Bewegungsphasen wechseln sich gegenseitig ab. Verschiedene Entwicklungsstufen bestehen gleichzeitig nebeneinander. Die höchstentwickelten Fähigkeiten benötigen die längste Zeit. Diese die Bewegungsentwicklung beeinflussenden Prinzipien werden besonders im ersten Lebensjahr deutlich, doch ziehen sie sich wie ein roter Faden durch alle Altersstufen. Daher wurde das Säuglingsalter ausführlich beschrieben.

Mit zunehmendem Alter und weiterer Heranreifung des Gehirns entwickelt sich das Kind immer differenzierter. Das Bewegungsbild wird automatisiert, komplexer, harmonischer und koordinierter. Aus der spielerischen Form des Übens wird bewusstes und zielgerichtetes Leistungsstreben bzw. Trainieren. Ab dem frühen Schulkindalter treten die individuellen und geschlechtsspezifischen Unterschiede mehr und mehr in den Vordergrund.

Im späten Schulkindalter erhöht sich die motorische Lernfähigkeit. Die Kinder verbessern ihre kordinativen und konditionellen Fertigkeiten sowie Qualität und Quantität der Bewegungen. Die Unterschiede zwischen trainierten und untrainierten Kindern werden zunehmend deutlicher.

Während der Reifungszeit kommt es zur Umstrukturierung der motorischen Fähigkeiten und Fertigkeiten. Die hormonelle Umstellung im Organismus führt zur Instabilität im motorischen und psychisch-emotionalen Bereich. Die Bewegungen gestalten sich individuell sehr unterschiedlich und sind abhängig vom Temperament des Jugendlichen. Außerdem sind ausgeprägte geschlechtsspezifische Differenzierungen zu erkennen.

Kenntnisse über die altersgemäße Entwicklung ermöglichen es, Abweichungen rechtzeitig zu erkennen und entsprechend zu behandeln. Somit können altersentsprechende Anforderungen an die Kinder gestellt werden, die unter Berücksichtigung der individuellen Besonderheiten eine Über- oder Unterforderung vermeiden.

3 WAHRNEHMUNG (Anja Offergeld-Schnapka)

Stellen Sie sich vor, Sie liegen in einer Hängematte am Meer. Hören Sie das Rauschen des Meeres, oder hören Sie die Musik der nahegelegenen Strandbar? Sehen Sie den blauen Himmel über sich, oder haben Sie die Augen geschlossen und sehen innere Bilder? Fühlen Sie sich wohl in der Haltung, in der Sie in der Hängematte liegen, und spüren Sie den Stoff an Ihrer Haut? Genießen Sie das sanfte Hin- und Herschwingen? Riechen und schmecken Sie die exotische Frucht, die Sie in der Hand halten? Wenn dies alles zutrifft, haben Sie einige der vielfältigen Aspekte der Wahrnehmung (in Ihrer Vorstellung) gerade erfahren.

Oder stellen Sie sich vor, Sie fahren an einem kalten Regentag mit dem Fahrrad durch die City einer deutschen Großstadt. Hören Sie das Motorengeräusch der Sie überholenden Autos? Sehen Sie den Regen und die Pfützen auf der Straße? Spüren Sie, wie Ihre Hände langsam nass und klamm werden und wie die Muskeln ihrer Beine sich immer weiter bewegen, um das Fahrrad vorwärts zu bringen? Fühlen Sie die Geschwindigkeit beim Fahren? Riechen Sie die Abgase der Autos und schmecken Sie den Regen? Wie fühlen Sie sich, wenn Sie sich diese Wahrnehmungen vorstellen? Haben Sie Lust, weiterzufahren, oder möchten Sie die Situation schnell beenden?

Die menschliche Wahrnehmung ist ein komplexer Prozess, für dessen Verständnis einige Aspekte und Definitionen hilfreich sind.[1]

Wahrnehmung ist das unter dem Einfluss von Gedächtnisinhalten, Stimmungen, Gefühlen, Erwartungen und Denkprozessen erfolgende Aufnehmen, Ordnen und Verarbeiten von Sinneseindrücken (also Umwelt- und Körperreizen). Ziel ist es, Informationen zu gewinnen und sich in seiner Umwelt möglichst erfolgreich zu verhalten.

So kann die Aufmerksamkeit auf bestimmte Merkmale der Reizgegenstände gelenkt werden, auf deren Wahrnehmung besonderer Wert gelegt wird. Bei einer funktionsfähigen Wahrnehmung ist der Mensch in der Lage, aus den ihn erreichenden Reizen diejenigen auszuwählen, welche für die jeweilige Situation wichtig und relevant sind. Bei verschiedenen Wahrnehmungs- bzw. Wahrnehmungsverarbeitungsstörungen ist dieser Selektionsprozess beeinträchtigt, was zu eingeschränkter Selbstorganisation und verminderten Handlungsmöglichkeiten führen kann (z.B. Hyperaktivität). Die Wahrnehmung wird also beeinflusst und beschränkt durch die Möglichkeiten, die die Sinnesorgane und die weiterleitenden

[1] Die folgenden Inhalte basieren auf Ausführungen des HUMBOLDT-PSYCHOLOGIE-LEXIKONS (1990) zum Thema Wahrnehmung.

und verarbeitenden Regionen des zentralen Nervensystems (ZNS) bieten. Im Bereich des Sehens wird dies anhand von optischen Täuschungen deutlich:

Abb.1: Es sieht aus wie eine Spirale, tatsächlich sind es einzelne Kreise

Abb.2: Die Kreise scheinen zu rotieren, tatsächlich ist es eine Bewegungstäuschung

(aus: Humboldt-Psychologie-Lexikon 1990, 253, 58)

Hier handelt es sich um Wahrnehmungstäuschungen, die als psychischer Effekt entstehen, bei dem das subjektiv Wahrgenommene nicht mit der objektiven Gegebenheit übereinstimmt. Bei den sogenannten Kippfiguren kann sich das Bild verändern, wenn die Wahrnehmung auf bestimmte Merkmale gelenkt wird (hell-dunkel; innen-außen). Dies kann bewusst oder unbewusst geschehen.

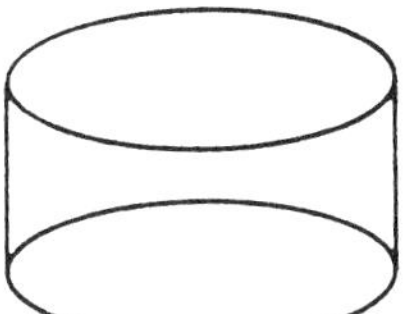

Abb.3: Pokal oder *Profile?*

Abb.4: Serviettenring von oben oder *unten* oder *mit breiter und schmaler Seite gesehen*

(aus: Humboldt-Psychologie-Lexikon 1990, 109, 342)

Die Wahrnehmung hat also verschiedene Anteile - objektive, subjektive. Was nehme ich als wahr wahr? Wahrnehmen hat etwas mit Spüren, mit Erleben zu tun; es gibt bei unterschiedlichen Individuen unterschiedliche Wahrnehmungen und somit unterschiedliche Wahrheiten, unabhängig davon, ob die Wahrnehmungsverarbeitung des Einzelnen gut entwickelt oder eingeschränkt ist.

Das Wahrnehmungserleben lässt sich nach STEVENS (1996) in drei unterschiedliche Arten der Wahrnehmung gliedern:

1. *Wahrnehmung der äußeren Welt, der äußeren Realität.* Hier ist der aktuelle sensorische Kontakt mit Gegenständen und Abläufen des gegenwärtigen Augenblicks gemeint: die Wahrnehmung dessen, was ich gerade sehe, höre, rieche, schmecke, berühre. Es kann hell sein, laut, duftend, salzig, weich.

2. *Wahrnehmung der inneren Welt, der inneren Realität.* Hier ist der aktuelle sensorische Kontakt mit gegenwärtigen inneren Vorgängen gemeint: die Wahrnehmung dessen, was sich im Moment inseits meiner Haut abspielt. Dies können Muskelspannungen, Bewegungen, Schmerzen, körperliche Manifestationen von Gefühlen wie Unbehagen oder Wohlgefühl, auch warme Körperempfindungen oder Tränen sein.

3. *Wahrnehmung, die sich auf die Aktivität der Phantasie gründet.* Hierzu gehört jede mentale Aktivität jenseits des Wahrnehmens gegenwärtiger Erlebnisse: Vermuten, Erklären, Planen, Wünschen, sich Vorstellen, Erinnern, Interpretieren, Vergleichen etc. Diese Phantasien sind mit der Wahrnehmung der inneren und äußeren Welt verknüpft.

Je nach eigener innerer und äußerer Befindlichkeit interpretiere, erkläre, erinnere, wünsche ich ein bestimmtes Erlebnis. Ich kann bei einer Arbeit Müdigkeit und Schwere im Körper verspüren und mir vorstellen, wieviel Zeit diese Arbeit benötigt, und entdecken, dass der Wunsch, die Arbeit beendet zu haben, aus dieser Müdigkeit stammt. Wenn ich mir vorstelle, dass die Arbeit erfolgreich wird, kann es sein, dass ich Wohlbehagen und Leichtigkeit im Körper spüre.

Bei folgender Übung kann die Dreiteilung der Wahrnehmung erfahrbar werden. Nehmen Sie sich Zeit, um auf Ihre Wahrnehmung zu achten und betrachten Sie nachstehendes Bild:

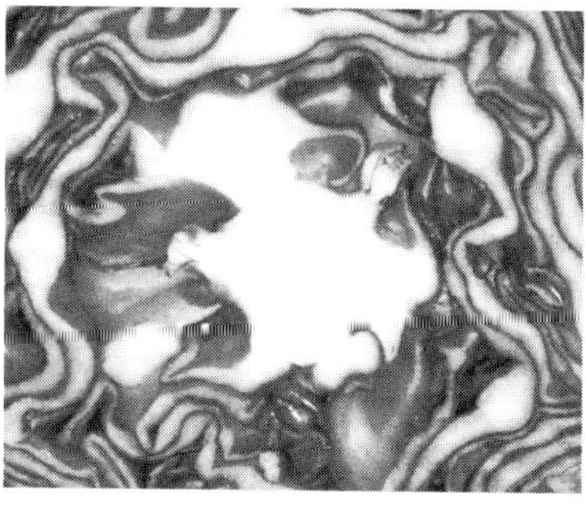

Was sehen Sie auf diesem Bild? Was nehmen Sie sonst an äußeren Ereignissen wahr? Geräusche, Gerüche? Schmecken Sie gerade irgendetwas? Was berühren Sie gerade? Gibt es etwas, das Sie erst spät wahrnehmen? Was fühlen Sie, während Sie das Bild betrachten? Gibt es Muskelspannungen, Wohl- oder Unbehagen, Neugierde, Müdigkeit?

Wohin geht Ihre Phantasie? Stellen Sie sich vor, was dieses Bild darstellen könnte? Schweifen Ihre Gedanken ab, gibt es Bilder vor ihrem geistigen Auge? Nehmen Sie wahr, dass die Wahrnehmungen sehr rasch wechseln können und Sie immer nur das völlig erfassen können, worauf Ihre Aufmerksamkeit gerade gerichtet ist? Während Sie sich mit einem Gedanken oder einer Phantasie beschäftigen, kann es sein, dass Sie die innere oder äußere Realität nur gering oder nicht mehr wahrnehmen.

Was verändert sich in der Wahrnehmung der äußeren und inneren Realität und der Phantasie, wenn Sie die Information erhalten, dass das Bild einen aufgeschnittenen Rotkohl darstellt?

Dieses Bewusstsein über die eigene Wahrnehmung kann hilfreich sein bei der Beobachtung und Beurteilung der Wahrnehmungsfähigkeit, der Motorik und des Handlungsvermögens anderer. Fragen an sich selbst: In welcher Situation befinde ich mich selbst, wenn ich ein sich bewegendes Kind beobachte? Wie ist meine eigene Befindlichkeit, was sind meine Phantasien, Interpretationen, Erklärungen, und was kann ich tatsächlich an äußerer Realität wahrnehmen? Wie verändern sich meine Wahrnehmungen, wenn ich neue Informationen über das Kind erhalte?

3.1 Wahrnehmungssysteme[2]

Häufig werden mit dem Begriff Wahrnehmung drei Wahrnehmungsqualitäten in Verbindung gebracht: das Sehen, das Hören, das Fühlen über die Haut. Tatsächlich sind aber weitere Wahrnehmungsbereiche erforderlich, die die Gehirnzentren mit ausreichenden Informationen versorgen, damit das Individuum situationsangemessen reagieren und handeln kann. Hier wird der Zusammenhang zwischen Wahrnehmung (Perzeption) und Bewegung (Motorik) deutlich.

Die Aufnahme eines Sinnesreizes geschieht über die verschiedenen Sinnesorgane, die Informationen über afferente (aufsteigende) Nervenbahnen zum zentralen Nervensystem (ZNS) im Gehirn

[2] Im Folgenden beziehe ich mich auf: KESPER/HOTTINGER (1993), AYRES (1992), ZINKE-WOLTER (1992)

weiterleiten, wo sie verarbeitet, verglichen, koordiniert, selektiert, gespeichert werden. Anschließend gehen Impulse von den Hirnzentren aus, die über efferente (absteigende) Nervenbahnen zu den ausführenden Organen, z.B. der Muskulatur, gelangen, um eine motorische Antwort auf den Reiz auszulösen. Diese Reaktion wird wiederum als Sinnesreiz wahrgenommen, so dass es zu einem geschlossenen Kreis kommt, in dem sich Wahrnehmung und Bewegung gegenseitig bedingen.

Nach AYRES (1992), die den Behandlungsansatz der Sensorischen Integrationstherapie (SI) zur Behandlung von Wahrnehmungs- und Wahrnehmungsverarbeitungsstörungen entwickelte, können mehrere Wahrnehmungssysteme unterschieden werden. Die Wahrnehmungsaufnahme und -verarbeitung findet in verschiedenen Gehirnabschnitten statt. Wir nehmen Wahrnehmungsreize bewusst und unbewusst wahr, manche beeinflussen intensiv unsere Emotionen, andere nutzen wir für rationales, bewusstes Erkennen und Gestalten unserer Umwelt.

Grundsätzlich gilt: In den tieferen Hirnabschitten (wie Rückenmark, Hirnstamm, Klein- , Mittel- und Zwischenhirn) läuft die Wahrnehmung und ihre Verarbeitung größtenteils unbewusst ab, in den höheren Großhirnhemisphären weitgehend bewusst. Einige Wahrnehmungsreize gelangen nur in die unteren Hirnregionen, andere 'steigen' weiter in die höheren. Auf jedem Hirnniveau werden die Informationen differenzierter verarbeitet.

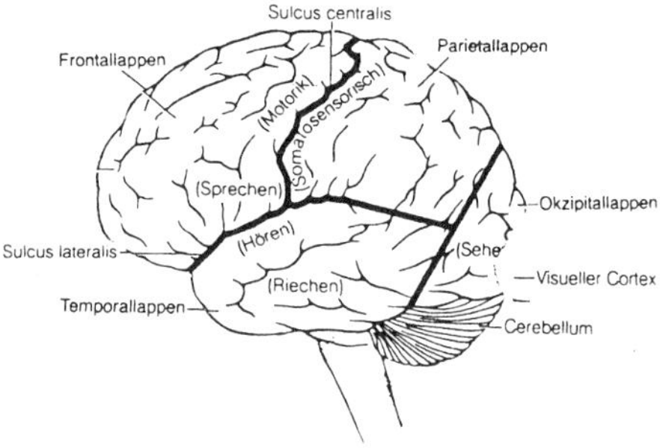

Abb.5: Strukturelle Darstellung des menschlichen Gehirns (nach: ZIMBARDO 1992, 125)

3.1.1 Nahsinne oder Basissinne

Es lassen sich vier Systeme unterscheiden, die im Folgenden beschrieben werden.

Taktiles System (Hautsinn)

Es geht um das Berühren, Fühlen, das Tastempfinden über die Haut. Taktile Reize werden je nach Hirnregion unbewusst oder bewusst verarbeitet. Durch die neurale Verbindung des Hautsinns mit dem emotionalen Kontrollsystem, dem limbischen System unterhalb des Großhirns, werden durch taktile Reize Gefühlsempfindungen beeinflusst (Massage, Streicheln, unangenehme Berührungen etc.).

In Verbindung mit der formatio reticularis, einem netzartigen Gewebe von Nervenzellen, das sich durch Stammhirn, Kleinhirn und Mittelhirn zieht und im Mittelhirn auch das Schlaf- und Wachzentrum darstellt, wirkt das taktile System auch als Aufmerksamkeits- oder Wecksystem. Wir kennen die (unbewusste) Reaktion, die ein plötzliches Berühren auslöst, oder das Reiben bzw. Halten des Kinns bei einem Vortrag, der unsere Aufmerksamkeit fesselt, oder das Spiel mit einem Stift beim Telefonieren, um beim Zuhören 'etwas in der Hand zu haben'.

Das taktile System besteht aus zwei Sub-Systemen:

- Das *erste* ist das Schutz- oder Warnsystem. Hier dient es zusammen mit dem Geruchs- und Gehörsinn dem Aufdecken von Gefahren. Das Berühren einer heißen Herdplatte beispielsweise führt zur sofortigen Abwehrreaktion, dem Zurückziehen der Hand ohne bewusste Planung.
- Zum *Zweiten* beinhaltet es das diskriminative System im Großhirn, das das Erforschen und Unterscheiden von Materialien durch Tasten ermöglicht. Hier findet eine beurteilende, bewusste Reaktion als Antwort auf Ertastetes statt. Dieses unterscheidende System muss das Schutzsystem mit der Abwehrreaktion überlagern, um wirksam zu werden und Tastreize differenzieren und beurteilen zu können.

Durch den Einfluss des limbischen Systems (emotionale Kontrollinstanz) bekommen Berührungen unterschiedliche Gefühlsfärbungen. So kann die eine als angenehme Massage empfunden werden, eine andere so, als ob eine Spinne über den Arm liefe. Hier kann zum Beispiel die unangenehme taktile Empfindung durch Druckempfinden, Schmerz durch Reiben und die sogenannte taktile Abwehr durch festes, deutliches Anfassen überlagert werden.

Kinder mit der oben genannten taktilen Abwehr fallen manchmal durch missgestimmtes, unzufriedenes und insgesamt abwehrendes Verhalten auf. Da die Störung des taktilen Systems hauptsächlich in den unbewussten Hirnabschnitten abläuft, ist dem Kind oft nicht bewusst, dass die Berührungsreize unangenehm sind, und es findet 'Ausreden', um den Kleister oder den Sand nicht berühren oder ein bestimmtes Kleidungsstück nicht anziehen zu müssen.

Propriozeptives bzw. kinästhetisches System (Stellungs- bzw. Bewegungssinn)

Diese Systeme ermöglichen die Eigenwahrnehmung des Körpers über tiefere Schichten als die Haut - über Muskeln, Sehnen, Gelenke etc. (Tiefenwahrnehmung): Muskelspannung, Druck, Zug an Sehnen und Gelenken sowie die Stellung des Körpers im Raum bzw. die Bewegung des Körpers im Raum werden über das propriozeptive (lat., eigenempfindend) bzw. kinästhetische (griech.,

bewegungsempfindend) System *ohne* optische Kontrolle wahrgenommen. Diese Wahrnehmungsreaktionen laufen weitgehend unbewusst ab, die Verarbeitung findet besonders im Kleinhirn und den motorischen und sensorischen Rindenfeldern der Hirnrinde (Kortex) statt.

Im Kleinhirn werden die Tiefenwahrnehmung und alle motorischen Leistungen koordiniert und kontrolliert, harmonisiert, gespeichert und automatisiert. Die motorischen und sensorischen Rindenfelder bilden die Grundlage für die Funktionsfelder der Hirnrinde, die für das Hören und Sehen, die Sprache und das Schreiben zuständig sind. Bei besonderer Aufmerksamkeit ist auch eine bewusste Wahrnehmung von propriozeptiven und kinästhetischen Reizen möglich, so dass wir die spontane Lageveränderung von Gelenken und die Veränderung des Muskeltonus bei Beugung, Streckung, Drehung bewusst empfinden.

Bei folgenden Übungsbeispielen, die auch in motorischen Tests verwendet werden, kann die sonst eher unbewusst stattfindende propriozeptive Wahrnehmung nachgespürt werden:

- Der Zeigefinger wird mit geschlossenen Augen an die Nase geführt.
- Beide Arme werden seitlich ausgestreckt, dann die isolierten Zeigefinger in Nasenhöhe zueinandergeführt, so dass sie sich berühren; wiederum ohne optische Kontrolle.

Kinder mit Fehlfunktionen des propriozeptiven bzw. kinästhetischen Systems zeigen z.B. ungeordnete Ganzkörperbewegungen, Schwierigkeiten bei schnellen Richtungswechseln auch einzelner Körperteile (Schleife binden etc.), Einschränkungen bei der Bewegungsplanung auch sehr feiner Muskelgruppen: Reaktion eines Kindes auf die Aufgabe, ein Diktat zu schreiben: „Ich weiß zwar, was du willst, aber ich kann es nicht (hin)schreiben ..." (AYRES 1992, 82). Hier können die akustischen Reize nicht mit den Fingern verknüpft werden.

Das taktile und das propriozeptive bzw. kinästhetische System haben häufig unscharfe Grenzen; zusammen bilden sie das sogenannte **taktil-kinästhetische System** und beinhalten z.B. das Berühren, Umfassen, Ertasten und In-den-Mund-Nehmen von Gegenständen.

Vestibuläres System (Gleichgewichtssinn)

Die vestibulären Organe sorgen für die Aufrechterhaltung und Wiederherstellung unseres Gleichgewichts; schnelle und langsame Bewegungen, Lage- und Richtungsänderungen können wahrgenommen werden. Wir nehmen - weitgehend unbewusst und selbstverständlich - wahr, wie unsere Beziehung zur Erdanziehung ist, ob wir stillstehen oder uns bewegen, wie schnell und in welche Richtung. Die Funktion dieser Organe ist besonders wichtig innerhalb unserer gesamten Wahrnehmungsfähigkeit und Wahrnehmungsverarbeitung, so dass ich auf die Vorgänge des Vestibularsystems ausführlicher eingehen möchte. Das sogenannte Labyrinth im Innenohr enthält neben den Rezeptoren (lat.: Empfängern) für das Gehör auch Rezeptoren für das Gleichgewichtssystem. Sie reagieren einerseits auf die Schwerkraft: Die Erdschwere zieht in den Rezeptoren dünne Kristalle mit haarfeinen Nervenzellen nach unten, die haarförmigen Zellen aktivieren den Gleichgewichts- oder Vestibularnerv, der die Information zu den vestibulären Kernen im Stammhirn weitergibt. Jede Bewegung des Kopfes bewirkt eine Veränderung der Kristalle und 'Härchen', die als vestibuläre Information weitergegeben wird. Ebenso werden von den Rezeptoren Knochenvibrationen durch z.B. Springen oder Hüpfen wahrgenommen, die die Kristalle erschüttern und eine Veränderung der Vestibulärinformation bewirken. Hier wird eine weitere Verbindung zwischen Gleichgewichtssinn und benachbartem Gehörsinn deutlich: Auch der Gehörsinn reagiert auf Vibrationen (Geräusche als Vibrationen der Luft). Beide Systeme haben entwicklungsgeschichtliche Ähnlichkeiten, befinden sich im Innenohr und leiten ihre Impulse in demselben Vestibularnerv zum Stammhirn.

Andere Rezeptoren im Innenohr reagieren auf Bewegung, Beschleunigung und Verlangsamung. Sie befinden sich in drei verschiedenen, kleinen und halbkreisförmigen Röhren, den Bogengängen. Diese sind mit Flüssigkeit gefüllt und verlaufen von oben nach unten, von links nach rechts und von vorn nach hinten. Der Druck der sich bewegenden Flüssigkeit reizt die Rezeptoren in den Bogengängen, je nach Tempo und Richtung des sich bewegenden Körpers. Diese Informationen werden wiederum zu den vestibulären Kernen im Hirnstamm sowie zum Kleinhirn und Rückenmark geleitet. Hier findet in Zusammenarbeit mit propriozeptiven und taktilen Impulsen die muskuläre Verarbeitung der vestibulären Information statt, mit Reaktionen wie z.B. Kontrolle der Nackenmuskulatur, Inne- und Festhalten, schnelle Richtungswechsel, Harmonisierung des Bewegungsablaufs (vgl. Propriozeption).

Es geht um die Schwerkraftsicherung, das 'Wo-bin-ich-im-Raum?', die Unterscheidung zwischen Selbst und Umgebung. Wir kennen diese 'Arbeit' des Vestibularsystems von Achterbahn- oder Karussellfahrten. Drehen wir uns oder dreht sich die Welt um uns? Wie schaffen wir es, aus dem Karussell heraus und ohne hinzufallen auf festen Boden zu kommen, der sich dann doch noch eine Weile zu bewegen scheint? Hier können die sonst weitgehend unbewusst ablaufenden vestibulären Vorgänge durch ihre Intensität spürbar werden. Andere Informationen fließen vom Hirnstamm an die Großhirnteile, wo sie in Verbindung mit taktilen, propriozeptiven, optischen und akustischen Impulsen treten.

Die Okkularkontrolle (Augenmuskelkontrolle ohne Kopfbewegung) spielt hier eine wichtige Rolle. Das Vestibularsystem hat die Aufgabe, ein stabiles Gesichtsfeld zu erhalten, damit gesehene Gegenstände bei Änderung der Kopfhaltung nicht plötzlich verwischen; es stimmt die Augen- und Nackenmuskulatur so aufeinander ab, dass Kopf- und Körperbewegungen kompensiert werden können.

So kann - in dem Karussellbeispiel - eine bewusst eingesetzte Okkularkontrolle helfen, dass Gleichgewicht und Orientierung im Raum schneller wiederhergestellt werden: Man fixiert den Blick auf einen unbewegten Gegenstand, kontrolliert besonders die Augen- und Nackenmuskulatur und schafft so einen Bezugspunkt. Umgekehrt kann eine eingeschränkte Okkularkontrolle (die Augen können einen Gegenstand, der vor dem Gesicht bewegt wird, nur eingeschränkt ohne Bewegung des Kopfes verfolgen) ein Hinweis auf eine Vestibularstörung sein. Auch die Verbindung von vestibulärem System und dem Gehörsinn hat Auswirkungen. So kann bei gestörtem Gleichgewichtssystem die Aufnahme und Verarbeitung von Lauten beeinträchtigt sein, was z.B. eine Sprachentwicklungsverzögerung nach sich zieht. Therapeutischer Ansatzpunkt wäre hier die Vestibularproblematik und nicht die auffällige Sprache im Sinne einer reinen Sprachtherapie.

Das Vestibularsystem reagiert sehr präzise und empfindlich, so dass Gleichgewichtsinformationen laufend verarbeitet werden und so einen großen Einfluss auf unser Gehirn haben. Die vestibulären Kerne im Hirnstamm sind Schaltzentren, die Reize vom vestibulären, propriozeptiven und taktilen System und von den optischen und akustischen Sinnesorganen ordnen und verarbeiten. Sie geben an alle Bereiche Impulse ab und erhalten ihrerseits von allen Bereichen Informationen. So haben sie integrierende Funktion (lat., (Wieder)herstellen eines Ganzen) für viele andere Hirnabschnitte im Hirnstamm, Kleinhirn und Großhirn.

AYRES (1992) vergleicht das Vestibularsystem mit einem Kompass. Sie beschreibt, wie Flugzeugpiloten versucht haben, ohne Kompass, nur mit Hilfe des Sehens, zielgerichtet geradeaus zu fliegen. Es entstanden meist Kreise oder Spiralen. Informationen sind dann unbrauchbar, wenn sie kein Bezugssystem haben, das die aufgenommene Information einordnet, deutet und bewertet. So kann das Gleichgewichtssystem als **integrierendes Bezugssystem** bezeichnet werden, dessen Beeinträchtigung nicht nur Gleichgewichtsprobleme oder Schwerkraftverunsicherung zur Folge haben kann, sondern auch Sprach- und Wahrnehmungsstörungen in allen Bereichen, Lese-, Schreib- und Rechenschwäche sowie Verhaltensauffälligkeiten

Gustatorisches, Olfaktorisches System: Geschmackssinn, Geruchssinn

Der Geschmackssinn und der Geruchssinn arbeiten eng zusammen. In diesen Wahrnehmungsbereichen treffen die Nahsinne in Form des Geschmackssinnes und die Fernsinne mit dem nahesten Fernsinn, dem Geruchsinn, aufeinander. Die Geschmackszellen in der Zunge unterscheiden die vier Geschmacksrichtungen süß und sauer, salzig und bitter. Die Riechhärchen in der Nasenmuschel empfangen Duftstoffe aus der Umgebung, die an Schleim gebunden werden. Sie senden einen Impuls aus, der als Geruchswahrnehmung an das Großhirn gelangt.

Geschmacks- und Geruchswahrnehmungen werden im Riechhirn (im Großhirn) und im limbischen System verarbeitet und von dort aus weitergeleitet. Das limbische System ist der Sitz der Urverstands- und Schutzkontrolle mit den Aufgaben der „Selbsterhaltung (Ernährung, Verteidigung, Angriff) und (der) Arterhaltung ...“ (FALLER 1980, 332). Hier sind emotionale Empfindungen, wie z.B. Sympathie und Antipathie, sowie Intuition und Sexualität angelegt. Auch bei Gedächtnis- und Lernleistungen wirkt das limbische System mit - z.B. beim sogenannten blackout, der Wissensblockade in der Prüfungssituation.

Redensarten wie 'den kann ich nicht riechen' oder 'dieses Thema schmeckt mir nicht' verdeutlichen den Zusammenhang zwischen Riechen/Schmecken und emotionaler Befindlichkeit. Säuglinge erkennen ihre Mutter am Geruch und 'ihre' Muttermilch am Geschmack und lassen sich durch Tücher, die nach der vertrauten Mutter riechen, beruhigen. Auch Gerüche oder Speisen können unsere Stimmung nachhaltig beeinflussen, wobei hier die momentane Verfassung des Betreffenden eine große Rolle spielt und auch verschiedene Menschen sehr unterschiedlich empfinden können. Im limbischen System werden auch die motorischen Impulse beeinflusst, so dass Geruchs- und Geschmackssinn zusammen mit dem Tastsinn erfolgreich ein Warn- und Schutzsystem bilden (Hand von der heißen Herdplatte wegziehen, Zurückschrecken vor zu heißer, zu kalter oder verdorbener Speise etc). Andererseits kann unter dem Einfluss von Düften, angenehmer Wärme oder erwünschtem Geschmack auch ein Entspannungseffekt eintreten (Aromatherapie, Bad mit Duftöl, das Stück Schokolade etc.).

Diagnostisch sind Zusammenhänge zwischen einzelnen Wahrnehmungssystemen feststellbar: Taktil empfindliche Kinder sind dies oft auch in Geruch und Geschmack; Kinder, die scharfes Essen lieben, suchen starke propriozeptive (Berührungs-)Reize. Manchmal setzen sie Geruchs- und Geschmackswahrnehmung kompensatorisch ein - bei beeinträchtigtem Tastvermögen und/oder eingeschränkter visueller Wahrnehmung werden Dinge beleckt oder beschnüffelt.

3.1.2 Fernsinne

Visuelles System: Gesichtssinn, das Sehen

Das Auge ist das höchstentwickelte Sinnesorgan des Menschen. Über die Netzhaut des Auges werden Lichtwellen aus der Umwelt aufgenommen, die als optische Information an die optischen Verarbeitungszentren im Hirnstamm weitergeleitet werden, die die Impulse mit anderen Sinnesinformationen in Beziehung setzen. Dies sind besonders Informationen, die aus dem vestibulären und dem propriozeptiven System stammen. Diese Wahrnehmungsverarbeitung im Hirnstamm ermöglicht eine Grundkenntnis unserer Umgebung und die Bestimmung von Lage und Ort der vorhandenen Objekte. Sie ist die Voraussetzung für eine sinnvolle Verarbeitung von optischen Reizen auf Großhirnebene. Anschließend gelangen die optischen Sinnesreize zum Kleinhirn, wo sie in Verbindung mit motorischen Impulsen zur Augen- und Nackenmuskulatur treten. So wird die Koordination beider Augen (das Hinsehen, das Betrachten) und das visuelle Verfolgen eines bewegten Gegenstandes (das Nachschauen) möglich. Einige der optischen Informationen fließen an die Großhirnhemisphären und zum Sehzentrum in der Hirnrinde, wo eine exakte Unterscheidung von optischen Einzelheiten stattfindet, gemeinsam mit Impulsen von anderen Sinnesorganen und Wahrnehmungssystemen.

Nur bei gut ineinander greifender Informationsverarbeitung der Wahrnehmungssysteme auf allen Ebenen des Gehirns ist es möglich, dass aus dem Sehen des Sinnesorgans Auge, dem Aufnehmen der Lichtreize, eine visuelle Wahrnehmung mit Bedeutung für das Individuum wird - dass aus dem Wahrnehmen von Linien oder Strichen auf dem Papier ein Erkennen von Buchstaben oder Zahlen mit Symbolgehalt werden kann.

So ist es möglich, dass ein Kind in der Schule nicht von der Tafel ins Heft abschreiben oder beim Lesen und Schreiben die Zeile nicht halten kann, beim Laufen andere Kinder anrempelt, nur schwer einem anderen einen Ball zuwerfen kann: Ein unter Umständen sehr gut funktionierendes Sehvermögen wird durch ungenügende Reizweiterleitung bzw. fehlerhafte Wahrnehmungsverarbeitung beeinträchtigt.

Auditives System: Gehörsinn, das Hören

Durch akustische Schwingungen in der Luft werden die Hörzellen im Innenohr gereizt, die die Schallwellen in elektrische Energie umwandeln und als akustische Information an den Hirnstamm weiterleiten. Hier erfolgt eine Verarbeitung ähnlich wie bei optischen Reizen, die Zentren liegen im Hirnstamm nah beieinander und können Informationen schnell austauschen. Auch die akustischen Reize werden über die verschiedenen Hirnebenen bis zum Hörzentrum im Kortex (Hirnrinde) weitergeleitet und ermöglichen in Zusammenarbeit mit den Informationen der Basissinne das Hinhören auf einen akustischen Reiz, das Zuhören und Lauschen bei einem länger andauernden Reiz (Musikstück etc.) und das Richtungshören sowie das Verfolgen eines sich bewegenden Geräusches.

Ein Beispiel kann die Zusammenarbeit der Sinne verdeutlichen: Aufgabe ist, mit geschlossenen Augen ein Geräusch zu hören, zu lokalisieren und in seiner sich verändernden Richtung zu verfolgen. Wir neigen dazu, ein Ohr in Richtung des Geräusches zu halten und mit den geschlossenen Augen und durch Neigung oder Drehung des Kopfes das Geräusch zu begleiten. Durch das Zusammenspiel aller Wahrnehmungssysteme kann das Gehörte Bedeutung bekommen, kann eine Raumorientierung stattfinden, können Laute zu sinnvollen Wörtern, zu Sprache umgedeutet werden. Analog zu den Funktionen des visuellen Systems können auch beim auditiven System durch Einschränkungen der Basissinne Funktionsstörungen auftreten. Kinder mit beeinträchtigtem vestibulären und/oder taktilkinästhetischem System können z.B. Lese-, Sprach- und Sprechprobleme entwickeln.

Zusammenfassend soll nochmals betont werden, dass die Informationen aller Wahrnehmungssysteme auf jedem Hirnniveau genauer und differenzierter verarbeitet werden, bis auf Großhirnebene solche komplexen menschlichen Leistungen wie Sprache, Lesen, Schreiben, Rechnen etc. entstehen können. Dies sind Spezialisierungen, die ein Endprodukt aller vorausgegangenen Entwicklungsschritte darstellen (vgl. AYRES 1992).

3.1.3 Visuelle Wahrnehmungsbereiche

Die Fähigkeit zur Wahrnehmung und Wahrnehmungsverarbeitung innerhalb der einzelnen Systeme umfasst verschiedene Bereiche. FROSTIG (1973) hat diese für die visuelle Wahrnehmung in verschiedenen Programmen und einem Entwicklungstest (FEW: **F**rostig **E**ntwicklungstest zur visuellen **W**ahrnehmung) ausführlich behandelt. Diese Bereiche der visuellen Wahrnehmung spielen in der Einzel- und Gruppenförderung immer wieder eine Rolle und sind zum Teil auch leicht auf die anderen Wahrnehmungssysteme übertragbar.

Im Folgenden eine kurze Darstellung der fünf Bereiche der visuellen Wahrnehmung nach FROSTIG[3].

Visuomotorische Koordination (VM)

Dies ist die Fähigkeit, die Funktionen des Sehens mit Bewegungen des Körpers zu koordinieren. Hiermit sind Ganzkörperbewegungen gemeint, wie etwa zielgerichtetes Ballspiel und auch feinmotorische Bewegungen wie z.B. Malen oder Schreiben. Die Auge-Hand-Koordination ist für viele Handlungsfolgen von großer Bedeutung.

[3] Literatur: FROSTIG (1973); A. u. E. REINARTZ (1974).

Figur-Grund-Wahrnehmung (FG)

Die Figur-Grund-Wahrnehmung beinhaltet die Fähigkeit des Gehirns zu selektieren, d.h., von den einströmenden Reizen der Außenwelt diejenigen auszuwählen, auf die die Aufmerksamkeit gerichtet werden soll. Diese Reize werden zur **Figur,** die sich dann vom verschwimmenden Hinter-**Grund** abhebt. Wird die Richtung der Aufmerksamkeit verändert, verschwindet die Figur im Hintergrund, und ein anderer Reiz wird zum Zentrum der Aufmerksamkeit, zur Figur.

Dieses Element der visuellen Wahrnehmung, beispielsweise, findet sich auch in anderen Wahrnehmungsbereichen: So hören wir z.B. aus den uns umgebenden Geräuschen in einer Kneipe die Stimme desjenigen heraus, mit dem wir sprechen, obwohl die Musik vielleicht lauter ist. Wir können auch die Aufmerksamkeit auf einen bestimmten taktilen Reiz richten, obwohl wir noch andere spüren, wie z.B. Beschaffenheit von Kleidung und Sitzgelegenheit. Die Fähigkeit, die eigene Aufmerksamkeit zu richten und diese Richtung immer wieder zu kontrollieren, ist wichtig für die Selektion von Reizen, Konzentrationsfähigkeit, Aufmerksamkeitsausdauer und die Möglichkeit, sich von momentan weniger wichtigen Reizen abzuschirmen. Kinder mit eingeschränkter Figur-Grund-Wahrnehmung erscheinen sprunghaft, unorganisiert, leicht ablenkbar.

Wahrnehmungskonstanz (WK)

Dieser Bereich der visuellen Wahrnehmung ermöglicht das Erkennen und Identifizieren eines Gegenstandes in unterschiedlicher Form, Größe oder Lage. Wir erkennen einen Tisch als einen Tisch, auch wenn er mit den Beinen nach oben zeigt und das Auge eine andere visuelle Information liefert als bei einem Tisch, der auf den Beinen steht.

Die Wahrnehmungskonstanz ist bedeutsam für die Entwicklung der Generalisationsfähigkeit, der Fähigkeit zur Verallgemeinerung; sie ist wichtig für die Übertragung vom drei- zum zweidimensionalen Raum, eine Strichzeichnung von einem Auto kann beispielsweise einem Spielzeugauto zugeordnet werden, Symbole können auch in anderer Form erkannt werden, z.B. Wörter in fremder Schrift oder Drucktechnik.

Wahrnehmung der Raumlage (RL)

Räumlich gesehen ist eine Person immer im Zentrum ihrer eigenen Welt und nimmt die Gegenstände oder Personen ihrer Umgebung in räumlicher Beziehung zu sich selbst wahr, also neben, hinter, über, unter, vor ihr lokalisiert. Das gibt uns die Möglichkeit, rechts und links zu erkennen und zum Beispiel Buchstaben wie b und d zu differenzieren und Zahlen wie 69 von 96 zu unterscheiden. Wir können Buchstaben in der richtigen Reihenfolge zu Wörtern aneinander reihen, ohne die Buchstaben zu vertauschen und die Wörter zu verwirren.

Hier kann ein Zusammenhang zum propriozeptiven System bestehen: Eine eingeschränkte Körperwahrnehmung begünstigt die Entstehung einer visuellen Wahrnehmungsschwäche - die visuelle Welt verzerrt sich, und die Person sieht die Dinge nicht in der richtigen Beziehung zu sich selbst, bewegt sich ungeschickt und unsicher und hat Schwierigkeiten mit Begriffen wie 'davor', 'dahinter', 'innen', 'außen' etc.

Wahrnehmung räumlicher Beziehungen (RB)

Die Wahrnehmung räumlicher Beziehungen ist eine Weiterentwicklung der Fähigkeit zur Raumlage-Wahrnehmung. Sie ermöglicht, die Lage von mehreren Gegenständen in Beziehung zu sich selbst und untereinander zu erkennen. Das Nachlegen von Mustern, Perlen-Auffädeln, Arbeit mit geometrischem Material etc., aber auch das Einschätzen einer Gruppe von Personen erfordert das (räumliche) Wahrnehmen von Beziehungen zu sich selbst und der einzelnen betroffenen Gegenstände oder Personen zueinander.

Eine gut funktionsfähige visuelle Wahrnehmung ist für das Lernen eine wichtige Voraussetzung; Kinder mit einer visuellen Wahrnehmungsbeeinträchtigung sind beim Lernfortschritt oft stark beeinträchtigt. So kann es wichtig sein, der Fähigkeit der visuellen Wahrnehmung eines Kindes besondere Aufmerksamkeit zu schenken, um Verhaltens-, Lern- und Entwicklungsauffälligkeiten einordnen und verstehen und eine geeignete Förderung planen zu können.

3.2 Aspekte der Wahrnehmungsentwicklung

Die Wahrnehmungsentwicklung des Menschen beginnt im Mutterleib. Bereits in den ersten drei Schwangerschaftsmonaten entwickeln sich die Basissinne, wobei der Gleichgewichtssinn am höchsten entwickelt ist, da die ständige Bewegung im Fruchtwasser das Vestibularsystem stark anregt. Kindern, deren Mütter in der Schwangerschaft viel liegen mussten, fehlen intensive vestibuläre Reize, so dass sie in den ersten Lebensjahren mit Gleichgewichtsverunsicherung und Angst vor Schaukelreizen reagieren können.

Taktile und propriozeptive Reize erfährt der Fötus durch die eigene Bewegung im warmen Fruchtwasser sowie durch den Druck der Gebärmutterwand, der im Verlauf des Wachstums im Mutterleib immer stärker wird. Schon früh sind taktile Reaktionen entwickelt: Das Kind im

Mutterleib weicht manchmal vor dem Ultraschallkopf zurück, zieht das Bein ruckartig in die Beugung, wenn die Fußsohle durch die Bauchdecke hindurch angetippt wird. Es kann sich aber auch zu haltenden und streichelnden Händen 'draußen' hindrehen und so taktile und propriozeptive Reize suchen (in der sog. Haptonomie kann diese Fähigkeit dazu genutzt werden, Kinder im Mutterleib aus einer Querlage in die 'richtige' Geburtsposition, die Hinterhauptslage, zu bringen). Die Fernsinne entstehen im letzten Drittel der Schwangerschaft. Das Ungeborene beginnt im sechsten Schwangerschaftsmonat zu hören und kann den Herzschlag seiner Mutter jetzt nicht nur als Vibration, sondern auch als Ton wahrnehmen. Kurz vor der Geburt kann es schon visuelle Kontraste wie hell und dunkel unterscheiden.

Eine besondere Position nimmt das olfaktorische bzw. gustatorische System ein: Bereits im dritten Schwangerschaftsmonat angelegt, ist jedoch „beides erst nach der Geburt als veränderbare Wahrnehmung erkennbar" (ZINKE-WOLTER 1992, 53). Diese beiden Systeme sind zum Zeitpunkt der Geburt und in den ersten drei Lebensmonaten des Säuglings deutlich ausgeprägt, während die Entwicklung der anderen Basissinne durch den dramatischen Einschnitt der Geburt stark zurückfällt. In den ersten Lebensmonaten außerhalb des Mutterleibes entwickeln sich die verschiedenen Wahrnehmungssinne weiter, bis sie im sechsten Lebensmonat etwa den vorgeburtlichen Entwicklungsstand erreicht haben. Die Entwicklung der Fernsinne bleibt bestehen und setzt sich nach der Geburt kontinuierlich fort, das auditive und das visuelle System überlagern in ihrer Bedeutung die Nahsinne jedoch erst im dritten Lebensjahr.

Einige Merkmale der ersten Säuglingszeit verdeutlichen das Lernen des Ungeborenen und die intrauterine Wahrnehmungsentwicklung:

- Das 'Riechläppchen': Der Geruchssinn des Neugeborenen ist soweit ausgeprägt, dass es sich mit einem Tuch, das die Mutter einige Zeit an ihrem Körper getragen hat, merklich beruhigt.
- Ein Neugeborenes unterscheidet 'seine' Muttermilch geschmacklich von der einer anderen Frau.
- Durch den aus dem Mutterleib vertrauten Herzschlag beruhigt sich ein Säugling leichter.

Über das Zusammenspiel der verschiedenen Wahrnehmungssysteme, über die Hierarchie der Wahrnehmungsentwicklung gibt es unterschiedliche Erkenntnisse und Theorien. AFFOLTER (1985) hat auf der Basis von PIAGET ein Stufenmodell (siehe Tab.10) beschrieben.

Stufen	Beschreibung
Modal 1.-3. Monat ↓	Ein Wahrnehmungskanal arbeitet, z.B. Kind hört Geräusch - sieht nicht hin; Kind sieht etwas - greift Gegenstand nicht
Intermodal 3. - 8. Monat ↓	Zwei oder mehrere Wahrnehmungskanäle arbeiten zusammen, z.B. Kind hört Geräusch - sieht hin - ergreift den Gegenstand
Serial 8. - 12. Monat ↓	Serien, Reihen zu bilden wird möglich. Kind erfasst Zusammenhänge zeitlich, ursächlich etc. • - 'wenn - dann ...' wird verstanden • - Objektpermanenz 'Kuckucksspiel' etc. → Voraussetzung für Sprache, Erkennen, Verstehen, Problemlösen
Intentional ab 11. Monat ↓	Imitation, Sprache (Willen, Absicht darstellen, auch über Kommunikation: 'da!' 'ham!' 'komm!' etc.)
Symbolstufe ab 18. Monat	Sprache, Rollenspiel ('so tun als ob ...')

Tab.10: Hierarchie der Wahrnehmungsentwicklung

AFFOLTER entwickelte eine Methode zur Therapie wahrnehmungsgestörter Kinder, die auf diesem Stufenmodell beruht und das Führen des Kindes durch den Therapeuten zum Inhalt hat. Ziel ist es, Spürinformationen zu geben, so dass das Kind Regeln und Verknüpfungen im jeweiligen Handeln erkennen und selbst bilden kann. So ist es in der Lage, später selbst Handlungen auszuführen, die aufgrund der Wahrnehmungsbeeinträchtigung sonst nicht oder nur stark erschwert möglich wären. Diese Therapiemethode hat sich in der Praxis als erfolgreich erwiesen.

Neuere Forschungen bezweifeln die modale Stufe der ersten drei Lebensmonate. In der Säuglingsforschung entsteht das Bild vom „kompetenten Säugling" (DORNES 1997), werden Babies als „die geborenen Experten" (GEO-WISSEN, Kindheit und Jugend, 1993) bezeichnet. SCHRADER (ebd.) beschreibt unter anderem Experimente, in denen Neugeborene bereits etwas Gesehenes imitieren können bzw. sehr unruhig sind, wenn ihre Mutter den Mund bewegt, dazu aber eine fremde Frauenstimme hörbar ist. Ein anderer Versuch stellt die Fähigkeit von acht bis vierzehn Tage alten Säuglingen dar, visuelle und taktil-kinästhetische Informationen zu koordinieren: Gibt man

ihnen einen zuvor noch nie gesehenen Schnuller mit Noppen in den Mund und zeigt ihnen anschließend zwei Abbildungen von Schnullern - mit bzw. ohne Noppen - wird das Bild des Schnullers mit Noppen länger betrachtet, also eine Verbindung zwischen Gefühltem und Gesehenem hergestellt. Die umgekehrte Versuchsanordnung bringt das gleiche Resultat: Wenn der Säugling an einem Schnuller ohne Noppen gesaugt hatte, betrachtete er einen solchen auch bevorzugt (DORNES 1997, 1998). Diese Fähigkeiten stellen intermodale Leistungen dar, Handlungen, die die Verknüpfungen von zwei Sinnesbereichen erfordern, z.B. Sehen und Hören, Fühlen und Sehen. Dies wäre nach dem AFFOLTER-Modell erst nach dem dritten Lebensmonat möglich.

Auch ZINKE-WOLTER (1992, 52) erwähnt, dass es schon „vor der Geburt verschiedene Wahrnehmungsmodalitäten (gebe), die vom Ungeborenen gleichzeitig wahrgenommen und verknüpft werden können. (So sei) die Aussage von PIAGET, dass Kinder bis zum dritten Lebensmonat intramodal, also ohne Verknüpfung wahrnehmen, nach heutigem Wissensstand nicht mehr vertretbar". Es gilt jedoch, die Qualität der intermodalen Wahrnehmungsleistung zu beachten. So konnte schon in den sechziger Jahren festgestellt werden, dass Neugeborene Kopf oder Augen in Richtung eines Geräusches bewegten. In heutiger Zeit ist dieser Befund als gesichert zu betrachten, wobei Unterschiede zwischen Neugeborenen und vier bis fünf Monate alten Kindern deutlich werden: Bei ersteren scheint diese Wahrnehmungsreaktion einem Reflex ähnlich zu sein, während sie bei den zweiteren „in der Absicht erfolgt, das Gehörte visuell zu explorieren" (DORNES 1997, 44).

In der Praxis erweist es sich häufig als sinnvoll, auf der modalen Ebene, also den einzelnen Sinneskanal betonend zu arbeiten und die unterschiedlichen Ausprägungen der Entwicklung zu beachten. Bei bewegungs- und wahrnehmungsgestörten Kindern ist es beispielsweise wichtig, die beeinträchtigten Funktionen der Basissinne aufzuarbeiten. So ist es möglich, eine ‘Hochhaus’-Entwicklung aufzuhalten, bei der die ersten, basalen Entwicklungsstufen (die ersten Etagen des Hauses) weitgehend übersprungen wurden, um gleich die vorhandenen Fähigkeiten der Fernsinne (die oberen Etagen) zu nutzen. Ein weiterer Ausbau des Hauses ist aber nur mit tragfähigem Fundament möglich, d.h., wenn ein Kind mit beeinträchtigten Basissinnen zum Beispiel Lesen und Schreiben gelernt hat, kann es aber Mühe haben, die Zeile zu halten, auswendig zu schreiben, nach Gehör zu schreiben, sich Fakten zu merken. Eine Weiterführung seiner Fähigkeiten zum Diktatschreiben, Aufsatzschreiben, fließendem Lesen etc. erfordert zunächst einen sorgfältigen Aus- und Aufbau des Fundaments des ‘Hauses’.

3.3 Zusammenfassung

Die menschliche Wahrnehmung ist ein komplexer Prozess, die Wahrnehmungsentwicklung und -verarbeitung laufen vielschichtig und sehr individuell ab, das 'Was-nehme-ich-wie-wahr?' beginnt bereits im Mutterleib und begleitet uns ein Leben lang. Somit ist die Fähigkeit, die Außen- und Innenwelt wahrzunehmen, ein wesentlicher Faktor der menschlichen Persönlichkeit - verschiedene Formen der Wahrnehmung rufen verschiedene Formen des Erlebens, der Handlung, der psychischen und physischen Reaktion hervor, die Wahrnehmung ist Grundlage der sensomotorischen Kette von *Wahrnehmen - Bewegen - Erleben*.

Es gibt zwei unterschiedliche Ebenen der Wahrnehmung mit insgesamt sieben Wahrnehmungskanälen, den Sinnen: 1. *taktile Wahrnehmung* (Hautsinn), 2. *propriozeptive Wahrnehmung* (Stellungs- und Muskelsinn) bzw. *kinästhetische Wahrnehmung* (Bewegungssinn), 3. *vestibuläre Wahrnehmung* (Gleichgewichtssinn), 4. *olfaktorische* und 5. *gustatorische Wahrnehmung* (Geruchs- und Geschmackssinn), die zur Fundamentalebene der Nahsinne gehören. Die 6., *visuelle Wahrnehmung* (Sehsinn) und 7., *auditive Wahrnehmung* (Hörsinn) gehören zur höheren Ebene der Fernsinne.

Besondere Bedeutung kommt der vestibulären Wahrnehmung als oft unterschätztem integrierendem Bezugssystem zu: Alle Systeme werden miteinander vernetzt und ermöglichen ein ganzheitliches Erleben. Störungen in den Basissinnen können Fehlentwicklungen auch in den höheren Systemen zur Folge haben; hier setzen Therapieformen wie die Sensorische Integrationstherapie nach AYRES (1992) oder das Führen nach AFFOLTER (1985) an.

In der neueren Säuglingsforschung gibt es Hinweise dafür, dass die Wahrnehmungsentwicklung anders verläuft als bisher angenommen - Zeichen dafür, dass Theorie und Therapie, wie die menschliche (Wahrnehmungs-)Entwicklung auch, ständig in Fluss und Weiterentwicklung begriffen sind.

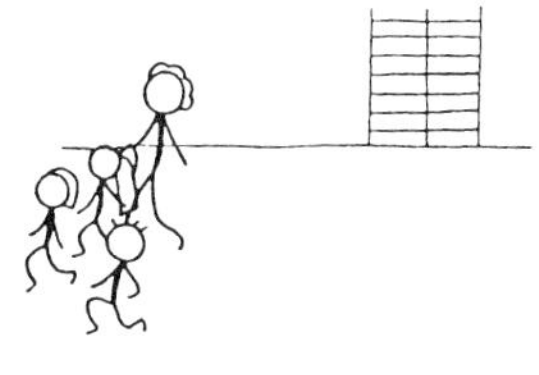

4 PSYCHOMOTORISCHE DIAGNOSTIK / MOTODIAGNOSTIK (Andrea Hilgert)

In der Motodiagnostik unterscheidet man **messende** (Testverfahren, Motometrie), **beschreibende** (Beobachtungsverfahren, Motoskopie) und **motographische** Verfahren (Foto/Film, Motographie). Sie dienen der Feststellung leistungs- oder verhaltensmäßiger Rückstände in der senso-motorischen Entwicklung, verglichen mit dem Altersdurchschnitt.

Testverfahren/Motometrie

Testverfahren beinhalten immer genau vorgegebene, normierte Aufgaben in standardisierten Situationen. Die Ausführung, die Anzahl der Probe- und Durchführungsversuche sind genau festgelegt. Die Aufgabenbewertung umfasst meist nur 'geschafft - nicht geschafft'; 'überdurchschnittlich - normal - auffällig' oder vergibt Punkte (z.B. von 0 - 2). Demzufolge sagen die Ergebnisse nur aus, ob die Leistungen des Probanden über, im oder unter dem Altersdurchschnitt liegen. Dabei bereitet bereits die Festlegung der Normwerte, besonders im Kindesalter, Schwierigkeiten. Gerade im Alter von 1 bis 12 Jahren können Entwicklungsunterschiede, bei gleichem biologischen Alter, von einem halben bis einem Jahr noch völlig normal sein.

Die Testergebnisse spiegeln somit immer nur einen quantitativen Wert wider, der kaum etwas darüber aussagt, in welchen Bereichen und in welchem Umfang Schwierigkeiten bestehen. Zudem können Testresultate durch die spezifische Testsituation, Motivation, Tagesform, Nervosität und/oder andere Faktoren verfälscht sein. Testverfahren werden dabei hauptsächlich zum Zwecke der Feststellung (Auslese?) motorisch leistungsschwacher/verhaltensauffälliger Kinder von Spezialisten (Ärzten, Motopäden, Psychologen) durchgeführt (KIPHARD 1992).

Beobachtungsverfahren / Motoskopie

Beobachtungsverfahren beinhalten eine gezielte Bewegungs- und Verhaltensbeobachtung und -beschreibung. In der praktischen Arbeit mit Kindern sind sie wesentlich wichtiger als Testverfahren, da sie die Hauptinformationsquelle einer Verlaufsdiagnostik bilden. Die Bewegungsbeobachtung kann in standardisierten oder in offenen Situationen durchgeführt werden. Dabei wird das Verhalten entweder frei beschrieben oder bestimmten vorgegebenen Merkmalen zugeordnet (kategorisierende Verfahren, wie z.B. „CVM" von SCHILLING 1976 oder „TKT" von KIPHARD 1978).

Um als diagnostisches Mittel aussagekräftig zu sein, sollte die Bewegungsbeobachtung nach IRMISCHER (1983) folgenden Kriterien entsprechen:

1. *Bewusste Beobachtung*: Das zu beobachtende Bewegungsverhalten wird vorher genau festgelegt.
2. *Bewusste Selektion*: Einzelne Sachverhalte werden nacheinander bearbeitet und nicht mehrere gleichzeitig.
3. *Kritische Nachprüfung*: Ein bestimmtes Merkmal sollte mehr als nur einmal gesehen werden, bevor daraus Rückschlüsse erfolgen.
4. *Umfassende Situationsanalyse:* Die Situation, in der ein bestimmtes Merkmal auftrat, soll möglichst genau dargestellt werden.
5. *Genaue Kennzeichnung:* Jede Beobachtung sollte möglichst neutral beschrieben und daraus erfolgende Interpretationen als solche gekennzeichnet werden.
6. *Hermeneutischer Schluss:* Die innere Steuerung eines Bewegungsverhaltens wird über das beobachtete sichtbare Verhalten interpretiert.

Beobachtungsverfahren haben den Vorteil, dass die zu beobachtende Person in ihrer Ganzheitlichkeit gesehen wird, d.h., die äußeren Umstände der Beobachtungssituation, psychosoziale Besonderheiten, aktuelle und individuelle Merkmale werden zusätzlich erfasst und in der Beurteilung mit berücksichtigt. Aus wissenschaftlicher Sicht wird den Beobachtungsverfahren oft ein zu hohes Maß an Subjektivität vorgeworfen (ZIMMER/CICURS 1995).

Motographische Verfahren / Motographie

Bei den motographischen Verfahren wird das Bewegungsverhalten aufgezeichnet und im Nachhinein analysiert. Medien sind Video-, Film-, und Lichtspuraufnahmen. Ergänzend können mechanische, elektrische und elektronische Registriertechniken hinzugezogen werden. Großer Vorteil ist die Konservierung des Verhaltens, die in beliebiger Wiederholbarkeit, in Ruhe und auch zu späteren Zeitpunkten zur Bestimmung eines Entwicklungsverlaufs abgerufen werden können. (ZIMMER/CICURS 1995).

4.1 Überblick ausgewählter Test- und Beobachtungsverfahren

Im Folgenden werden exemplarisch einige motorische Test- und Beobachtungsverfahren für unterschiedliche Altersgruppen vorgestellt. Zur praktischen Anwendung in Psychomotorik-Gruppen ist ein wesentlich umfangreicheres, über die hier erfolgte Beschreibung hinausgehendes theoretisches Wissen und Durchführungserfahrung notwendig.

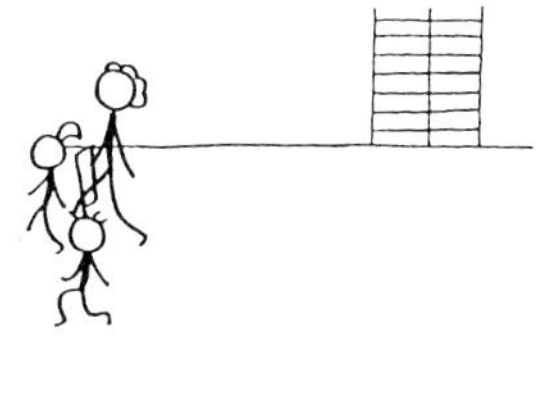

Die ermittelten Testergebnisse können Grundlage für die Zuweisung eines Kindes in eine Psychomotorik-Gruppe sein. Um eine Vorstellung von der Aussagefähigkeit der Testergebnisse, dem Aufbau und Verlauf einer Diagnostik zu haben sowie eine kritische Betrachtung einnehmen zu können, benötigt der ÜL entsprechende Kenntnisse, die ihm im Folgenden vermittelt werden sollen. Aus der Vielzahl der existierenden Verfahren mit ihren unterschiedlichen Schwerpunkten - zur Motorik, Feinmotorik, zum Verhalten, zur Konzentration, psychologische Tests, zur Haltung, zur Ausdauer usw. - wurde eine kleine Auswahl getroffen. Inhaltlich sind sie meist auf eine bestimmte Zielgruppe ausgerichtet, d.h., an bestimmten Altersgruppen oder Entwicklungsphasen orientiert. Weiter gibt es spezielle Testverfahren, z.B. für geistig Behinderte, Schwerstbehinderte, psychisch Kranke.

Sensomotorisches Entwicklungsgitter - SEG *(KIPHARD 1996)*

Das SEG befasst sich mit der frühkindlichen Gesamtentwicklung im Alter von 0 bis 4 Jahren. Dem engen Zusammenhang von Sensorik (Wahrnehmung) und Motorik bzw. Sprache wird hier Rechnung getragen, und es können bei Auffälligkeiten Querverbindungen gezogen werden. Das SEG umfasst 5 Funktionsbereiche:

1. optische Wahrnehmung
2. Handgeschicklichkeit
3. Körperkontrolle
4. Sprache
5. akustische Wahrnehmung

Für jeden Bereich sind entsprechend dem Alter Fähigkeiten aufgelistet, welche mit „können“ bzw. „nicht können” bewertet werden. Die Gitterdaten entsprechen nicht der Normal-, sondern der Minimalentwicklung, d.h., sie stellen Mindestanforderungen dar, die bei einem normal entwickelten Kind alle mit „kann es” bewertet werden müssten. Werden ein oder mehrere Kriterien mit „kann es nicht” bewertet, besteht der Verdacht auf einen krankhaften Entwicklungsrückstand. Durch die Trennung in die 5 Funktionsbereiche werden bei Entwicklungsrückständen eventuelle Querverbindungen, zwischen akustischer Wahrnehmung und Sprache oder zwischen optischer Wahrnehmung und Handgeschicklichkeit, schnell deutlich. Bei Auffälligkeiten wird ergänzend das Psycho-Soziale Entwicklungsgitter hinzugezogen (KIPHARD 1996).

Motorische Test- und Beobachtungsverfahren

MOT 4 - 6 *(ZIMMER/VOLKAMER 1987)*

Der MOT 4 - 6 ist ein Motoriktest für die Altersgruppe von 4 - 6 Jahren und besteht aus 18 Testaufgaben, die mit 0 bis 2 Punkten bewertet werden. Ohne zusätzliche Erklärung entsprechen die Punktzahlen lediglich den erfolgreich durchgeführten Versuchen, sagen aber nichts über Qualität oder Umstände der Durchführung aus. Außerdem ist bei diesem Test zu bezweifeln, ob 4 - 6-jährige Kinder in einer solchen Testsituation ihre tatsächlich möglichen Leistungen zeigen. Die Aufgaben sind alters-, aber oft wenig kindgemäß, wie z.B. das möglichst schnelle Einsammeln vieler Streichhölzer (KIPHARD 1992, ZIMMER/CICURS 1995).

Körperkoordinationstest (KTK) für Kinder *(SCHILLING/KIPHARD 1974)*

Dieser Test für die Altersgruppe von 8 - 14 Jahren besteht aus vier Aufgaben:

1. Rückwärts Balancieren (auf verschiedenen Balkenbreiten)
2. Monopedales Überhüpfen (= einbeiniges Überspringen bis zu 60 cm Höhe)
3. Seitliches Hin- und Herspringen (15 s lang)
4. Seitliches Umsetzen (die Versuchsperson bekommt zwei erhöhte Trittbretter, stellt sich auf das eine, setzt das andere vor sich, stellt sich auf dieses und setzt das andere um usw., über einen Zeitraum von 20 s, gezählt werden die Umsetzer).

Auch hier werden Punkte vergeben. Die Summe ergibt den Motorikquotienten. Ein Wert bei 100 spricht laut Auswertung für eine normale motorische Entwicklung, Werte unter 85 weisen auf eine Schwäche oder Auffälligkeit hin. Liegt der Wert unter 70, wird von pathologischen Bewegungsmustern gesprochen. Dies bedeutet, dass aufgrund eines aus 4 Testaufgaben errechneten Zahlenwertes die Motorik eines Kindes möglicherweise als pathologisch gilt, ohne dass nach Art und Ursache des Befundes differenziert wird. Ebenso kann ein Kind 100 Punkte erreichen, durchaus aber motorische Schwächen in nicht getesteten Bereichen, wie der Hand-Auge-Koordination (z.B. beim Ballprellen), aufweisen.

Lincoln-Oseretzky-Skala, Kurzform (LOS-KF 18) *(EGGERT 1971)*

LOS-KF 18 ist für die weitgespannte Altersgruppe von 5 - 13 Jahren vorgesehen. Der Test besteht aus 18 motorischen Aufgaben, welche auch die Feinmotorik der Hände und Finger mit einschließen. Sie wird als ein ökonomisches, objektives und relativ zuverlässiges Testverfahren angesehen und soll den globalen motorischen Entwicklungsstand eines Probanden erfassen. Die Punktvergabe ergibt einen Rohwert, der mit einer Normtabelle des entsprechenden Alters (getrennt für Geistigbehinderte, Lernbehinderte und Normalentwickelte) verglichen wird. Über eine zweite Tabelle kann bei unterdurchschnittlichen Leistungen der etwaige motorische Entwicklungsrückstand bestimmt werden (KIPHARD 1992).

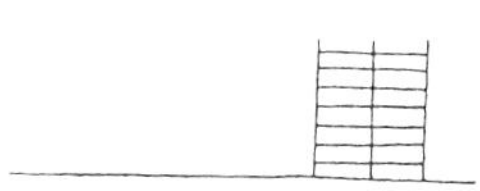

Trampolin-Körperkoordinationstest (KIPHARD 1978)

Der TKT findet auf dem Großtrampolin statt. Beim Trampolinspringen werden gesamtkörperliche Steuerungsmängel oft in Übertreibung, wie ein Vergrößerungseffekt, sichtbar, man spricht auch von einem diagnostischen Lupeneffekt. Der TKT ist ein motoskopisches Verfahren, das genau definierte qualitative Merkmale der Bewegungsausführung betrachtet und damit vorhandene zentralmotorische Koordinationsstörungen nachweisen kann. Dies ist möglich, weil ein bedeutender Zusammenhang zwischen einer leichten frühkindlichen Hirnschädigung (MCD) und pathologischen Bewegungsphänomenen auf dem Trampolin besteht. Für die meisten ist das Trampolinspringen eine völlig neue Bewegungssituation. Bei normalen Hirnfunktionen findet sofort eine spontane sensomotorische Anpassung statt, bei Funktionsstörungen oder Schädigungen des Gehirns nicht. Durch die zyklische Bewegung kann der Beobachter sehen, ob ein Merkmal konstant bleibt. Somit werden eindeutig motorische Auffälligkeiten erfasst, die qualitativ vom normalen Bewegungsverhalten abweichen und nicht als Entwicklungsrückstände aufzufassen sind. Das bedeutet, dass die Merkmale altersunabhängig sind und wenn auffällig, dann verweisen sie auf eine pathologische Ursache. Da die Bewegungsausführung qualitativ bewertet wird und die Merkmale streng definiert sind, setzt der TKT ein hohes Beobachtungsvermögen und viel Erfahrung mit diesem Test voraus, um zu sicheren Ergebnissen zu gelangen (KIPHARD 1992).

Checkliste motorischer Verhaltensweisen (SCHILLING 1976)

Die CMV gehört ebenfalls zu den motoskopischen Verfahren. Sie soll das gesamte Bewegungsverhalten des Kindes beurteilen und ist für die Altersgruppe von 6 - 11 Jahren vorgesehen. Die Checkliste setzt voraus, dass man das entsprechende Kind bereits über einen längeren Zeitraum, möglichst täglich, in verschiedenen Spiel- und Sportsituationen beobachtet hat. Die Skala besteht aus 78 geläufigen Eigenschaftswörtern, die sowohl schlechte als auch gute Bewegungsqualitätsmerkmale umfassen. Die Merkmale werden mit „zutreffend“ oder „nicht zutreffend“ bewertet. Mittels einer Schablone können dann bestimmte Merkmalskombinationen einem bestimmten Erscheinungsbild zugeordnet werden. Als Ergebnis wird das beobachtete Kind einem von acht Erscheinungsbildern (Skalen) zugeordnet, wovon drei als Spielarten der Norm definiert werden und die übrigen fünf auf ein auffälliges bis gestörtes Verhalten hinweisen.

Trotz der Vielzahl von 78 verwendeten alltäglichen Eigenschaftswörtern ist der verbleibende Interpretationsspielraum sehr groß und beeinträchtigt somit die Objektivität des Ergebnisses. Die Einteilung in eine der acht Skalen birgt die Gefahr in sich, die Kinder in bestimmte ‘Schubladen zu stecken’, so dass Beobachtungen im weiteren Verlauf immer vom Erscheinungsbild geprägt sein werden, womit sie nicht objektiv sind und weniger dem Individuum gerecht werden.

***Förderdiagnostik** (EGGERT 1995)*

Die oben angedeuteten Schwierigkeiten der diagnostischen Verfahren werden von EGGERT ausführlich diskutiert. Als Hauptkritik wird von ihm die Orientierung an normierten Entwicklungsmodellen sowie die mangelnde Verknüpfung diagnostischer Daten und individueller Förderung bzw. Interventionsmöglichkeiten angeführt. Daraus entwickelt er eine Förderdiagnostik mit folgenden Zielen (EGGERT 1995, 101):

1. Individualisieren statt Gruppieren
2. Inventarisieren statt Testen
3. Ein gemeinsames theoretisches Modell für Entwicklung, Beobachtung und Diagnose sowie Förderung und Erziehung

Prinzipien für diese Diagnostik und die daraus zu entwickelnde Planung und Durchführung der psychomotorischen Förderung sind:

- Sie setzt an den 'Stärken' des Kindes an
- Sie orientiert sich an einem individuell aufgestellten Entwicklungsplan
- Sie wird von einer Theorie der motorischen Entwicklung und nicht von speziellen Störungsbildern abgeleitet
- In der Diagnostik werden qualitative und eher subjektive Methoden bevorzugt (Beobachtung, Verhaltensbeschreibung, Situationsanalyse und Gespräche)

Basierend auf diese Prinzipien wurden zwei Diagnostische Inventare entwickelt:

1. Das „Diagnostische Inventar Motorischer Basiskompetenzen (DMB)" (EGGERT/RATSCHINSKI 1993) und
2. das „Diagnostische Inventar Auditiver Alltagshandlungen (DIAS)" (EGGERT/PETER 1992).

Das DMB besteht aus 29 Kernaufgaben, welche die psychomotorischen Basiskompetenzen und die sensomotorischen Funktionssysteme abdecken. Differenziert in 102 motodiagnostische Beobachtungssituationen, ermöglichen sie eine vertiefende Beobachtung und erste Förderung des Kindes. In Ergänzung zum DMB, das zwei Aufgaben zur auditiven Wahrnehmung beinhaltet, wurde das DIAS entwickelt, weil Kinder mit auditiven Orientierungsstörungen durch weitere Probleme auffielen. Im Mittelpunkt des DIAS steht die Verknüpfung von Wahrnehmungsprozessen und kindlichen Handlungen. Der Zusammenhang zwischen Störungen der non-verbalen Hörwahrnehmung und schulischen Lernstörungen, Lernbehinderungen, Sprachstörungen und anderen Beeinträchtigungen des Lernprozesses sollen

damit diagnostisch ermittelt werden können und zu einer entsprechenden Förderung beitragen.

Die besonderen Merkmale dieser Verfahren im Vergleich zu motometrischen Tests sollen hier auszugsweise beschrieben werden, da sie dem Übungsleiter eine Orientierungshilfe für eigene Beobachtungen bieten können (EGGERT 1995):

- Erfassung von vielfältigen Handlungen und Operationen, im Gegensatz zu objektiven Einzelaufgaben
- Einbeziehung alltagsnaher kindlicher Handlungen
- Die Beobachtung erfolgt in offenen Situationen mit einer Kleingruppe (keine standardisierte Testsituation in Einzelbeobachtung)
- Ein direkter Bezug zwischen Diagnose und Förderung wird angestrebt
- Die Entwicklungsverläufe werden individuell beschrieben und nicht an Normwerten orientiert bewertet
- Eine Veränderung von Handlungsqualitäten wird betont und nicht das Ergebnis einer Handlung bewertet
- Die Verfahren werden in Kleingruppen mit zwei Pädagogen in wechselnden Rollen durchgeführt

4.2 Beobachtungskriterien für eine Entwicklungsverlaufsbeschreibung

Eine Durchführung spezieller diagnostischer Verfahren, wie sie in Kap. 3.1 beschrieben wurden, ist dem einzelnen ÜL im Normalfall nicht möglich. Die situativen Bedingungen, wie Gruppengröße, begrenzte Übungszeit, häufig wenig Kontakt zu den Eltern, fehlende finanzielle Mittel, bieten hierfür keine Voraussetzungen. Auch ist die Qualifikation des ÜL's zum Einsatz diagnostischer Testverfahren ebenfalls in der Regel nicht ausreichend. Dies meint allerdings nicht, dass die psychomotorische Förderung ohne Ziel und Grundlage erfolgen sollte. Daher werden dem ÜL im Folgenden Orientierungs- und Arbeitshilfen angeboten. Dazu gehören Beobachtungs- und Dokumentationsmöglichkeiten, welche den Ausgangspunkt zu einer gezielten Förderung und Methodenauswahl darstellen.

Einer Verlaufsbeobachtung sollte eine möglichst genaue Anamnese vorausgehen. In der praktischen Arbeit ist es sinnvoll, für jedes Kind eine Mappe anzulegen. Als Arbeitshilfen werden zum einen ein Verlaufsprotokoll, das in Form eines Tagebuches geführt werden kann (Tab. 5), angeboten, zum anderen ein Anamnesebogen (S. 70), der Informationen über die Vor- und Krankheitsgeschichte des Kindes sammeln hilft. Die Fragen dienen als Anhaltspunkte für den Übungsleiter, deren Antworten Ursachen aufzeigen und ein größeres Verständnis für manche

Problematik eines Kindes ermöglichen. Dennoch ist gerade bei Fragestellungen, die die Privatsphäre und die Persönlichkeit der Eltern betreffen, besondere Sensibilität gefordert. Viel wichtiger als die Vollständigkeit dieser Informationen ist es, ein partnerschaftliches Vertrauensverhältnis aufzubauen, in dem es wesentlich einfacher ist, durch kurze, privat anmutende Gespräche an die nötigen Informationen zu gelangen bzw. sich ein Bild davon zu machen.

Verlaufsprotokoll/Tagebuch

Name:______________________________

Datum:	**Beobachtung:**	**Kriterien/Ziele:**

Tab. 5: Vorlage zur Verlaufsdiagnostik

Für die sich anschließende Beobachtung und Beschreibung des Entwicklungsverlaufs des Kindes sind bestimmte Kriterien, an denen man sich orientiert, Grundvoraussetzung. Ohne die Kenntnis und Strukturierung von Beobachtungskriterien wird es schwer sein, überhaupt etwas zu beobachten, festzustellen und/oder geordnet zu dokumentieren und einzuordnen. Die ausgewählten Kriterien erheben keinen Anspruch auf Vollständigkeit, sondern orientieren sich an dem, was in der praktischen Arbeit für Übungsleiter beobachtbar ist und auf dem Wissen ihrer Ausbildung basiert. Die Strukturierung ist an den vier Entwicklungsbereichen und damit direkt an den Inhalten der Förderstunden orientiert, wobei Sensorik und Motorik zweckmäßigerweise getrennt und die psycho-emotionale und soziale Entwicklung unter der Rubrik Verhalten/Emotionen zusammengefasst sind. Die körperlichen Merkmale werden in einem zusätzlichen Punkt abgefragt.

Es werden bewusst keine speziellen Übungen zur Beobachtung angeboten, um zu verhindern, dass aus einem Nicht-Gelingen einer Übung eine vorgegebene Diagnose übernommen wird und, daraus folgend, auf den Defiziten aufbauende Übungen vollzogen werden. Dies würde der Komplexität der Diagnostik und der ganzheitlichen, kindzentrierten psychomotorische Förderung widersprechen. Die Kriterien geben dem Übungsleiter vielmehr Anhaltspunkte über mögliche Förderschwerpunkte bezüglich einzelner Stunden oder Stundenteile. Die stichpunktartigen Erklärungen beschränken sich auf das für den ÜL als gleichzeitigem Beobachter in der praktischen Arbeit Erkennbare. Sie orientieren sich nicht an trainingswissenschaftlichen Definitionen und Tests.

Anamnesebogen:

Datum: __________

Name des Kindes: ______________________________

Alter: ____________ **Größe:** ______________ **Gewicht:** __________

I. **Physisch-medizinische Anamnese:**

1. **Prä-/Peri-/Postnatale Komplikationen:**

2. **Hirnstörungen/-schädigungen (z.B. MCD):**

3. **Neurologische Störungen:**

4. **Sinnesbeeinträchtigungen/-behinderungen:**

5. **Orthopädische Problematiken (Knochen, Gelenke, Wirbelsäule):** z.B. Beinlängendifferenzen, X-Bein, O-Bein, Hüftdysplasie, Beckenschiefstand / Skoliose, Torsion, verheilte Brüche, evtl. Folgen; evtl. kompensatorische Hilfen)

6. **Muskuläre Problematiken:** (z.B: spastische oder schlaffe Lähmungen, Kontrakturen, Muskelverkürzungen / Haltungsschwächen der Wirbelsäule: Hohl-, Rund-, Flachrücken / Fußmuskelschwächen: Senk-, Spreiz-, Platt-, Hohl-, Knickfuß

7. **Internistische Probleme:** z.B. Herzfehler, Diabetes, Asthma, Bluter

8. **Sprach-/Sprechstörungen:**

9. **Feinmotorik (Hand- und Fingergeschicklichkeit):**

10. **Sonstige pathologische Auffälligkeiten:** z.B. Allergien, Neurodermitis, Psychosomatische Auffälligkeiten u.ä.

11. **Medikamente:**

12. **Bisherige/aktuelle Therapien:**

II. **Besonderheiten im Entwicklungsverlauf/Entwicklungstests und Ergebnisse:** z.B. nicht gekrabbelt, wann gelaufen, ..; (vgl. Kap.2), wurden Entwicklungstests durchgeführt, sind die Ergebnisse einsehbar?

III. **Psycho-soziale Entwicklung/Umfeld:** Eltern-Kind-Beziehung, Erziehungsstil, Familienverhältnisse, sozio-ökonomische Verhältnisse/sekundäre Bezugspersonen/Beziehung: Geschwister, Großeltern, Freunde, Lehrer, Erzieher, Therapeuten; Besonderheiten in Kindergarten, Schule; Umgang/Bewertung der Auffälligkeiten/Störungen/Behinderung des Kindes seitens der Eltern des Kindes; Verhaltensauffälligkeiten

IV. **Vorläufige Beobachtungsschwerpunkte:**

V. **Primäre Zielsetzungen:**

Beobachtungskriterien des Entwicklungsverlaufs

1. Körper, Körperbau, Haltung

Gewicht/Größe Über-, Untergewicht, Proportionen, Wachstumsschübe

Wirbelsäule/Becken/ Kopfhaltung Beckenstellung, -schiefstand; Hohl-, Rund-, Flachrücken, Kopfhaltung

Rumpf/Schultergürtel Oberkörperhaltung, Flügelschultern, Seitendifferenzen der Schultern/Schulterblätter

Beine/Beinachsen X-Bein, O-Bein, Überstreckbarkeit der Kniegelenke, Beinlängendifferenzen

Füße Senk-, Spreiz-, Platt-, Hohl-, Knickfuß

Seitendominanz Bevorzugte(r/s) Hand, Arm, Bein

Seitensynchronität Gleichheit der Bewegungen beider Körperhälften bei Synchronbewegungen

Sicher ist es sehr schwer für einen Übungsleiter, diese orthopädischen Kriterien zu beobachten. Gröbere Seitendifferenzen sind jedoch normalerweise leicht zu erkennen. So kann ein Rechts-links-Vergleich von Schultern, Schulterblättern, Taillendreieck, Beckenkämmen, Pofalten und Kniescheiben erfolgen. Sind z.B. Höhen- oder Formunterschiede zu sehen, sollte dies mit den Eltern besprochen und von einem Arzt kontrolliert werden. Diese Abweichungen können auf eine Beinlängendifferenz, einen Beckenschiefstand, eine Skoliose und/ oder Torsion zurückzuführen sein. Bei einer frühzeitigen Behandlung können Spätschäden vermindert oder völlig vermieden werden (RUSCH/WEINECK 1992).

2. Wahrnehmung

Visuell Helligkeiten, Farben, Objektgrößen, -formen, -muster, -eigenschaften wahrnehmen / unterscheiden; Objekte mit den Augen verfolgen (Blickregulation); wichtige von unwichtigen Zeichen unterscheiden (Figur-Grund-Differenzierung); räumliche Beziehungen zwischen mehreren Objekten wahrnehmen (Abstände, Höhen, Tiefen)

Akustisch Lautstärken, Tonhöhen, Geräusche, wichtige von unwichtigen akustischen Zeichen wahrnehmen / unterscheiden (Figur- Grund-Differenzierung); Richtungen, Entfernungen, Reihenfolgen von akustischen Zeichen wahrnehmen / unterscheiden

Taktil Objektgrößen, -formen, -oberflächen; Gewicht und Festigkeit sowie Temperaturen wahrnehmen / unterscheiden; Hautberührungen und Druck empfinden

	und adäquat deuten
Kinästhetisch	Körperteile, Gelenkstellungen, Körperlage im Raum wahrnehmen, halten und verändern; Muskelspannungen und Krafteinsätze wahrnehmen und regulieren; Körperschema/-bild
Vestibulär	Haltungssicherung, Orientierung von Kopf und Körper im Raum sichern können, statisch und dynamisch; sich auf Beschleunigungen und Lageveränderungen einstellen können (vgl. Kap. 3 und SPORTJUGEND NW 1998)

3. Motorik

Konditionelle Grundfähigkeiten (MARTIN/CARL/LEHNERTZ 1993):

Ausdauer	müsste mit einem wenig kindgerechten Test bestimmt werden, der eine gute Zeit- und Tempowahrnehmung voraussetzen würde. Eine grobe Einschätzung über die allgemeine Beobachtung von Aktivität, Aktivitätsdauer und Atemfrequenz ist in Psychomotorik-Gruppen ausreichend.
Kraft	Ist das Kind in der Lage, in verschiedenen Situationen, in Bewegungsgrundformen/Fähigkeiten (Stützen, Stemmen, Schwingen, Schaukeln, Krabbeln, Klettern, Ziehen, Schieben, ...) sein eigenes Körpergewicht zu bewältigen, Geräte zu überwinden usw.?
Flexibilität	Bewegungsumfänge der Gelenke; Dehnfähigkeit der Muskulatur
Schnelligkeit Reaktion	Können Bewegungen schnell ausgeführt, Bewegungswechsel fließend und schnell ausgeführt werden, z.B. Richtungswechsel, Abstoppen beim Laufen? Kann schnell auf äußere Reize, Situationsveränderungen reagiert werden?

Koordinative Fähigkeiten (HARRE u.a.1986):

Koordination	wichtigste und am ehesten auffallende motorische Fähigkeit
Gleichgewicht	stabil oder labil (betrifft den Untergrund: ob dieser fest oder wackelig ist); statisch: Gleichgewichtsfähigkeit ohne Bewegung (z.B. im Stand, im Sitzen); dynamisch: Gleichgewichtsfähigkeit in Bewegung; statisch und dynamisch kann jeweils mit stabil oder labil kombiniert sein
Rhythmus	Ist das Kind in der Lage, einen Rhythmus zu erkennen, aufzunehmen und in Bewegung umzusetzen? Kann das Kind bei zyklischen Bewegungen einen Rhythmus entwickeln, z.B. beim Laufen, Seilspringen, Ballprellen usw.?
Orientierung	Kann sich das Kind in Raum und Zeit, in verschiedenen Körperpositionen und bei Lageveränderungen sicher orientieren, kann

es Entfernungen und Tempi abschätzen und seine Bewegungen entsprechend steuern, z.B. kreuz und quer durcheinander laufen, ohne mit anderen zusammenzustoßen? Oder speziell die Hand-Auge-Koordination: Kann es einen anfliegenden Ball fangen, einen Ball prellen?

Kopplung Ist das Kind in der Lage, verschiedene Bewegungen flüssig aneinander zu reihen (z.B. Anlauf - Absprung - Landung, Anlauf - Werfen, Laufen - Überwinden eines Geräts - weiterlaufen u.ä.)?

Differenzierung Ist der dosierte Krafteinsatz aufgabenadäquat? (z.B. Bälle verschiedener Größe und Gewicht in eine Kiste werfen: dabei soll ein kleiner, leichter Ball entsprechend vorsichtig und ein großer, schwerer Ball entsprechend kräftig geworfen werden.)

Reaktion Kann das Kind zu einem zweckmäßigen Zeitpunkt mit einer aufgabenbezogenen Geschwindigkeit auf Signale reagieren (Achtung: nicht nur auf akustische Signale testen)?

Umstellung Kann das Kind bei Situationsveränderungen sein Handlungsprogramm den neuen Gegebenheiten anpassen?

4. Kognition

Sprechen Spricht das Kind deutlich, oder kann es einzelne Buchstaben noch nicht aussprechen? Wie ist das Sprechtempo: langsam, hastig o.ä. ? Hat es Sprechstörungen wie z.B. Stottern, Stammeln?

Sprache Formuliert das Kind vollständige Sätze, Folgen von Sätzen? Gibt es grammatikalische Auffälligkeiten, Wortwahl, Wortschatz?

Verständnis Wie ist die Aufnahmefähigkeit?

Denken, Planen, Problemlösung Denkt das Kind mit oder ist es eher abwartend? Ist es in der Lage, für ein Problem / Bewegungsaufgabe eine oder verschiedene Lösungen und/oder Hilfsmittel zu finden? Kann es Dinge in logische Reihenfolgen bringen?

Handlungsfähigkeit Kann es geplantes Handeln in die Praxis umsetzen und gegebenenfalls für sich und seine Möglichkeiten verändern?

Phantasie/ Wissen Greift das Kind eher auf gelerntes Wissen zurück oder versucht es, eigene Lösungen zu finden? Ist es phantasievoll, ideenreich?

5. Verhalten/Emotionen

Charakter Wie ist das Kind von seiner Grundhaltung (unbeherrscht, aggressiv, ängstlich, überaktiv, lustlos, kontaktarm, ...)?

Motivation/ Antrieb Ergreift es selbst die Initiative, sucht es sich Spiel- und Bewegungsmöglichkeiten?

Ist es eher abwartend, lässt es sich beschäftigen? Braucht es besondere Anstöße?

Konzentration/Geduld Wie lang kann es sich mit einer Sache beschäftigen? Wieviele Misserfolge toleriert das Kind?

Selbstvertrauen/-einschätzung Sucht das Kind sich adäquate Schwierigkeitsgrade, über- oder unterfordert es sich? Wie bewertet das Kind eigene Handlungen, Erfolge/Misserfolge: Schreibt das Kind Erfolge sich selbst zu, ist es stolz darauf? Schiebt es Misserfolge eher auf äußere Bedingungen? Wie reagiert es auf Misserfolge? Wie lange, wie oft werden sie toleriert? Entwickelt es eher Ehrgeiz oder Frustration?

Interaktion/Kommunikation Welche Position nimmt das Kind in der Gruppe ein? Geht es auf andere zu, oder ist es eher abwartend oder Einzelgänger? Wie ist die Beziehung zum Übungsleiter? Wie ist sein Konfliktverhalten, welche Konfliktlösungsstrategien hat es?

Sozialverhalten Wie ist die soziale Sensibilität, das Regelverständnis, die Kontakt- und Kooperationsfähigkeit, die Frustrationstoleranz, die Rücksichtnahme (nähere Ausdifferenzierung in ZIMMER1996)?

Emotionale Reaktionen Gibt es Situationen, die das Kind nicht oder nur schwer erträgt, z.B. Veränderungen von Strukturen; kann es geschlossene Räume, Lärm nicht ertragen, und wie reagiert es dann?

Die Verhaltensbeobachtung birgt Gefahren der Fehlinterpretation in sich. Sie ist geprägt von der Beziehung und dem Bild des Beobachters zum Kind, von Sympathie, Antipathie, von eigenen Wertvorstellungen bis hin zur aktuellen Stimmungslage des Beobachters. So ist es gerade in der Verhaltensbeobachtung notwendig, immer wieder die eigenen Beobachtungen kritisch zu hinterfragen und gelegentlich mit Beobachtungen anderer zu vergleichen (SPORTJUGEND NW 1995).

4.3 Hinweise zur Bewegungsbeobachtung und Verlaufsdokumentation

Leider gibt es nicht für jedes Beobachtungskriterium die spezielle Übung, an der sich genau dieses Kriterium beobachten lässt. Jede Bewegung ist eine komplexe Handlung. Daher lassen sich die Ursachen von Bewegungsstörungen nicht immer unmittelbar feststellen.

Als Beispiel: Ein Kind kann nicht einwandfrei über einen Balken balancieren. Obwohl dies scheinbar eine reine Gleichgewichtsaufgabe ist, muss nicht zwangsläufig eine schwache motorische Gleichgewichtsfähigkeit die Ursache sein. Zugrunde liegen könnte eine Schwäche im optischen Wahrnehmungsbereich, wodurch der Balken nicht richtig lokalisiert würde. Im Kraftbereich könnte eine mangelnde Rumpfstabilität und -aufrichtung durch zu schwache Rumpfmuskulatur das Gleichgewicht beeinträchtigen. Es ist auch möglich, dass der Balken für das Kind subjektiv zu hoch liegt und es dadurch seine eigentlich gute Gleichgewichtsfähigkeit aus Angst nicht optimal abrufen kann. Genauso kann ein Schaden im Vestibulärapparat vorliegen, oder das Kind ist wirklich nur ungeübt im Gleichgewichtsbereich. Nicht immer kann man somit an einer Übung gleich erkennen, wo die Ursache des Nicht-Gelingens liegt. Daraus ergibt sich, dass erst eine Vielzahl von Beobachtungen in unterschiedlichen Bewegungssituationen und im Verlauf angestellt werden muss, um dann im Überblick Gemeinsamkeiten und Schwerpunkte von Schwächen und Stärken bestimmen zu können.

Die Beobachtung und Beschreibung von Bewegungen und Verhalten benötigt viel Übung und wird anfangs sicher schwer und aufwendig erscheinen. Auch ergibt sich erst nach und nach ein Bild aus den anfangs noch zusammenhanglos erscheinenden Beobachtungen. Um einen Verlauf dokumentieren zu können, ist es nicht nötig, alle Kriterien möglichst umfangreich zu beschreiben, sondern sich Schwerpunkte in Anlehnung an die Vorgehensweise zur Bewegungsbeobachtung nach IRMISCHER zu setzen und diese dann konsequent und regelmäßig zu beobachten und zu dokumentieren. Ergibt sich kein zusammenhängendes Bild, sollten weitere Kriterien hinzugezogen werden (SPORTJUGEND NW 1999).

Die gezielte Beobachtung und Beschreibung von bestimmten sensorischen, motorischen und verhaltensmäßigen Kriterien dokumentiert den Entwicklungsverlauf qualitativ und umfassend. Auf dieser Grundlage werden kurz-, mittel- und langfristige Förderschwerpunkte und Ziele festgelegt. Mit ausgewählten Inhalten und einer dem Leistungsstand des Kindes/Jugendlichen angepassten Methodik sollen diese Zeile erreicht werden. Eine möglichst genaue Feststellung des Bewegungskönnens und gezielte Methodik vermeiden weitere Misserfolge, Über- und Unterforderungen und ermöglichen schnellere Erfolgserlebnisse. Die Beobachtungsbeschreibung enthält nicht nur Schwächen und Schwierigkeiten, sondern vor allem Vorlieben, Stärken und positive Entwicklungen. In der praktischen Arbeit mit den Kindern haben Übungsleiter den Vorteil, sehr kindzentriert und individuell zu beobachten, zu beschreiben und zu bewerten. Zudem muss man nicht ständig wissenschaftlichen Ansprüchen gerecht werden und bestimmte Leistungen an einer festgesetzten Norm bewerten. So können individuelle Erfolgserlebnisse eines Kindes als solche beschrieben und bewertet werden, auch wenn sie absolut gesehen noch (weit) unter einer bestimmten Entwicklungsnorm einzuordnen wären. Für eine angemessene Selbsteinschätzung, ein ausreichendes Selbstbewusstsein und eine überdauernde Motivation, sich mit seinen Schwächen auseinanderzusetzen, ist es wichtig, dem Kind eine realistische Selbsteinschätzung zu vermit-

teln. D.h., es kann sich über individuelle Erfolge freuen, es hat die Einsicht, dass es sich durch Übung verbessern kann, es weiß um seine noch vorhandenen Schwächen, Schäden, aber auch um seine Stärken und kann damit adäquat umgehen. Dies kann in der Psychomotorik-Gruppe, die einen sicheren Schutzraum bietet, gelernt werden und dient dem besseren Zurechtfinden im Alltag.

Die schriftliche Dokumentation beschränkt sich auf das tatsächlich Beobachtbare. Spekulationen über mögliche (pathologische) Ursachen oder gar eine Diagnose zu einem Schaden oder bestimmten Krankheitsbild können und dürfen von einem Übungsleiter nicht abgegeben werden. Über die nötige Fachkompetenz hinaus fehlen wichtige Informationen, wie z.B. eine umfassende Anamnese, medizinische, diagnostische Untersuchungen u.ä. Aufgabe eines Übungsleiters ist es, bei einem möglichen Verdacht, im Rahmen eines Gespräches Eltern zu einer weiteren Abklärung an entsprechende Fachleute weiter zu vermitteln. Dabei kann eine gut dokumentierte Verlaufsbeobachtung hilfreich sein.

4.4 Zusammenfassung

In der Diagnostik gibt es verschiedene (messende, beschreibende, motographische) Verfahren zur Bestimmung des Entwicklungsstandes eines Kindes. Sie sind an wissenschaftliche Maßstäbe gebunden und definieren den Abstand zu einer bestimmten, altersmäßigen Normalentwicklung. Die Ergebnisse sind überwiegend quantitativ. Aufgrund der Ergebnisse eines dieser Verfahren kann eine Zuweisung in eine Psychomotorik-Gruppe erfolgen. Zur Wertung und Einordnung dieser Ergebnisse wurden exemplarisch einige bekannte Tests vorgestellt. Aus den Schwierigkeiten und Kritiken gegenüber den klassischen Testverfahren hat EGGERT eine Förderdiagnostik entwickelt. Diese beinhaltet wesentliche Ziele, Prinzipien und Merkmale, die dem ÜL in seinen Beobachtungen und seiner praktischen Arbeit als Grundlage dienen können.

Übungsleiter haben den Vorteil, die Entwicklung eines Kindes sehr regelmäßig und individuell, kindzentriert (nicht normorientiert) beschreiben und bewerten zu können. Zur Orientierung werden dazu bestimmte Kriterien und Strukturen benötigt. Beobachtungsergebnisse dienen hier nicht einer umfassenden Diagnose, sondern als Grundlage für die Planung kurz-, mittel- und langfristiger Ziele, die mit adäquaten Methoden angestrebt werden. Im weiteren Verlauf sollen sie Fortschritte festhalten, die ohne eine schriftliche Dokumentation oft untergehen und auch dem Kind nicht transparent gemacht werden können. Bei Auffälligkeiten, die in der Gruppe nicht kompensiert werden können, sollen ÜL mit und durch ihre Beobachtungen zu einer frühzeitigen Abklärung und Weiterleitung (durch einen Arzt) in gezielte Therapiemaßnahmen (möglicherweise in Ergänzung zur Gruppe) beitragen.

5 BEHINDERUNGEN UND ENTWICKLUNGSSTÖRUNGEN (Uta Wolff / Regina Naschwitz-Moritz)

In den Kap. 2 und 3 wurde die altersgemäße kindliche Entwicklung beschrieben. Einzelne Abweichungen hiervon bedeuten nicht, dass es unausweichlich im weiteren Leben des Kindes zu einer manifesten Behinderung kommen wird. Um Behinderungen und Entwicklungsstörungen zu erkennen, sind zuverlässige Kriterien notwendig, die es ermöglichen, aus der Vielzahl individueller Varianten kindlicher Entwicklung die oftmals nur diskreten Symptome herauszufinden, welche im weiteren Verlauf zu einer mehr oder weniger ausgeprägten Behinderung führen können. Vereinfacht: In jedem Neugeborenen existiert genetisch eine Art Matrix, die in den folgenden Lebensmonaten die stufenweise Aufrichtung aus der Horizontalen in die Vertikale steuert. Bei einem schwerbehinderten Kind ist diese Matrix beschädigt oder zerstört. Hier ist die Früherkennung der Schädigung relativ einfach. Nachfolgend werden verschiedene Behinderungen und Störungsbilder hinsichtlich möglicher Ursachen und Hauptmerkmale exemplarisch vorgestellt.

In den letzten Jahren konnten aufgrund neuerer Forschungsergebnisse tiefgreifendere Erklärungen bezüglich der Entstehung und Entwicklung von Behinderungen gefunden werden. Hinzu kommen große Fortschritte in der medizinischen Versorgung, die dazu beitragen, dass bisherige entwicklungsprognostische Aussagen - die sich auf den Schweregrad der bleibenden Schädigung des einzelnen Kindes beziehen - revidiert werden müssen. Deutlich wird dies anhand der in Kap. 5.2 beschriebenen‘Trisomie 21’. Neuere Kenntnisse über die geltenden Lern- und Entwicklungsgesetzmäßigkeiten ermöglichen eine effektivere Entwicklungsunterstützung (JANTZEN 1998). Stetig wachsende Erkenntnisse der Neurologie führen zu einer effektiveren Behandlung von Störungen und Schädigungen des Zentralnervensystems, was eine direkte Lebensqualitätssteigerung für den Betroffenen bedeutet.

Aufgrund dieses erweiterten Wissens sind frühzeitige präventive und sekundärpräventiv-medizinische sowie andere therapeutische Interventionen gezielter und wirksamer einsetzbar. Schwangerschaftsvorsorgeuntersuchungen beispielweise ermöglichen in vielen Fällen eine Früherkennung von Behinderungen und Risikofaktoren, so dass bei einer entsprechenden Behandlung eine Begrenzung der Schädigung möglich ist. Gleiches gilt für die wesentlich verbesserte Versorgung von Frühgeborenen (ROTHENBERG 1995).

Derzeit bewegen sich die Ideen zur Gestaltung einer effektiven Entwicklungsunterstützung von einer rein defizitorientierten Sichtweise des Kindes hin zu einer ganzheitlichen Wahrnehmung. Daraus resultieren Förderkonzepte, welche sich primär an den Bedürfnissen des Kindes und auch des ihn umgebenden Systems (Familie, Nachbarschaft, Freunde, Kindergarten, Schule etc.) orientieren. Je besser dies gelingt, desto intensiver kann die Umwelt des Kindes unterstützend wirken, was gleichzeitig dazu führt, dass sich die Einzelnen weniger hilflos und der Behinderung - 'dem Schicksal' - ausgeliefert fühlen.

5.1 Entwicklungsauffälligkeiten und leichte Behinderungen

Die *Beobachtung* und *richtige Interpretation* diskreter Auffälligkeiten eines leicht behinderten Kindes sind von vorrangiger Bedeutung. Zwar erfolgt die Diagnosestellung in der Regel durch Experten (wie Ärzte, Krankengymnasten, Motopäden etc.), doch kann auch ein gut beobachtender Übungsleiter Hinweise für eine notwendige weitere Förderung des Kindes an die Eltern geben.

Bei einem leicht behinderten Kind sind Symptome oftmals schwach ausgeprägt und werden deshalb häufig nicht oder erst zu spät erkannt. Eine frühzeitige Diagnose möglicher Entwicklungsschwierigkeiten und eine sich daran anschließende gezielte Förderung verhindert bzw. minimiert die Ausbildung einer manifesten Störung oder Behinderung mit den daraus resultierenden Schwierigkeiten für das Kind, seine Kernfamilie und weitere Bezugspersonen.

Gerade Kindern mit leichten Störungen wird ihr Verhalten als tollpatschig oder unwillig, lahm und ungeschickt, aber auch dumm und 'unterbelichtet' ausgelegt. Die Abwertungen beziehen sich anfangs häufig auf das motorische Können, in Folge werden die kognitiven Fähigkeiten des Kindes angezweifelt.

Die von FLEHMIG (1990) aufgestellte Liste der Kriterien zur Früherkennung, die sich im Rahmen der neurologisch-motoskopischen Untersuchung bewährt hat, gibt wertvolle Beobachtungshinweise, mit welchen sich Entwicklungsstörungen erkennen lassen:

- Veränderungen des Haltungs- und Muskeltonus
- Mangelhafte bzw. fehlende Stellreaktionen (siehe auch Kap. 2)
- Mangelhafte bzw. fehlende Gleichgewichtsreaktionen
- Persistierende (bestehenbleibende) tonische Haltemuster, die die Bewegungskoordination verhindern
- Asymmetrien der Haltung, die das physiologische, durch Hirndominanz geprägte Ausmaß überschreiten
- Entwicklungsverzögerungen in allen Fähigkeiten oder in Teilleistungen

- Verdacht auf Störung der Wahrnehmung im visuellen, auditiven, taktil-kinästhetischen Bereich aufgrund mangelhafter sensorischer Integration
- Mangelnder oder fehlender Blickkontakt
- Keine sichere Reaktion auf Geräusche, da eine Lokalisation nicht möglich ist, oder überstarke Reaktion auf Geräusche, obwohl die Hörfähigkeit normal ist (z.B.: Kinder halten sich bei normaler Lautstärke die Ohren zu).
- Überempfindliche Reaktion auf Berührung und Lageveränderung, im Verhalten chaotisch-überschießend, meist symmetrischer Hypertonus bzw. Adynamie aus Mangel an Empfindungen in Muskeln, Sehnen und Gelenken
- Kaum Schmerzempfindungen, meist schlaffer Muskeltonus, z.T. ängstlich, wenn Reize aus dem Körper bzw. aus der Umwelt nicht differenziert werden können, oder eher leichtsinnig mit geringem Gefahrenbewusstsein, da Informationen das Kind kaum erreichen

Diese Liste erleichtert dem Übungsleiter den Umgang mit entwicklungsauffälligen Kindern und hilft dem Untersucher, Abweichungen von der altersgemäßen Entwicklung besser zu erkennen.

5.2 Merkmale ausgewählter Behinderungsformen

Die folgende Tabelle (Tab.11) zeigt häufig vorkommende Behinderungen und Entwicklungsstörungen. Daran anschließend werden exemplarisch einzelne Körper- und psychomentale Behinderungen sowie die Sonderform Autismus näher beschrieben. Mögliche Ursachen und besondere Merkmale werden insoweit aufgeführt, wie sie für die Entwicklungsunterstützung von Kindern innerhalb der psychomotorischen Förderung von Wichtigkeit sind. Fallbeispiele dienen der zusätzlichen Verdeutlichung.

Kinder mit Sprachbehinderungen erfahren über die psychomotorische Förderung eine Erweiterung und Stabilisierung ihrer motorischen Fähigkeiten sowie psychische Ausgeglichenheit. Beides wirkt sich direkt auf das Sprachvermögen aus.

Kinder mit Seh- und Hörschäden besuchen selten Psychomotorikgruppen; aufgrund ihrer Behinderungsproblematik (z.B. Verständigung: Gebärden-/Lautsprache) bleiben sie häufig in homogenen Gruppen. Daher wird auf eine ausführliche Behinderungsbeschreibung verzichtet.

Behinderungsformen und Entwicklungsstörungen

Körperbehinderungen	*psychomentale Behinderungen*	*Sprachbehinderungen*	*Behinderungen an den Sinnesorganen*		*Sonderformen*
			Hörbehinderungen	*Sehbehinderungen*	
• Dysmelien • Querschnitts- und spinale Lähmungen • muskuläre Dystrophie • zerebrale Bewegungsstörungen • Schädigungen an inneren Organen • etc.	• Lernbehinderung • Neurosen • Psychosen • geistige Behinderung • etc.	• Dysgrammatismus • Stammeln • Näseln • Stottern • Poltern • zentrale Sprachstörungen • etc.	• Schallleistungsstörungen • Hörverluste im Schallempfinden • zentrale Taubheit • etc.	• primäres Schielen und Augenzittern • Blindheit • zentrale Sehstörung • etc.	• Autismus • Epilepsie • Mehrfachbehinderungen

Tab. 11: Behinderungsformen und Entwicklungsstörungen

Körperbehinderungen

Wann wird ein Kind als körperbehindert bezeichnet? „Jeder, dessen Bewegungsfähigkeit für längere Zeit oder für immer erheblich eingeschränkt ist, jeder, der sich nicht allein – ohne fremde Hilfe oder Hilfsmittel bewegen kann, ist körperbehindert" (WERNER 1992, 94).

Häufig auftretende Behinderungsformen sind:

- ***Dysmelien***
  Hier sind die äußeren Gliedmaßen (Arme, Hände, Finger, Beine, Füße, Zehen) missgebildet, verkürzt bzw. fehlen ganz. Vorgeburtliche Störungen (z.B. Medikamente) führen u. U. zu angeborenen Missbildungen.

  'Contergan-Syndrom': embryopathologisches Fehlbildungssyndrom mit im Vordergrund stehenden schweren Extremitätenanomalien nach Einnahme von Thalidomid (Schlafmittel, unter dem Namen Contergan bekannt) in der Frühschwangerschaft. Das Syndrom trat in Europa besonders zwischen 1958 und 1963 häufig auf (HARTMANN 1986).

- ***Querschnittslähmungen***
  Sie entstehen einerseits in der vorgeburtlichen Zeit durch Schäden an der Wirbelsäule.

  'Spina-bifida': angeborener Spalt in den Wirbelbögen, bes. der Lenden- und Kreuzbeinwirbel. Die Knochen der Wirbelsäule verschließen sich nicht richtig und Nervenmasse tritt aus (PSCHYREMLEL KLINISCHES WÖRTERBUCH 1993).

  Andererseits sind sie die Folge von entzündlichen und degenerativen Erkrankungen des Rückenmarks oder entsteht aufgrund von Rückenmarksverletzungen durch Unfälle. Die Querschnittslähmung ist eine beidseitige Lähmung, zumeist der Beine. Zusätzlich bewirkt die Rückenmarksverletzung den Verlust von Sinneswahrnehmungen und Störungen der Blasen-Darm-Funktionen.

- ***Spinale Kinderlähmung***
  Ursache ist eine Viruserkrankung (Poliomyelitis), welche die Nervenzellen des Rückenmarks oder Gehirns angreift und dadurch eine Lähmung der Muskeln bewirkt. Diese Krankheit ist ansteckend. Durch Schutzimpfungen ist sie eingedämmt und erheblich zurückgegangen.

- ***Muskuläre Dystrophie***
  Hier findet eine Zerstörung der Muskelmasse statt, die einen Muskelschwund zur Folge hat. Als Ursachen

werden Vererbung, Erkrankungen vor der Geburt, aber auch Alkoholismus (der Mutter) und andere Intoxikationen vermutet. Der Beginn liegt in frühester Kinheit oder erst in der Pubertät.

Krankheitsverlauf in frühester Kindheit: Verzögertes Laufenlernen, rasche Ermüdbarkeit, abweichendes Gangbild, zunehmend mühsamere Gehbewegungen, allmählicher Muskelschwund im Oberschenkel-, Becken- und Rumpfbereich. Später ist ein selbständiges Hinsetzen bzw. Aufstehen nicht mehr möglich. Das Kind benötigt in der Folge einen Rollstuhl (WERNER 1992).

- ***Zerebrale Bewegungsstörungen***
  Zerebrale Lähmungen sind Funktionsstörungen und werden folgendermaßen definiert: „Veränderungen des Bewegungsablaufes, die durch einen Defekt, eine Verletzung oder Erkrankung des im Schädel befindlichen Nervengewebes hervorgerufen wird. Zusätzlich zu solchen motorischen Störungen können auch Lernbehinderungen, psychologische Schwierigkeiten, Defekte der Sinnesfunktionen, krampfartige Zustände und Verhaltensstörungen eingeschlossen sein" (WERNER 1992, 110). Eine ausführliche Beschreibung der zerebralen Bewegungsstörungen findet sich in Kap. 6.3.

Psychomentale Leistungsminderungen

Im weitesten Sinne sind alle Kinder mit Behinderung auch in ihrem Lernen behindert und erreichen möglicherweise nicht die gleichen Leistungen wie ohne Behinderung. Sogar Hochbegabte können Leistungsminderungen aufzeigen, wenn ihre Umwelt sie in ihrer Besonderheit nicht entsprechend unterstützen kann. Jede Einschränkung der körperlichen, seelischen oder kognitiven Fähigkeiten hat Lernschwierigkeiten zur Folge. Hiervon muss der Begriff der Lernbehinderung abgegrenzt werden:

- ***Lernbehinderung***
  'Lernbehinderung' ist ein Sammelbegriff für verschiedene Formen der Schulleistungsschwächen. „Lernbehinderte Schüler sind solche mit geringerer intellektueller Begabung, mit Schwächen in der Aufnahme, Konzentration, Verarbeitung und Gestaltung" (WERNER 1992, 57). Ursachen können eine Intelligenzschwäche, ein extremer Mangel an Zuwendung durch die Umwelt oder psychische Störungen sein. Weiterhin finden sich genetische und/oder organische Störungen.

  Symptome einer möglichen Lernbehinderung: Das Kind fängt spät an zu reden, fragt wenig, ist passiv oder unruhig, nur wenig ausdauernd, eintöniges, verharrendes Spiel, soziale und geistige Entwicklung liegt deutlich unter dem Altersdurchschnitt, es entwickelt Verhaltensauffälligkeiten etc.

- ***Geistige Behinderung – Intelligenzstörungen***
  „Das heißt bezogen auf das konkrete Individuum: Was wir als „Behinderung“ fassen und an einem Menschen gering achten oder gar abqualifizieren, in der Regel aber als defizitär betrachten, ist Ausdruck einer Kompetenz; Ausdruck der Kompetenz, (autokompensatorisch und autoregulativ) lebensbeeinträchtigende (bio-psycho-soziale) Bedingungen zum Erhalt der individuellen Existenz im jeweiligen Milieu ins System zu integrieren“ (FEUSER 1996, 23).

  ROHMANN/ELBING (1998) gehen davon aus, dass eine geistige Behinderung nicht in jedem Fall behandelt werden muss, da sie keine Krankheit darstellt, sondern eine veränderte Möglichkeit der Umwelterfahrung beschreibt.

  Intelligenzstörungen werden durch angeborene oder in der frühen Kindheit erworbene Defekte der intellektuellen Funktionen gekennzeichnet. Dies sind u.a. das Lernvermögen, das Verstehen, die Urteilsfähigkeit und die Fähigkeit des abstrakten Denkens. Die Ursachen sind recht unterschiedlicher Art. Da die Entwicklung des Gehirns eng mit dem embryonalen Wachstum im Mutterleib gekoppelt ist, stellen Krankheiten der Mutter in den ersten Schwangerschaftsmonaten eine Ursache für Veränderungen der Hirnfunktionen und Schädigungen von Hirnabschnitten dar. Ein Eiweißmangel vor der Geburt bzw. in den ersten Lebensmonaten kann bleibende Schäden am Gehirn verursachen. Stoffwechselerkrankungen wie die Galaktosämie, Phenylketonurie oder ‘Ahornsirupkrankheit’ verursachen, unerkannt und unbehandelt, eine geistige Behinderung. Komplikationen vor und während der Geburt (z.B. Hirnblutungen), Unfälle und Infektionskrankheiten des Kleinkindes (Meningitis) sowie Chromosomenschäden sind ebenfalls mögliche Ursachen. Die geistige Entwicklung des Kindes wird weiterhin über Umweltfaktoren beeinflusst.

  Wie sich eine Intelligenzminderung des einzelnen Menschen später zeigt und welche Fähigkeiten er mit seiner Behinderung erwirbt, hängt neben dem Ausprägungsgrad der Schädigung auch von der Art der Kommunikation und dem Umgang mit ihm ab. Eine Erziehung und Förderung, die die Unterstützung der Entwicklungspotentiale des Kindes zum Ziel hat, ermöglicht es dem Kind, zufriedener und leistungsfähiger zu sein.

  Down-Syndrom (Trisomie 21): Meist klassische Trisomie, d.h. dreifaches Chromosom 21, führt zu einer intra- und extrauterinen Fehlentwicklung (je nach Schweregrad) der Gewebe und Organe, die langsam wachsen, unreif bleiben, schneller altern und Fehlbildungen aufweisen können. Herzfehler in 40-60 % der Fälle. „Leistungsspektrum reicht von Kindern mit geistiger Behinderung bis hin zu Lernbehinderung“ (JANTZEN 1998, 227). Generel-

le Muskelhypotonie, veränderte Entwicklungsgesetzmäßigkeiten: Temporeduzierung; geistige Entwicklung verläuft schneller als die motorische; Reizreaktionsverzögerung. Störungen im Körperselbstbild, verzögerter Spracherwerb, der durch besondere Gesetzmäßigkeiten definiert ist. Sensible Verarbeitung von an sie gestellten Aufforderungen. Das Verständnis der Umwelt für die Behinderung bestimmt die Ausprägung möglicher seelischer Auffälligkeiten. Prognose: Bei gezielter, frühzeitig begonnener und individuell angepasster Förderung können Kinder mit Down-Syndrom ihre Defizite teilweise kompensieren und integrieren sich sozial gut. Den Schwerpunkt bildet die Frühförderung mit ihren spielerischen, fachlichen und interdisziplinären Therapie- und Gesprächsangeboten. Bei genügender Selbständigkeit der Kinder ist ein Besuch der Regelschule möglich (JANTZEN 1998).

Autismus

Autismus ist eine verhältnismäßig seltene Störung der Gehirnfunktionen, die bis heute Fachleuten und Eltern Rätsel aufgibt. Der Autismus nimmt eine Sonderstellung unter den einzelnen Behinderungsformen ein. BLEULER (1983) bezeichnet 1911 Autismus als Loslösung von der Wirklichkeit und Zurückgezogenheit auf sich selbst, verbunden mit einem relativen oder absoluten Überwiegen des Innenlebens gegenüber der Realität. KANNER (1943) benennt dieses Syndrom als Abkapselung des Kindes von seiner menschlichen Umwelt und seine Isolation. AYRES (1992) beschreibt Autismus als eine Form von Hirnstörung, welche die Fähigkeiten des Kindes herabsetzt, Beziehungen zu Personen, Gegenständen oder Ereignissen aufzunehmen.

Die Diagnose 'frühkindlicher Autismus' wird beim Vorliegen folgender Symptome gestellt:

- Die Krankheit beginnt frühzeitig, d.h. vor dem 30. Lebensmonat.
- Es handelt sich um ein Syndrom, d.h., mehrere Symptome treffen zusammen und ergeben das charakteristische Bild des Autismus. Die Kernsymptome sind:
  - soziale Isolation (mangelnde Fähigkeit zur Beziehungsaufnahme sowie Kommunikationsstörungen)
  - Drang nach Aufrechterhaltung von Situationen und Gleichförmigkeit (zwanghafte Rituale)
  - Verzögerung in der Sprachentwicklung und Auffälligkeiten im Sprachgebrauch (z.B. monotone, papageienhafte Stimme)
  - Störungen der Wahrnehmungsverarbeitung
- Weiterhin können Probleme mit der Nahrungsaufnahme, Schlaf- und Reinlich-

keitsprobleme, Aggressivität sowie selbstverletzendes Verhalten und eine fehlende Angst vor realen Gefahren als Symptome auftreten.

Die 'Autistische Störung' wird als schwere Form einer früh beginnenden, tiefgreifenden Entwicklungsstörung eingestuft (laut DSM-IV, 1996). Die Ursachen sind bisher noch ungenügend geklärt. Die Beteiligung und auch Wechselwirkung folgender Faktoren werden diskutiert:

- hirnorganische Ursachen (prä-, peri- und postnatal)
- chemische und biochemische Ursachen (z.B. Transmitterstoffe)
- genetische Ursachen (z.B. Chromosomenanomalien)
- Informations- und Wahrnehmungsverarbeitungsstörungen
- Zusammenhang mit anderen Erkrankungen (z.B. Röteln in der Schwangerschaft)
- psychologisch und psychoanalytisch erklärbare Ursachen

Eine Prognose über die Entwicklung bei Menschen mit autistischer Behinderung zu treffen, ist fast unmöglich. Häufig treten ab der Pubertät episodische oder konstante Verschlechterungen auf. Andererseits sind bis ins Erwachsenenalter Entwicklungsfortschritte in allen Leistungsbereichen möglich.

5.3 Wahrnehmungsstörungen

Verarbeitet das Gehirn die sinnlichen Wahrnehmungen schlecht, führt dies im Leben des betroffenen Kindes zu den verschiedensten Schwierigkeiten. Es muss sich mehr anstrengen, hat häufiger Probleme als andere und trotz größter Bemühungen weniger Erfolg und Befriedigung. Zunehmend mehr Kinder haben so große Schwierigkeiten in der Verarbeitung sinnlicher Wahrnehmungen, dass sie zu 'langsamen Lernern' werden oder/und Verhaltensprobleme haben. Häufig besitzen sie eine durchschnittliche bis überdurchschnittliche Intelligenz.

Ursache für Entwicklungsstörungen dieser Form sind eine schlechte sensorische Integration oder die Beeinträchtigung der Verarbeitung sinnlicher Wahrnehmungen. AYRES prägte den Begriff der **„sensorischen Integration"** und ihrer Störungen. Die nun folgenden Ausführungen orientieren sich an ihren Forschungen und Veröffentlichungen.

Sensorische Integrationsstörungen sind Unregelmäßigkeiten oder auch Störungen der Hirnfunktion, die die Verarbeitung und Integration sinnlicher Reizeinwirkungen erschweren. Eine Folge können verschiedene Lernstörungen sein (AYRES 1992). Das bedeutet, das Gehirn ist nicht in der Lage, den Zufluss sensorischer Impulse in ei-

ner Weise zu verarbeiten und zu ordnen, die dem Kind eine gute und genaue Information über sich selbst und seine Umwelt ermöglicht. Kinder mit Störungen der sensorischen Integration enwickeln sich in den verschiedenen Leistungsbereichen oft ungleichmäßig. Da lediglich einige Abschnitte ihres Nervensystems ungeordnet funktionieren, wird das Problem 'nur' als minimal bezeichnet. Andere Bereiche sind ohne Funktionsbeeinträchtigung, so dass das Kind hier altersgerechte Leistungen erbringt. Im sozial-emotionalen Erleben ist den Kindern die Entwicklung eines Zugehörigkeitsgefühls zu ihrer Altersgruppe erschwert, da sie nur in Teilbereichen den von den anderen gestellten Normen 'genügen' können.

Ursachen der Störungen

Folgende Ursachen werden vermutet, die zu Funktionsstörungen des Gehirns beitragen:

- angeborene, genetische Faktoren
- Zunahme von Umweltgiften (z.B. Luftverschmutzung)
- Kombination von chemischen und genetischen Faktoren
- Sauerstoffmangel vor, während und nach der Geburt
- mangelndes Reizangebot und Anregungen (z.B. Heimkinder - Mangel an Beziehungs- und Bewegungsreizen)
- gestörte Weiterleitung der Sinnesreize (innere Mangelsituation)
- Frühgeburt des Kindes
- Stoffwechselstörungen (der Mutter und/oder des Kindes)

Symptome

Störungen der sensorischen Integration wären einfacher zu erkennen und zu behandeln, wenn die Probleme bei jedem Kind gleich wären (dies ist selten beobachtbar). Symptome, die häufig kombiniert auftreten, werden als Syndrome zusammengefasst. AYRES (1992) benennt 6 Hauptprobleme, die in nachfolgender Tabelle (Tab.12) aufgeführt sind:

Überaktivität und Ablenkbarkeit	• häufig die erste Auffälligkeit • große Bewegungsunruhe, zielloses Umherrennen, unzweckmäßiges Ausüben vieler Aktivitäten • Stillsitzen, sich zu konzentrieren, ist unmöglich • eines der Hauptprobleme in der Schule
Verhaltens-probleme	• Kinder sind weniger glücklich, verwirrt, schnell frustriert • spielen nicht gern mit Gleichaltrigen, lieber mit jüngeren bzw. älteren Kindern oder Erwachsenen • Spielzeug zu teilen, ist schwierig • überempfindlich und emotional leicht verletzbar • oft werden die Kinder von anderen nicht gemocht
Sprachentwicklung	• Sprach- und Artikulationsprobleme fallen zuerst auf
Muskeltonus und Koordination	• rasche Ermüdbarkeit • Kinder haben Mühe, Kopf und Körper entgegen der Schwerkraft aufzurichten (z.B.: Kopf wird auf die Hände gestützt, Kinder lehnen sich an die Wand) • schlechte motorische Koordination • Gleichgewichtsunsicherheiten, häufiges Stolpern • Stift fällt aus der Hand, oder Kind fällt vom Stuhl • tollpatschiges Gesamtbewegungsbild • Unreife beim Spielen
Lernen in der Schule	• Lese-, Schreib- und Rechenprobleme • Raumorientierungsprobleme (laufen gegen Personen oder Gegenstände)/Schwierigkeiten, von der Tafel bzw. Gehörtes (z.B. Diktat) niederzuschreiben.
Adoleszenten-Probleme	• evtl. Schulbesuchsabbruch • Schwierigkeiten, sich an Zahlenfolgen zu erinnern, Probleme bei Aufgabenplanungen, dem Einhalten von Reihenfolgen • Tanzen wird vermieden • Mangel an Ordnung • Konzentrationsprobleme

Tab.12: Die Sensorische Integrationsstörung und ihre Symptome

Spezielle Störungen und ihre Merkmale

Störungen des *vestibulären, taktilen und visuellen Systems* sind häufig beobachtbar, und es ist schwierig, die Symptome richtig einzuordnen. Ähnliches gilt für die *entwicklungsbedingte Dyspraxie*. Zum besseren Verständnis für Eltern, Pädagogen und andere Fachleute stellten AYRES (1992) und FISHER/MURRAY/BUNDY (1998) zu 4 Bereichen Merkmalslisten zusammen:

1. Störungen des vestibulären Systems als beidseitige Gleichgewichtsstörungen und Auffälligkeiten bei Schwerkraftverunsicherungen (siehe Tab.13)
2. Entwicklungsbedingte Dyspraxie
3. Liste für das Berührungsverhalten
4. Liste von visuellen Wahrnehmungsstörungen

Liste der beidseitigen Gleichgewichtsstörungen	**Auffälligkeiten bei Schwerkraftverunsicherungen**
• altersgemäß entwickelte, gesunde Kinder mit entsprechender Intelligenz, haben aber Probleme beim Lesen und Rechnen • kürzere Nystagmusdauer • wenig Spaß an sportlichen Aktivitäten (Probleme beim Werfen und Fangen eines Balles) • beim Balancieren auf einem Brett schweres und plumpes Empfinden • tollpatschige Ausholbewegungen, stolpern und fallen oft, mangelnde Abstütztechniken • Kopf und Extremitäten können in Bauchlage nicht gleichzeitig abgehoben werden • Arm- und Beinbewegungen sind unkoordiniert • mangelnde Kopfkontrolle und Instabilität bei passivem Drehen • eingeschränktes beidhändiges Hantieren, keine Händigkeit entwickelt • verwechseln rechts und links, spiegelbildliches Schreiben von Buchstaben • wenig belastbar, niedrige Frustrationstoleranz, geringes Selbstbewusstsein	• Nicht alle Symptome treten bei jedem Kind auf. Auch Kinder ohne sensorische Integrationsstörungen können unter Schwerkraftverunsicherungen leiden • Angst, Füße vom Boden abzuheben • Angst, hinzufallen oder zu klettern • Freudloses Purzelbaumschlagen • mögen nicht gern auf den Spielplatz • vermeiden Spielfahrzeuge • vermeiden zu springen • langsame Bewegungsausführung bei ungewohnten Bewegungen • lernen spät, Treppen auf- und abzusteigen bzw. klammern sich stärker ans Geländer als andere Kinder • haben Angst, auf eine Rampe oder einen Berg zu laufen • vermeiden Drehbewegungen, reagieren mit Angst bei passivem Drehen • plötzliche Bewegungen von außen erschrecken • springen auf, wenn sie im Sitzen plötzlich nach hinten gezogen werden • bei Beobachtung der Kinder im Raum wirken sie, als ob sie den Raum nicht genau beurteilen können

Tab.13: Störungen des vestibulären Systems

Anzeichen einer entwicklungsbedingten Dyspraxie

- Unreflektiertes Tun und Handeln
- Muskelhypotonie
- 'Unfallkind', höhere Schutzbedürftigkeit als andere Kinder
- hohe Verletzbarkeit der Gefühle, plötzliche Planungs- oder Erwartungsänderungen werden nicht ertragen; häufiger unkooperatives, unflexibles Verhalten
- erhöhtes Schmerzempfinden bei 'kleinen' Verletzungen, andererseits herabgesetztes Schmerzerleben bei Beulen, Schnitten, Quetschungen

Liste für das Berührungsverhalten

Zeigt ein Kind häufig oder ständig mehrere der folgenden Symptome, liegt ein Berührungsabwehrverhalten vor. In Kombination mit Hyperaktivität und Konzentrationsproblemen besteht wahrscheinlich eine taktile Abwehr.

- Vemeidet eigene und fremde Berührungen im Gesicht
- Haare- und Fingernägel Schneiden, Waschen und Baden toleriert es kaum
- mag nicht berührt (auch nicht auf liebevolle Art) oder geküßt werden
- Das Anfassen beim Anziehen löst negative Reaktionen aus
- vermeidet körperlichen Kontakt zu Fremden, obwohl es mit ihnen spricht oder ohne Berührung Beziehungen aufnimmt
- irritiert bei Annäherung von hinten
- Nähe zu Personen, auch ohne direkte Berührung, führt zu Missempfindungen
- trägt bevorzugt langärmelige Kleidung, auch wenn es warm ist; meidet manche Oberflächen oder berührt diese bevorzugt; Überempfindlichkeit auf bestimmte Fasern; vermeidet, bestimmte Kleidungsstücke zu tragen
- meidet, barfuß zu laufen (besonders Sand oder Gras)
- hatte als Baby starke Missempfindungen beim Reinigen von Nase und Ohren

Liste von visuellen Wahrnehmungsstörungen

Zeigt ein Kind eines oder mehrere dieser Symptome, besteht der Verdacht auf eine mangelnde Reizverarbeitung optischer Eindrücke:

- Probleme bei Ortswechseln, meidet fremde Plätze, verläuft sich leicht,
- zögert beim Treppengehen oder bei Bordsteinkanten
- spielte als Kleindkind nicht gut mit Bausteinen
- malt schlecht mit dem Stift bzw. erst spät
- Wiedererkennen von Unterschieden oder Ähnlichkeiten auf Mustern fällt schwer; Abgrenzen von Figuren auf unruhigem Hintergrund gelingt kaum, Schreiben zwischen zwei Linien fällt schwer

5.4 Bewegungs- und Koordinationsstörungen

Im vorhergehenden Abschnitt wurden Bewegungs- und Koordinationsstörungen dargestellt, die eng mit den Störungen der sensorischen Integration zusammenhängen und ein mögliches Symptom hiervon darstellen. Dieses Kapitel beschreibt ausschließlich die zerebralen Bewegungs- und Koordinationsstörungen.

Die zerebrale Bewegungsstörung ist die Folge einer Läsion (Schädigung) oder Fehlentwicklung des Zentralnervensystems. Außer bei genetischen Defekten entsteht die Schädigung (siehe Tab. 14) prä-, peri- und/oder postnatal (nach DUDENHAUSEN/SALING 1967 in FLEHMIG 1990).

Prä- und perinatale Ursachen und Risikofaktoren	Postnatale Ursachen und Risikofaktoren
• Früh- und Fehlgeburten in der Anamnese der Mutter • Blutungen in der Schwangerschaft • vorzeitige Wehen • operative Entbindungen (Zangengeburt, Vakuumextraktion) • Frühgeburt • Zwillings- oder Mehrlingsgeburten • Infektionen, Intoxikationen während der Schwangerschaft • Röntgenuntersuchungen während der Schwangerschaft • Mangelernährung, Arznei-, Alkohol- und Nikotinkonsum • Nabelschnurumschlingungen • Plazentainsuffiziens • Lageanomalien des Fetus • Sauerstoffmangel	• Meningitis und Enzephalitis unterschiedlicher Genese • extreme Ernährungsstörungen (Säuglingstoxikose) • Schädel-Hirn-Traumen (Verkehrsunfälle) • extremer Sauerstoffmangel im Gehirn durch Ertrinken • starke soziale Deprivation und Verwahrlosung • Einschränkung der motorischen Bewegungsfähigkeit • Verhinderung der Koordination aufgrund tonischer Haltemuster • stereotype Bewegungen und verminderte Bewegungsmöglichkeiten; 'steife Extremitäten'

Tab.14: Bewegungs- und Koordinationsstörungen und mögliche Ursachen

Klassifikation der zerebralen Bewegungsstörungen

Bei der voll entwickelten Bewegungsstörung werden nach FLEHMIG (1990) fünf verschiedene Formen, die mehr oder weniger stark ausgeprägt sein können, unterschieden: die Spastik, die Athetose, die Ataxie, die zentrale Hpotonie sowie Mischformen. Sie werden im Folgenden im Einzelnen beschrieben.

Spastik

Die Hauptmerkmale sind:

- Hypertonus der Muskulatur, der zur Fehlkoordination von Bewegung und Haltungswahrung führt
- Einschränkung der motorischen Bewegungsfähigkeit
- Verhinderung der Koordination aufgrund tonischer Haltemuster
- stereotype Bewegungen und verminderte Bewegungsmöglichkeiten
- 'steife Extremitäten'

5-jähriger Junge mit deutlicher Tetraparese

in Bauchlage: persistierender Greifreflex und mangelnde Rumpfaufrichtung

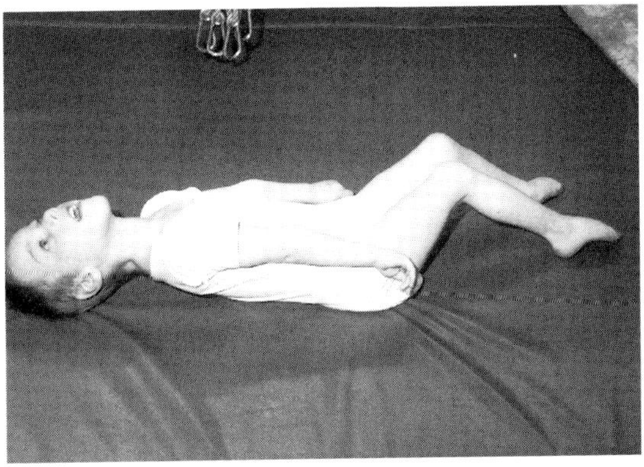

in Rückenlage: symmetrisch-tonischer Nackenreflex (STNR)

Folgende Formen der spastischen Lähmung werden nach BOBATH/BOBATH (1998) unterschieden:

- *Tetraparese* (alle 4 Extremitäten, somit der ganze Körper, sind in gleicher Intensität betroffen)
- *Diplegie* (die Spastik der Beine ist stärker als die der Arme)
- *Hemiparese* (eine Körperhälfte und die gegenseitige Gesichtshälfte sind betroffen, die andere Körperseite zeigt normale Tonus- und Bewegungsqualitäten)
- *bilaterale* Hemiparese (eine Körperseite ist stark, die andere leicht betroffen)

Maria ist 2 Jahre alt. Sie liegt meist auf dem Rücken mit überstreckten, sehr steifen bzw. überkreuzten Beinen, die Arme sind angewinkelt, die Hände führt sie oft zum Mund. Aktive, freie Bewegungen fallen ihr schwer, meist kippt sie plötzlich auf die rechte Seite. Maria kann sich unter großer Anstrengung mit nach hinten überstrecktem Kopf auf den Bauch drehen. Nur mühsam hebt sie den Kopf aus dieser Position, die Arme liegen unter dem Bauch, ein gezieltes Greifen ist unmöglich. Sie kann sich ohne Hilfe noch nicht fortbewegen.

Athetose

Das Bewegungssystem wird übersteuert. Die Kinder zeigen ungesteuerte, sinnlose und oft bizarr wirkende Bewegungen. Es mangelt an ökonomischer Bewegungskoordination. Eine feste Position kann bewusst nicht eingenommen werden. Je mehr sich darum bemüht wird, desto schlechter gelingt es.

- Die *dystone Form* ist ein fehlerhafter Spannungszustand von Muskeln, Gefäßen oder vegetativem Nervensystem, meist Tonuserhöhungen in rumpfnahen Muskeln, verbunden mit trägen Dreh- und Schraubbewegungen von Kopf und Rumpf, Grimassieren im Gesicht.
- Die *choreoathetotische Form* ist ein extrapyramidales Syndrom mit Hyperkinesen und allgemeiner Hypotonie und plötzlich einschießenden unkoordinierten asymmetrischen Bewegungen, vor allem in den kleinen Gelenken, aber auch im Gesicht.
- Die *rigide Form* (‘Steifheit, Starre’) ist eine Erhöhung des Muskeltonus, der bei passiver Beweglichkeit während des gesamten Bewegungsablaufs bestehen bleibt und an den beim Biegen einer Wachskerze auftretenden Widerstand erinnert; dabei oft ruckartiges Nachlassen des Widerstandes, sog. ‘Zahnradphänomen’.

Janina möchte gern auf einem Bein hüpfen. Es fällt ihr sehr schwer, sich auf ein Bein zu stellen. Immer wieder zeigt sie rudernde, ja fast flughafte Bewegungen mit den Armen. Ihr Mund ist geöffnet, das Gesicht verzerrt. Nur mühsam, unter großem Kraftaufwand, hebt sie ein Bein und ein kurzes Hüpfen wird möglich.

Ataxie

Bei der Ataxie ist der Regelkreis der zentralen Steuerung durch Störungen in der Bewegungskontrolle seitens des Kleinhirns und seiner Nervenbahnen geschädigt. Vom Erscheinungsbild ähnelt die Ataxie der Athetose. Aus der Übersteuerung resultiert wie bei der Athetose eine mangelhafte Bewegungskoordination. Es fehlt an Gleichgewicht. Die Kinder behelfen sich, indem sie durch tonische Haltemuster das Gleichgewicht aufrecht zu halten versuchen. Feine Bewegungen sind infolge eines Intentionstremors schwer koordiniert durchführbar. Knöpfe öffnen und schließen erfolgt mit zittrigen Fingern und wird oft nur unter großer Anstrengung und enormen Kraftaufwand geschafft. Im Laufen zeigen die Kinder einen sog. 'gestelzten Gang' mit Streckmustern in den oberen Extremitäten. Die Kniegelenke werden überstreckt und nach hinten durchgeschlagen. Wenn die Kinder in die Hocke gehen, führen sie die Bewegung plötzlich und ruckartig aus, da sie keine Kokontraktionen besitzen.

Zentrale Hypotonie

Eine koordinierte Bewegungssteuerung (besonders im Säuglings- und Kleinkindalter) erscheint nahezu unmöglich. Sie sind so überschießend bzw. ausfahrend, dass die Wirkung extrem ist. Das Einnehmen einer aufrechten Haltung und Haltungsbewahrung wird fast unmöglich. Das Kleinkind ist schnell frustriert, liegt meist ruhig bzw. apathisch auf dem Bauch oder Rücken bzw. sitzt in sich zusammengesunken auf dem Boden. In der Horizontalen wird im Verlauf der Entwicklung manchmal ein recht gutes Gleichgewicht entwickelt; Versuche, sich entgegen der Schwerkraft aufzurichten, gestalten sich als schwierig. Ältere Kinder zeigen z.T. nur in der aufrechten Haltung die Unfähigkeit, Bewegungszwischenstufen einnehmen zu können. Hier finden sich Auffälligkeiten, welche durch taktilkinästhetisch-vestibuläre Wahrnehmungsstörungen bedingt sind. Das Vorbeugen aus dem Stand misslingt. Wenn die Kinder sich auf den Boden setzen wollen, so geschieht dies im Rutschen oder 'Schliddern'. Der Wechsel aus der Hocke in den Stand geschieht schnell, oder es wird eine Möglichkeit zum Abstützen gesucht.

Mischformen

Sie sind am schwierigsten zu identifizieren. Sicherlich der größte Teil der Kinder mit Bewegungsstörungen weisen diese Mischformen in ihrem Bewegungsverhalten auf. Sie zeigen wie die eben beschriebenen Formen eine mangelhafte Bewegungskoordination. PRECHTL und SCHULTE (1968) (nach FLEHMIG 1990) unterscheiden das Hyperexzitabilitätssyndrom, das Apathie-Syndrom, die Muskelhypertonie, die Muskelhypotonie und das Hemisyndrom. In Tab. 15 werden sie näher beschrieben.

Hyperexzitabilitäts-syndrom	Apathie - Syndrom	Muskelhypertonie	Muskelhypotonie	Hemisyndrom
als Säugling: • lebhaft gesteigerte Reflextätigkeit • Kloni (anhaltend) • überschießende MORO-Reaktion • Reaktion auf Beruhigung oder Geräusche überschießend • häufig Schreien, wenig Schlaf	als Säugling: • träge Reflextätigkeit • schwer auslösbar • MORO-Reaktion z.T. nicht auslösbar • leise jammerndes Schreien • viel Schlaf • Schluck- und Saugstörungen	• erhöhter Widerstand gegen passive Bewegungen • in der Haltung totale Beuge- bzw. Streckmuster • Gelenke schlecht bewegbar, verspannt • bewegt sich en bloc • aktive Beweglichkeit meist eingeschränkt • Arme oder Beine können verstärkt betroffen sein	• die Auslösbarkeit von Eigen- und Fremdreflexen ist Hinweis auf eine mögliche zerebrale Schädigung • „Froschhaltung“ • schlechte Reaktion zur Überwindung der Schwerkraft • manchmal bewegungsarm oder sehr viel Motorik • Überkompensation des schlaffen Tonus und somit motorische Unruhe • Hals wird häufig überstreckt • Gelenke sind schlaff und hypermobil • Instabilität in allen Positionen	• asymmetrische Reaktionen • eine Seite wird zu wenig oder gar nicht bewegt • genaue Bewegungsbeobachtung wichtig

Prognose allgemein				
Prognosen sind generell abhängig von den Ursachen, vom Zeitpunkt der Erstdiagnose und den im Anschluss eingeleiteten Fördermaßnahmen, aber auch von der Erfahrung des Untersuchers und von den individuellen Besonderheiten jedes einzelnen Kindes.				
Behinderungsspezifische Prognose				
Hyperexzitabilitäts-syndrom	**Apathie - Syndrom**	**Muskelhypertonie**	**Muskelhypotonie**	**Hemisyndrom**
• gewisse Unruhe und leichte Erregbarkeit für Außenreize bleibt • meist hyperaktive Kinder • manchmal Konzentrationsstörungen und Lernstörungen	• meist mehr oder weniger schwere Beeinträchtigung des Nervensystems • psychomentale Entwicklungsstörungen	• kann sich vollständig auflösen oder im schlimmsten Fall zu zerebralen Bewegungsstörungen führen	• abhängig von der Ursache (z.B. Hypotonie ist ein Kennzeichen des Down-Syndroms)	• sog. „Durchgangssyndrom“, d.h., es bildet sich ohne Probleme mit Hilfe therapeutischer Maßnahmen zurück • Koordinationsstörung mit Seitendifferenzen

Tab. 15: Bewegungs- und Koordinationsstörungen (Mischformen)

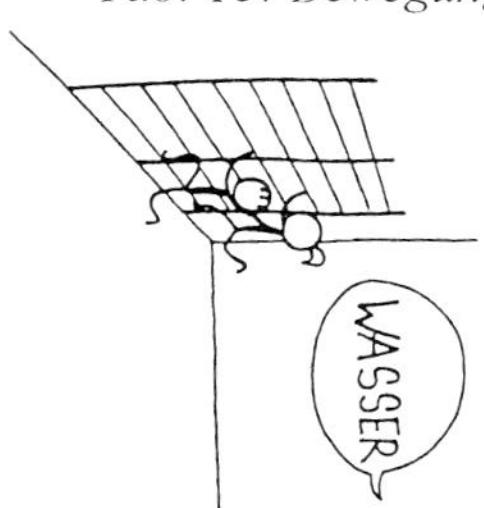

Die beschriebenen Bewegungs- und Koordinationsstörungen sind unterschiedlich stark ausgeprägt. In der Fachliteratur werden auch Begriffe gebraucht wie: *Zentrale Tonus- und Koordinationsstörungen*, die in leichte, mittlere und schwere Formen unterteilt werden; *diskrete Hemi- oder Diparese*, d.h., die Kinder können sich selbständig fortbewegen, zeigen aber bei genauer Betrachtung und Überprüfung Restmuster aus der frühkindlichen Reflextätigkeit. Manche Kinder zeigen bei motorischen Anforderungen Mitbewegungen in nicht geforderten Körperabschnitten, andere verfügen über mangelnde Gleichgewichts- und Haltungsbewahrungsreaktionen.

Tim (7) wird aufgefordert, auf den Fersen zu gehen. Folgende Bewegungsausführung zeigt sich: Das Gangbild ist breitbasig, die Knie überstreckt, der Po nach hinten und die Schultern eher vorgelagert, seine Arme angewinkelt und die Hände hochgezogen, mit weit gespreizten Fingern; den Kopf aufrecht zu halten, fällt ihm schwer; im geöffneten Mund bewegt sich seine Zunge unkontrolliert.

5.5 Störungen der sozial-emotionalen Entwicklung

Die Störungen der sozial-emotionalen Entwicklung von Kindern sind derzeit ein weit verbreitetes Thema, welches kontrovers diskutiert wird. Die unterschiedlichen Meinungsvertreter zeigen eine hohe emotionale Beteiligung, wie sich bei entsprechenden Talkshows, Gesprächen von Erzieherinnen, Müttern, Vätern und innerhalb der Verwandtschaft beobachten lässt.

Kindern mit Behinderung, deren Aussehen und Verhalten der Umwelt oftmals fremd und bizarr erscheint, werden Verhaltensauffälligkeiten meist vorschnell zugeschrieben. Vielfach sind sie Folge eines nicht stimmigen Umganges mit dem Kind, auf welchen sie - auch verstehbar als 'Hinweis- oder Signalfunktion' - entsprechend reagieren.

Um einer Etikettierung im Sinne 'Dieses Kind ist verhaltensgestört' und somit einer Stigmatisierung und Ausgrenzung des Kindes aus dem gesellschaftlichen System, in welchem es lebt, zu begegnen, ist es sinnvoll, von *abweichendem Verhalten* oder *Verhaltensauffälligkeiten* zu sprechen. GÖLLNITZ (1992, 503) schreibt: „Das ist fatal ... denn wir müssen uns darüber im Klaren sein, dass eine *Diagnose „Verhaltensstörungen" genauso viel wert ist, wie eine Bezeichnung „Kopfschmerzen", „Bauchschmerzen" usw.* Sie entspricht bei weitem nicht mehr unserem heutigen Kenntnisstand, den diagnostischen und therapeutischen Möglichkeiten. Besser ist es, ... den Terminus *„Verhaltensauffälligkeiten"* zu nutzen. Dieser benennt einen Sachverhalt oder Vorgang ...".

Getrennt hiervon sind die Primärstörungen, d.h. Störungen, die in der individuellen Anlage, als ursächliche Behinderung oder infolge schwerer frühkindlicher

Traumatisierungen auftreten, zu betrachten.

Schwere Formen psychischer Störungen und Behinderungen bei Kindern (z.B: *depressive Zustände, Neurosen, endogene Psychosen,* z.B. *Schizophrenien*) werden kaum innerhalb der psychomotorischen Förderung im Verein zu finden sein. Exemplarisch werden im Folgenden die *tiefgreifenden emotionalen Kontaktstörungen*, die *Aggressivität als ausgeprägte Persönlichkeitsstörung* und *Angstformen* hinsichtlich ihrer Hauptmerkmale beschrieben. Anschließend wird nochmals näher auf die Verhaltensstörungen eingegangen, die sich aus *Kommunikations- und Interaktionsstörungen* mit der Umwelt ergeben.

Hilfen für Kinder, die unter gravierenden Persönlichkeitsstörungen leiden, können nur mittels spezieller Methoden und gezielter therapeutischer Interventionen erfolgen. Die Behandlung solcher Störungen gehört in die Hände von Experten (Psychologen, Neurologen, speziell ausgebildeten Therapeuten) und erfolgt häufig in dafür eingerichteten Insititutionen (Sozialpädiatrischen Zentren, Kinder- und Jugendpsychatrien, entsprechenden Ambulanzen etc.).

Neben familiären und sozialen Aspekten finden sich organische Defekte (z.B. Hirnfunktionsstörungen), Störungen der Drüsenfunktionen, Wahrnehmungsverarbeitungsstörungen, chronische körperliche Erkrankungen, leichte chromosomale Aberrationen und angeborene Behinderungen als Ursachen von sozial-emotionalen Störungen (VON HARNACK 1994), die hier aber nicht weiter beschrieben werden.

Tiefgreifende emotionale Kontaktstörungen

Fehlen dem Säugling selbst die für seine Entwicklung notwendigen minimalen Zuwendungen in Form von Wahrnehmungs- und Bewegungsreizen sowie eine entsprechende emotionale Ansprache, entwickelt er Bewegungsauffälligkeiten, wie beispielsweise *stereotype Schaukel- und Wackelbewegungen* (GÖLLNITZ 1992). Da verlässliche Gefühlskontakte zu anderen ausbleiben, wendet er sich resigniert von seiner Umwelt ab. Möglicherweise zeigt er noch Interesse für Gegenstände. Der Säugling kapselt sich ab, zieht sich in sich selbst zurück und zeigt zunehmend ein teilnahmsloses und apathisches Verhalten. Oftmals gehen Kinder mit einer Mangelsituation kompensatorisch um, d.h. in diesem Fall: Sie versuchen selbst, ihr Bedürfnis nach Nähe zu stillen (Kontakthunger). Dieses grundsätzlich intelligente Verhalten führt häufig zu einer Überkompensation, dessen Folge ein *distanzloses Verhalten* ist. BETTELHEIM (1988) beschreibt in seinem Buch „So können sie nicht leben", wie Kinder mit tiefgreifenden emotionalen Traumatisierungen umgehen und wie Wege der Heilung gestaltet werden können.

Aggressivität als Persönlichkeitsstörung

Eine häufige sozial-emotionale Entwicklungsstörung ist die *Aggressivität*. Aufgrund von zum Teil schwersten Traumatisierungen in früher Kindheit oder im Verlauf des Lebens kommt es zu einer komplizierten Störung der gesamten Persönlichkeit. Die Kinder zeigen *Fehleinschätzungen ihrer Umwelt*, eine mit daraus resultierende *Fehlanpassungstechnik* (aggressive Handlung), einen scheinbaren *(Lust-)Gewinn* aus selbiger, einen allgemeinen *Werteverlust* und einen *Selbstwertverlust* (HEINEMANN/RAUCHFLEISCH/GRÜTTNER 1992). Viele aggressive Kinder verspüren den Drang, anderen wehzutun und sie zu tyrannisieren. Diese Form der Aggressivität ist klar von der zur kindlichen Entwicklung dazugehörenden aggressiven Auseinandersetzung, die der gegenseitigen Beziehungsbestimmung und Abgrenzung dient, zu unterscheiden (GÖLLNITZ 1992).

Angstformen

Schwerwiegende Angstzustände im Kindesalter zeigen sich gehäuft in Folge von:

- Hirnschädigungen
- einer verminderten Intelligenzleistung
- psychisch-reaktiven Einwirkungen (wie z.B. Neurosen; Bewusstheitsveränderungen, die durch epileptische Anfälle entstehen können; oder auch Halluzinationen unter Infekterkrankungen)

Angstreaktionen zeigen sich, wenn das Kind eine tiefe Wahrnehmungsverunsicherung erfährt und bisherige Bekanntheiten und Gesetzmäßigkeiten des Funktionierens der Umwelt nicht mehr gelten. Es entsteht:

- eine *Differenzierungs- und Geborgenheitsunsicherheit*, die sich in Form von Flucht- und Totstellreflexen oder auch Wut und Erregungszuständen mit Aggressionstendenzen zeigen kann
- eine *vegetative Labilität, Reizabhängigkeit* und eine *Umweltanfälligkeit*, d.h., die aus der Umwelt kommenden Aktionen und Reaktionen führen zu Konflikten, welche wiederum Missbehagen, Unruhe und Angst aufkommen lassen
- eine *Affektentladung* als Ausdruck innerer Unrast, die sich in unruhiger Bewegung äußert
- eine *krankheitsbedingte Wahrnehmungsveränderung*, die im Widerspruch zu Bekanntem, Gewohntem und zu bereits erworbenen Bezugssystemen steht
- ein Verlust der Verlässlichkeit der Sinneseindrücke

Das noch nicht gefestigte kindliche Weltbild kann bei entsprechender Verunsicherung von außen so tief ins Wanken geraten, dass sich „ ... Regressionen und Aggressionen als Ausdruck des Unvermögens, eine bestimmte Situation zu bewältigen“ (GÖLLNITZ 1992, 536) zeigen.

Kommunikations- und Interaktionsstörungen

„Emotionale Störungen und soziale Fehlanpassung überschneiden sich häufig, denn eine Störung kann die andere zur Folge haben, und beide können von derselben Ursache ausgehen" (WERNER 1992, 66). Meist zeigen Kinder weniger gravierende, aber dennoch die Entwicklungsmöglichkeiten beeinträchtigende Verhaltens- und Erlebensauffälligkeiten.

Speziell Säuglinge mit Behinderung benötigen eine auf ihre spezielle Situation abgestimmte Ansprache (und Förderung). FRÖHLICH (1991, 56) schreibt: „Die Erwachsenenaktivität orientiert sich am kindlichen Aktivitätsniveau, das an den Händen „abgelesen" wird, ohne dass das dem Erwachsenen bewusst wird". Bei Kindern mit Aktivitätsabweichungen, wie Hypo- oder Hypertonität, verändert sich beispielsweise das Spannungsniveau der Hände, welches bei den Interaktionspartnern zu einer den kindlichen Bedürfnissen nicht entsprechenden Antwort führt. Folgende Abbildung zeigt die Handhaltung eines Neugeborenen in ver schiedenen Spannungszuständen.

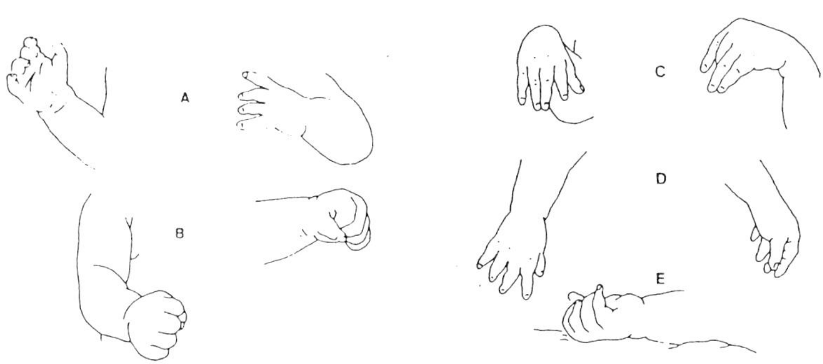

Abb.6: „Handsprache des Neugeborenen" „*A* Im Dialog mit einer Bezugsperson; *B* im gespannten Zustand; *C, D* beim Übergang zum Schlaf; *E* im Tiefschlaf" (aus: FRÖHLICH 1991, 56 f.).

Die Handsprache eines hypertonen Kindes löst beim Erwachsenen beruhigende Antworten aus, die eines hypotonen Kindes löst bei der Bezugsperson das Empfinden aus, dass dieser Säugling vor allen Dingen Ruhe und Schlaf braucht (FRÖHLICH 1991).

Deutlich wird die Gefahr einer einseitigen 'Falschzuschreibung von sozial-emotionalen Störungen' bei Kindern mit Wahrnehmungsverarbeitungsproblemen. Aufgrund der als Folge dieser Problematik eintretenden inneren Verunsicherung zeigen sich auffällige Verhaltensweisen. Wird die Situation den besonderen Bedürfnissen des Kindes entsprechend verändert (Ansprache und Handlungsangebot), benötigt es dieses Verhalten - was als Hinweis auf eine Irritation des Kindes zu verstehen ist - nicht mehr. Die 'Verhaltensstörung verschwindet wie von selbst'.

Für Eltern ist das Wissen um diese Zusammenhänge von hoher Bedeutung, da sie nicht vom ersten Tag an Experten im Umgang mit der Behinderung ihres Kindes und deren Besonderheiten sein können. Um einen möglichst konfliktfreien Umgang zwischen Eltern und Kindern zu ermöglichen, ist eine kompetente Begleitung (gerade in der ersten Zeit) für das Verstehen der Besonderheiten einer Behinderung (welche auch die Kommunikationsmöglichkeiten betreffen) notwendig.

Auch Kinder, die von ihrer Umwelt ständig *über- oder unterfordert* werden, entwickeln auffällige Verhaltensweisen. Dieses lässt sich reduzieren oder ganz vermeiden, wenn das Können eines Kindes wahrgenommen wird - unabhängig von dem Wunschdenken und den Vorstellungen Erwachsener über das, was ein Kind können sollte - und ein stimmungsabhängiges Wollen des Kindes erlaubt ist.

5.6 Zusammenfassung

Entwicklungsstörungen und Behinderungen können in allen Bereichen der kindlichen Entwicklung auftreten. Die Ursachen, die Entstehung und der Verlauf sind vielschichtig und von inneren sowie äußeren Faktoren abhängig.

In der Praxis zeigen sich häufig Mischformen. So können beispielsweise körperliche Behinderungen Auswirkungen auf die Lern- und Leistungsfähigkeit haben. Wenn das Kind durch die Behinderung in seiner Bewegungsfreiheit eingeschränkt ist, wird es in weiten Bereichen die Anregungen seiner Umwelt und alltägliche Beschäftigungsangebote nicht für sich nutzen können. Die selbständige Erforschung von Materialien und Lebensraum ist für die Entwicklung von Intelligenz, Sprache und Lernfähigkeit wichtig. Seh- und Hördefekte sind häufig mit anderen Behinderungen verknüpft. Störungen der Wahrnehmung treten oft in Verbindung mit sozial-emotionalen, sprachlichen und motorischen Schwierigkeiten auf

Im Hinblick auf die Entwicklungsunterstützung des Kindes ist es folglich notwendig, die Haupt- und Nebenursachen festzustellen und voneinander getrennt zu betrachten. Eine Hirnschädigung als Ursache für einen Entwicklungsrückstand verlangt eine andere Unterstützung des Kindes (und des ihn umgebenden Systems) als eine tiefgreifende Vernachlässigung oder gravierende Kontakt- und

Kommunikationsstörungen zwischen Eltern und Kind.

Um Entwicklungsstörungen und Behinderungen frühzeitig erkennen und gezielte Förderangebote entwickeln zu können, sind Kenntnisse über die Normalentwicklung, eine ganzheitliche Betrachtungsweise und aufmerksame Beobachtung des Kindes in verschiedenen Situationen notwendig. Voraussetzung ist eine enge Zusammenarbeit mit den Eltern bzw. Bezugspersonen.

Weniger die Ursachen einer Behinderung sind für den Umgang und die Entwicklungsunterstützung eines Kindes von Interesse, sondern vielmehr die Möglichkeiten und Talente, die dem Kind und den Personen seiner Umwelt zur Verfügung stehen. Je fließender und verständiger der Umgang zwischen allen Beteiligten ist, desto besser wird die Lebensqualität von allen.

6 KINDLICHE ENTWICKLUNGSUNTERSTÜTZUNG UND DIE PSYCHOMOTORISCHE IDEE (Regina Naschwitz-Moritz)

Die folgenden Ausführungen beziehen sich auf die Inhalte und Möglichkeiten einer Entwicklungsunterstützung und -begleitung von Kindern mit und ohne Behinderung mittels Bewegungs-, Spiel- und Interaktionsangeboten, wie sie die Psychomotorik anbietet. Der verwendete Begriff der 'Psychomotorischen Idee' dient der Verdeutlichung der Tatsache, dass unterschiedliche Ansätze und Modelle in der Theoriebildung der Psychomotorik vertreten sind (siehe Kap. 1.2 und SEEWALD 1997). Hier werden Ansätze und Grundlagen dargestellt, welche für die Gestaltung von Bewegungseinheiten im Sportverein und (der anderen Situation entsprechend) auch in Schulen und Kindergärten von Bedeutung sind. Es geht *nicht* um die Darstellung des *im therapeutischen Rahmen* notwendigen, wesentlich umfangreicheren theoretischen Wissens.

Gleichwohl benötigt der Übungsleiter ein psychomotorisches Basiswissen, welches ihm hilft, eine fundierte, zielgerichtete entwicklungsunterstützende Planung für die einzelnen Kinder seiner Gruppe(n) vornehmen zu können. Die eigene Kompetenz ermöglicht ihm, ein flexibles, den sich möglicherweise verändernden Gegebenheiten angepasstes Bewegungs- und Interaktionangebot zu gestalten.

Die psychomotorische Idee leistet einen wertvollen Beitrag zur Gestaltung entwicklungsunterstützender Maßnahmen, da hier Kinder über Bewegung, Ausdruck und Interaktion konkrete Eigenerfahrungen sammeln und nutzen können. Über die Wahrnehmung und Berücksichtigung basaler Bedürfnisse der Kinder - die im Alltag häufig übersehen werden - kann ein Spiel- und Interventionsangebot erfolgen, welches sich auf die bei allen Kindern vorhandenen Lebensinteressen bezieht. Beispielhaft sind hier zu nennen:

- der Wunsch nach Bewegung
- das wertungsfreie Ausprobieren von Bewegungen
- das gemeinsame Handeln, wie auch das Individuelle-Experimentieren-Können
- die Aneignung der Umwelt
- wie auch die Anpassung an selbige
- das Darstellen und Mitteilen von Erlebtem und seelischem Bewegtsein

Diese Grundbedürfnisse sind bei allen Kindern spürbar, mit und ohne Behinderung. HACHMEISTER (1997, 88) schreibt, bezogen auf Kinder mit Körperbehinderungen: „Auch sie verfügen über den **inneren Drang** (Ayres) oder die **Entwicklungsdynamik** (Aucouturier), auch bei ihnen ist die Entwicklung nicht allein durch neurologische Faktoren begrenzt, sondern oft auch durch zu wenig und falsche Bewegung eingeschränkt".

Bei Bewegungs-, Spiel- und Sportangeboten, die nach psychomotorischen Gesichtspunkten gestaltet sind, erhalten Kinder die Möglichkeit, sich in ihrer Leiblichkeit zu spüren ohne Vorgaben über das, was sie erleben sollen. Von vorrangiger Bedeutung ist das körpernahe Spüren und Erleben. Also: die Erfahrung vom Rollen, Rutschen, Schwingen, Balancieren, Hüpfen, Streicheln, Raufen, Knuffen, Schnappen, Stoßen, Kriechen, Klettern ... Das Kind spürt sich selbst und erfährt einen Abstand von akustischen und visuellen Reizen, welche es im Alltag, beispielsweise durch Fernsehen oder Radio, in vielfältiger Form verarbeiten muss.

Bewegungsspiele mit den in ihnen enthaltenen Möglichkeiten der Kontaktaufnahme und des Kontakthaltens, des Fühlens von Gemeinschaft und Gemeinsamkeit, erleichtern die Übernahme von Stundenerlebnissen in den alltäglichen Rahmen. Damit wird gewährleistet, dass das Kind die gewonnenen Erfahrungen für seine allgemeine Entwicklung nutzen kann.

Über die angebotenen Bewegungssituationen werden die Eigenbewegungen der Kinder angeregt. Auch wenn keine direkte Aktivität zu beobachten ist oder keine sofortige Reaktion auf ein Angebot erfolgt, bedeutet dies nicht, dass das einzelne Kind 'erlebenslos' ist. Denn kein Mensch befindet sich je im Stillstand. Ein Kind spürt, erlebt und bewegt sich immer. ***Auch in der scheinbaren Nicht-Bewegung ist Bewegung*** (z.B. Herz-Kreislauf-System, Augen-, Speichel-, Schluckbewegungen, seelische Bewegung).

6.1 Grundlagen der Psychomotorischen Idee

Die Psychomotorische Handlung stellt eine „Aktivität der ganzen Person" (EGGERT 1995, 34) dar. Bewegung isoliert, exisitiert nicht. Sensorik und Motorik bedingen sich gegenseitig und sind jeweils Teile eines Ganzen. Die Wahrnehmung und der Wille lösen gemeinsam eine Bewegungsaktion aus, welche bei ihrer Ausführung direkt durch auditive, visuelle, taktile und kinästhetische Reize gesteuert wird. D.h., dass während einer Bewegungsausführung, die unter anderem durch Wahrnehmungsreize ausgelöst wurde, direkt wieder neue Wahrnehmungsinformationen verarbeitet und integriert werden müssen. Der Erfolg dieser Bewegungsausführung steht im Zusammenhang mit der Wahrnehmungsqualität. Ebenso wirken sich der Entwicklungsstand eines Kindes und aktuelle Entwicklungsprozesse auf die motorische Leistungsfähigkeit aus (siehe auch Kap. 2).

Erst nach einer ausreichenden Funktionsreifung des Organismus (Bewegungsapparat, Herz-Kreislauf-System, Gehirn) kann es zu fortschreitenden Verfeinerungen der motorischen Leistungen kommen. Nun werden situative Bedingungen wie Motivation, Verstärkung und entsprechende Übungsmöglichkeiten bedeutsamer. Als Folge des systematischen und wiederkehrenden Gebrauchs von Grundbewegungsmustern sinkt der Arbeitsaufwand. Die hieraus resultierende Energiefreisetzung kann für anderes genutzt werden.

Dieses Grundwissen um die Bedeutung von Bewegung und Bewegungsentwicklung erleichtert das Verstehen von kindlichem Bewegungsverhalten. Die Psychomotorische Idee ermöglicht den Kindern, über Bewegung sich selbst, ihre materiale Umwelt und ihr soziales Bezugssystem besser kennen lernen und nutzen zu können. Nachfolgende Abbildung zeigt, wie sich die verschiedenen Erlebens- und Handlungsbereiche eines Kindes im Gesamt seines Seins wiederfinden.

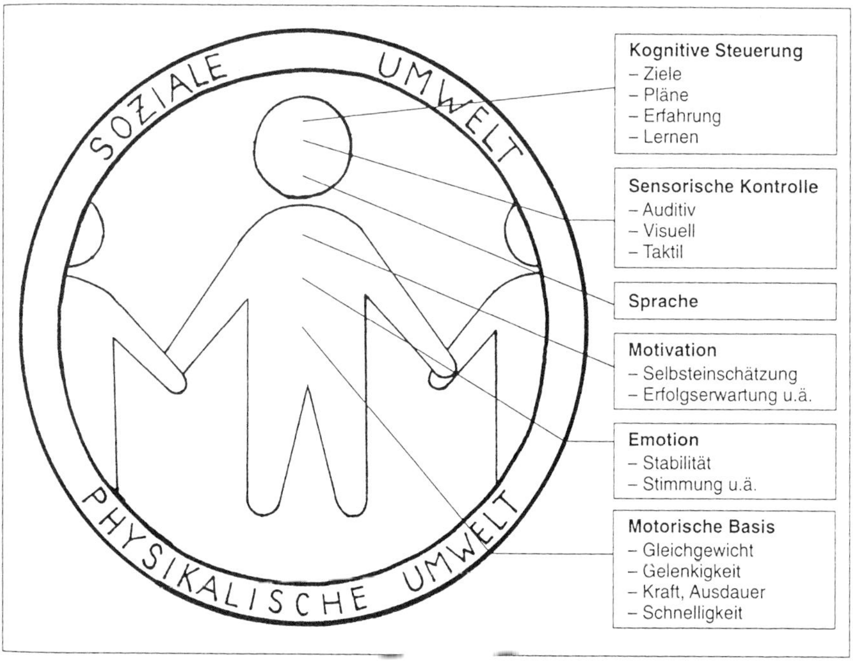

Abb.7: „Psychomotorische Handlung als Aktivität der ganzen Person" (aus: EGGERT 1995, 35)

Ziele der psychomotorischen Förderung sind (vgl.: HACHMEISTER 1997, EGGERT 1995):

- die Erweiterung der Handlungsfähigkeit
- die Erfahrung eigener körperlicher Fähigkeiten
- die Entwicklung von Autonomie
- die Sensibilisierung der Wahrnehmungsfähigkeit
- die Vertiefung der Selbstverantwortlichkeit
- der Abbau von Rollenstereotypien und unerwünschten Verhaltensmustern
- der Ausdruck von Gefühlen
- die Bewusstheit eigener Motivation - Selbstakzeptierung
- die Akzeptierung anderer
- das Bewusstwerden von interdependentem Verhalten
- die Erweiterung der zwischenmenschlichen Offenheit

Die Gestaltung der Bewegungssituationen ergibt sich aus ***Grundeinstellungen*** wie (OLBRICH 1995, 52 f.)

- „Das psychomotorische Vorgehen ist nicht übungszentriert, sondern erlebniszentriert."
- „Die Spielsituationen gestalten sich nicht produktorientiert, sondern prozessorientiert."
- „Die Kommunikationsmuster werden nicht ergebnisorientiert, sondern entwicklungsorientiert gesehen."
- „Die Problematik des Familiensystems wird nicht beratend, sondern wachstumsorientiert spielend gelöst".

Psychomotorisch geprägte Entwicklungsunterstützung ist Gegenwartsarbeit. Sie orientiert sich an dem momentan Erlebten und von den Kindern Ausgedrückten.
„Verstehend zu arbeiten ist geleitet durch solche Fragen wie: Was braucht das Kind im Moment: Bestätigung, Herausforderung, Widerstand, Anregung, Beschränkung. Welche Situationen, Räume, Materialien, Spielrollen passen dazu? Die Zielrichtung besteht darin, das Kind seinen Weg wählen zu lassen. Dazu braucht es Spielräume, Auswahlmöglichkeiten, Grenzen und auch Basisfähigkeiten" (SEEWALD 1993, 13). Ein gutes situatives Einschätzen seitens des ÜL sowie ein gezieltes pädagogisches Vorgehen sind Voraussetzungen, um Kindern diese Wahlmöglichkeiten überlassen zu können. Sonst besteht die Gefahr einer Handlungsunsicherheit seitens der Kinder.

6.1.1 Die Entwicklung der Ich-Kompetenz

Ich-Kompetenz meint: seinen Körper in der Gesamtheit wahrnehmen, erleben, kennen lernen und mit ihm liebevoll umgehen können. Auf dieser Basis ist eine harmonische, sich einander bedingende seelische und körperliche Entwicklung möglich. Über Bewegungserfahrungen, die sowohl einen affektiven als auch einen kognitiven Anteil haben, bewusst und unbewusst gesammelt werden, lernen Kinder ihren Körper kennen und gebrauchen.

BIELEFELD (1986) unterteilt die ***Körpererfahrung*** in das ***Körperschema*** und das ***Körperbild***.

Das ***Körperschema*** erklärt sich als neurophysiologischer Anteil und beinhaltet die perzeptiv-kognitiven Leistungen. Es beschreibt die schematische Vorstellung vom eigenen Körper und gliedert sich in

- die *Körperorientierung* über die Oberflächen- und Tiefensensibilität (Rückmeldung innerer und äußerer Wahrnehmungsreize)
- die *Körperausdehung* als Wissen über Größenverhältnisse und räumliche Ausdehnung
- die *Körperkenntnis* als Wissen über Bau und Funktion sowie Rechts-Links-Unterscheidung

Die Organisation des Körperschemas ist abhängig von den Reifungsprozessen des Nervensystems, von den sich bei motorischen Vollzügen bildenden Engrammen (Gedächtnis, Erinnerungsspuren) und von der Fähigkeit und Gelegenheit des Individuums zu lernen.

Das ***Körperbild*** umfasst die emotional-affektiven Leistungen des Menschen, bezogen auf seinen eigenen Körper. Es gliedert sich in

- das *Körperbewusstsein* als die auf sich gerichtete Aufmerksamkeit und psychische Darstellung im Bewusstsein
- die *Körperausgrenzung* als Erleben des Getrenntseins von der Umwelt
- die *Körpereinstellung* als Ausdruck insbesondere der (Un-)Zufriedenheit mit dem eigenen Aussehen

Die Befindlichkeit ist Äußerung der körperlichen Verfassung, sie gibt auch Auskunft über die Art, in der sich das Kind in seiner Welt vorfindet, die augenblickliche Situation aller Verbindungen und Verknüpfungen zwischen sich (Leib) und seiner Umwelt. Das *Wohlbefinden* beschreibt die volle Übereinstimmung von Körper und Umwelt, während das *Missbefinden* eine Störung der Beziehung von Person und Umwelt ist.

Nach MERTENS (1986) lassen sich bestimmte ***Entwicklungsreihenfolgen beim Aufbau der Ich-Kompetenz*** beschreiben:

Der Säugling, das Kleinkind und ein behinderter Mensch auf der ersten Entwicklungsstufe spielen mit ihrem Körper. Alles Lernen findet anfangs über den Körper statt. Je älter das Kind wird, desto mehr verliert diese Form des Lernens zugunsten des abstrakteren, theoretischen Lernens an Bedeutung.

Später erkennt das Kind sich selbst in seinem Körper, es lernt Körperteile benennen und erfährt deren Beziehung zueinander. Die Vorstellung über die Lage des Körpers im Raum entwickelt sich, und schließlich werden räumliche Beziehungen erfasst.

- Das Körperschema bildet sich; dieses ist eng mit der akustischen und optischen Wahrnehmungsfähigkeit verknüpft.
- Das Kind lernt, seinen Körper zu beherrschen, sich der Umwelt anzupassen und die Umwelt für sich zu nutzen.

Es dreht, wälzt und rollt sich auf verschiedenen Untergründen (Teppich, Matratze, Rasen etc.), verändert das Tempo (schnell-langsam) und die Richtung. Wenn das Kind stehen kann, möchte es laufen. Gleichzeitig beginnen motorische Verfeinerungen, wie das Wippen im Knien, das Hüpfen, das Balancieren, das Springen. Die Bewegungssicherheit nimmt mittels des Probierens auf unterschiedlichen Geländeformen zu.

Nebeneinander gespeicherte Erfahrungen werden miteinander verknüpft, es findet die Bezugsbildung statt. Aus den Wahrnehmungseindrücken und dem Bewegungserleben kann sich ein harmonisches Bewegungs- und Persönlichkeitsbild entwickeln. Die Verfeinerung der Bewegungsformen führt zu einer Erhöhung der Geschicklichkeit und zunehmenden Persönlichkeitsreifung. Die Individualität (spezielle charakterliche Eigenschaften) bildet sich heraus. Das Begriffsverständnis und die Sprachentwicklung beginnen.

Das Bewusstsein vom Körper, ihn verstehen und beherrschen können, stellen die Grundlage zum Selbstbewusstsein dar. Nun hat das Kind Zeit und Raum, die Außenwelt zu erkunden, auf Personen zuzugehen, sie zu erkunden und zu verstehen. Die Kompetenz bezüglich seines eigenen Körpers erleichtert die Kontaktaufnahme und den Umgang mit anderen Menschen.

Die Körperwahrnehmung als zunächst physiologischer Vorgang von Wahrnehmungsverarbeitungsprozessen ermöglicht die Entwicklung von Handlungsfähigkeit und Selbständigkeit. Berührungsempfinden, akustische und optische Reize führen zu Verbindungen in den Nerven- und Muskelzellen, welche die Regelung und Steuerung von Handlungs- und Bewegungsabläufen (verbunden mit weiteren Prozessen des ZNS) ermöglichen.

Die Körpergeschicklichkeit, eine gute Koordination, Konzentrations- und Willenskräfte, eine ausgewogene körperliche Verfassung machen harmonische, ökonomische Bewegungen möglich (MERTENS 1986). Umweltreize können situationsangemessene Bewegungen provozieren.

Ein ***psychomotorisch orientierter Auf- und Ausbau der Ich-Kompetenz*** kann den Kindern ermöglichen:

- den eigenen Körper in unterschiedlichen Situationen zu erleben, auszuprobieren und einzusetzen. Dies erhöht das Wissen um ihn und erleichtert ein angstfreies Ausprobieren von Bewegungen und Materialien
- über Körperwahrnehmungsangebote sich selbst zu spüren, Bedürfnisse wahrzunehmen und auf sie einzugehen. Körperinformationen, wie Wohl- und Unwohlsein werden verständlich. Dieses Wissen erleichtert den Umgang mit neuen Situationen, da 'alte' Unsicherheiten verschwinden
- über unterschiedliche Wahrnehmungsangebote den Körper einmal anders, als bisher bekannt, zu erleben, ein positiveres Selbstwertgefühl zu bekommen. Dies ist besonders für 'Misserfolgsgeplagte' und Kinder, die unter chronischen und/oder schmerzhaften Beeinträchtigungen leiden, wichtig
- Leistungsgrenzen zu erkennen, gesunde Leistungsdosierungen vorzunehmen
- zu lernen, auf sich selbst zu hören, nicht auf andere
- sich selbst darzustellen: Über die unmittelbare Bewusstmachung des Erlebten und Entdeckten erfolgt eine kognitive 'Verankerung' (hier ist die Verbalisierung des Erlebten wichtig). „Durch Bewegungen (Haltung, Gestik, Mimik, Sprechen usw.) geben wir unseren Gefühlen und Gedanken, Wünschen und Absichten Ausdruck, ..." (MERTENS 1986, 38)
- eine Erfahrungsvertiefung und -erweiterung über andere Medien, wie z.B. das Malen des sinnlich Wahrgenommenen (dieses erfolgt entsprechend dem Alter und der Behinderung). „Malen führt ein Kind somit zu einer vertieften Auseinandersetzung mit seiner Bewegungsfähigkeit" (MARBACHER-WIDMER 1991, 38)

Grundprinzipien beim ***unterstützenden Aufbau der Ich-Kompetenz*** sind:

- Aufmerksamkeit sanft auf eine Sache lenken
- lernen, nur eines zu tun und Unterschiede spüren
- nie mit Gewalt vorgehen
- keine Sensationen erwarten
- Ruhe und Zeit einkalkulieren

- die Kinder ihre Erfahrungen erzählen/darstellen lassen
- es gibt keine Vorgaben, was erlebt werden muss
- es gibt keinen Leistungsdruck, keinen Wettkampf

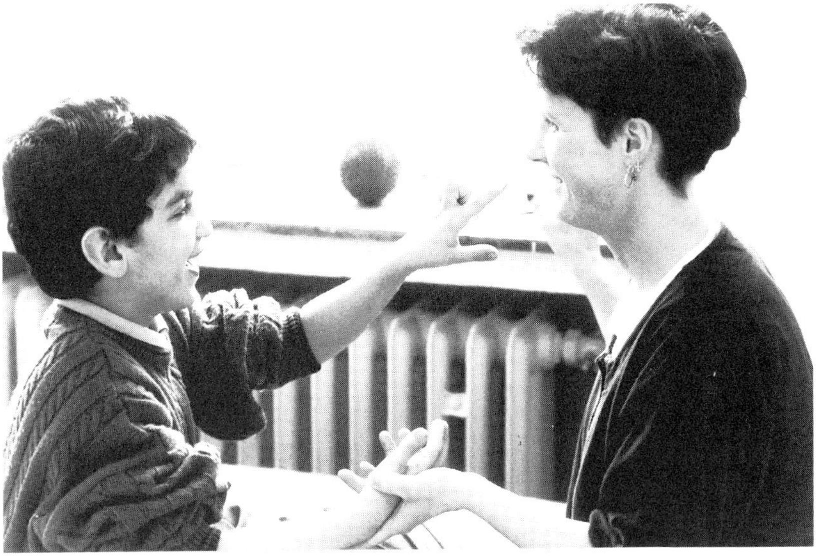

Ich-Kompetenzaufbau und -erweiterung beziehen sich primär auf die Verbesserung der Wahrnehmung und Wahrnehmungsverarbeitung einzelner Sinnes- und Erlebenseindrücke sowie deren Verknüpfung. Zur Veranschaulichung (nach: OAKLANDER 1993):

- ***Fühl-Erfahrungen***: über Hautreizungen mit diversen Materialien können unterschiedliche Fühlqualitäten wahrgenommen und unterschieden werden; übers Fühlen kann miteinander kommuniziert, sich unterhalten werden. Dies bedeutet eine Erfahrung, die sprechenden und nicht-sprechenden Menschen eine neue Beziehungsdimension eröffnen kann; verbunden mit einer emotionalen Nähe, wie sie beim Gebrauch der Sprache als primäres Kommunikationsmittel selten erreichbar ist.

- ***Seh-Erfahrungen***: sehen dürfen, was ein Kind sehen möchte, nicht wegschauen müssen; die Gestalt eines Gegenstandes mit dem Auge erfassen und diese Wahrnehmung verknüpfen mit dem Erfassen über die Hände oder andere Körperteile; Gegenstände malen bedeutet, sie intensiver sehen zu können

- *Hör-Erfahrungen*: Geräusche wecken Gefühle; die Stimmlage drückt Gefühle aus; Lieder und gemeinsames Musizieren führen bei Kindern zu Aufmerksamkeitsreaktionen; Rhythmen-Klopfen führt zu einer inneren Harmonisierung oder Spannungsentladung. Für Kinder mit starken motorischen Beeinträchtigungen / schweren Behinderungen ist das laute Schreien eine Ausdrucksmöglichkeit. Stimmungen wie Freude, Trauer und Wut können so gezeigt werden. Ein gemeinsames Schreien und Lautieren kann hier Kontakt schaffen
- *Gleichgewichts-Erfahrungen*: sich selbst gegen die Schwerkraft aufrichten können; sich auf unterschiedlichen Untergründen sicher bewegen können; sich vom Wasser tragen lassen; sich nicht aus dem Gleichgewicht bringen lassen; ein Gleichgewicht zwischen Wunsch und Möglichkeiten finden
- *Bewegungs-(kinästhetische) Erfahrungen*: Körper(ver)spannungen fühlen und lösen; Gefühle nicht zurückhalten, sondern ausdrücken; schöne Körpererfahrungen über Bewegungskönnen sammeln; den Körper als geplant einsetzbar (Körperbeherrschung) erleben
- *Schmeck-Erfahrungen*: die Funktionen der Zunge erfahrbar werden lassen; die Qualitäten zum Kauen, Schlucken, Erkennen von Ungenießbarem; als Ausdrucksorgan für Wut („die Zunge herausstrecken") und als Organ, welches einem erotisches Vergnügen verschaffen kann
- *Riech-Erfahrungen*: zur Unterscheidung von angenehmen und unangenehmen Gerüchen; zur Bewusstmachung der Atmung

Die Darstellung einzelner Wahrnehmungserfahrungen bedeutet nicht, dass diese Informationen isoliert aufgenommen und verarbeitet werden. In jedem Moment des Lebens findet die Aufnahme und Verarbeitung vieler von innerhalb und außerhalb des Körpers kommender Wahrnehmungsreize statt.

6.1.2 Die Entwicklung der Sach-Kompetenz

Betrachtet man Bewegung, so beinhaltet sie zwei Erfahrungsinhalte. Sie kann ausgeführt werden, um die Bewegung als Bewegung zu erfahren, zu verändern und zu vervollkommnen. Und sie dient der Aneignung der Umwelt mit ihren räumlichen und materialen Gegebenheiten. Hierbei setzt sich das Kind mit den Materialien seiner Umwelt auseinander. Dies geschieht auf sensomotorischer Grundlage, d.h., die Wahrnehmung des Objektes über die Sinne sowie die gewonnenen motorischen Erfahrungen werden miteinander kombiniert und zum weiteren Gebrauch von Gegenständen genutzt (ZIMMER/CICURS 1995).

Beobachtet man Kinder beim Umgang mit Dingen, so zeigt sich: Materiale Erfahrung

- ist primär das Erfassen physikalischer Phänomene: Raum, Zeit, Gewicht, Reibung, Gleichgewicht, Geschwindigkeit; Umweltgesetze werden so verstanden
- dient dem Verstehen von Unterschiedlichkeiten
- findet statt als Variation von Handlungen in unveränderten Situationen
- findet statt als Variation von Handlungen in veränderten Situationen
- stellt die Grundlage der kognitiven Entwicklung des Kindes dar
- basiert auf dem neugierigen, erkundenden, ausprobierenden Bewegungsverhalten des Kindes.

Nach PIAGET werden aus den einfachsten Handlungen Erkenntnisse gewonnen, die für kommende Situationsbewältigungen genutzt werden können. Denken findet in Form von aktivem Handeln statt. D.h., das aktive Handeln stellt die Grundlage für das spätere theoretische Denken dar.

Um qualitativ hochwertige Erfahrungen machen zu können, benötigt das Kind viel Freiraum und Zeit, denn Erfahrungen mit der materialen Umwelt werden auch aus 'Misserfolgen' gesammelt, da diese wiederum Rückschlüsse auf die Beschaffenheit des Gegenstandes zulassen.

Handeln ermöglicht Materialerfahrungssammeln. In der frühen Entwicklung hat das Kind nur die Möglichkeit, seine Umwelt über Handlungen, die auf selbige ausgerichtet sind, zu erkennen. Diese Erkenntnis wiederum spiegelt sich zukünftig in Form seiner Handlungen wider. „Bevor das Kind Dinge „denken" kann, handelt es mit ihnen. Lange bevor es Phänomene erklären kann, sieht es ihre Wirkung voraus und richtet sein Verhalten auf sie ein" (SCHERLER 1979, 122). Grundsätzlich können zwei Formen des Handelns unterschieden werden:

1. Das **sensomotorische Handeln**, d.h., die Umwelt wird begriffen über die Verknüpfung von Bewegungs- und Wahrnehmungserfahrungen. Hieraus werden für das Kind Begriffe wie Gegenstand, Raum, Zeit und Kausalität geformt und erfasst. Das sensomotorische Handeln mit seinem explorativen und experimentellen Charakter dient der systematischen Erfassung der materialen Umwelt mit ihren Eigenschaften und Zusammenhängen. Dieses sensomotorische Handeln bildet die Grundlage, um experimentell-erforschend die Umwelt zu erfassen und selbständig Erfahrungen zu sammeln.
2. Das **symbolische Handeln** wird möglich, wenn sich das Kind konkret nicht vorhandene Dinge vorstellt oder vorspielt (Symbol- oder Rollenspiel). „Sensomotorisches Handeln bildet den notwendigen Unterbau re-

präsentativen Denkens und symbolischen Handelns, (...). Die (...) Symbolfunktion unterscheidet sich durch eine zunehmende Distanzierung und Abstraktion von dem vorwiegend auf die materiale Umwelt bezogenen sensomotorischen Handeln" (SCHERLER 1979, 121).

Aus dem vorher Beschriebenen wird deutlich, welch wichtige Funktion die Materialerfahrung im Rahmen der Umweltaneignung und des Verständnisses für das Funktionieren der Umwelt und, allgemeiner, des Lebens hat.

Um den einzelnen Kindern materiale Erfahrung annähernd optimal zu ermöglichen, können folgende Voraussetzungen geschaffen werden:

1. Die Bereitstellung gezielter Lern- und Handlungsangebote, die den Bedürfnissen der Kinder bezüglich ihres Entwicklungsalters entsprechen
   - Spielraum zur Erprobung / zum Experimentieren von Bewegungen und Ideen des Umganges mit dem Material
   - keine 'Belehrungen'. Sie verhindern das Erfahrungssammeln oder schränken es zumindest stark ein. Weiterhin verringern sie das Lerntempo
   - Eigenerfahrungen des Kindes verstärkt zulassen

2. Ein anregender und variabel gestalteter Bewegungsraum kommt der kindlichen Bewegungsmotivation entgegen (Neugierde und Entdeckungsgeist).
   - Neuigkeitsgehalt des Handlungsangebotes: Spannung und Überraschung, jedoch nicht ein Übermaß an Neuem. Materialien hinsichtlich der Zielsetzung in begrenzter Form anbieten, um eine Reizüberflutung auszuschließen
   - die Materialien wiederholt anbieten, dabei die Situation verändern
   - Zeit zum Kennenlernen / Erfahrungssammeln bei neuen Materialien lassen
   - Handlungsmotivierende Materialien einsetzen, die das Kind spontan ohne weitere Anleitung nutzen kann

3. „Alte", bekannte Bewegungerfahrungen ermöglichen den Aufbau, differenzierterer, neuer Bewegungsmuster.
   - Motorisch weniger geschickte Kinder erhalten Sicherheit und emotionale Nähe, um ihre Fähigkeiten einsetzen zu können. Es werden solche Geräte eingesetzt, welche dem Sicherheitsgefühl der Kinder entsprechen. Dies ermöglicht eine weitgehende Angstfreiheit
   - Selbstbestimmtes und selbständiges Handeln ermöglichen, bzw. die Entwicklung von Selbstkompetenz fördern

4. Sowohl offene als auch gelenkte Erfahrungsituationen dienen dem Erwerb materialer Kompetenz. Bei Ersterem steht eigenes Erfahrungssammeln im Vordergrund, während Zweiteres die Übertragung von gemachten Erfahrungen auf neue Situationen provozieren und unterstützen soll.

- Die Gestaltung der Erfahrungssituationen hängt von der kindlichen Bedürfnislage ab. Möglicherweise stellt eine freie Handlungssituation eine Überforderung dar. Ein vorstrukturierter Lernprozess kann hier Handlungsicherheit bieten.

Der Aufbau einer Sachkompetenz bedeutet auch, dass das Kind versucht, die Um-welt sich anzugleichen (Assimilation). D.h., neue Erfahrungen werden den schon bekannten Denkweisen bzw. Merkmalen einer Handlung angepasst. Neue Erfahrungen werden in schon bekannte Erfahrungen eingereiht. Ebenso muss sich das Kind an die Umwelt und deren Bedingungen anpassen (Akkomodation).

Beim Erwerb der materialen Kompetenz werden nach PIAGET im Rahmen des Aufbaues der sensomotorischen Intelligenz drei Phasen durchlaufen (nach SCHERLER 1979):

1. die *Anwendung bekannter Mittel auf neue Situationen*
2. die *Entdeckung neuer Mittel durch aktives Ausprobieren* und
3. die *Erfindung neuer Mittel durch geistige Kombinationen*

Die Umwelt kann bei der Entwicklung der Sach-Kompetenz lernfördernd oder lernhemmend wirken. Die Förderung von Krafteinsatz und der motorischen Fähigkeiten sowie taktile Erfahrungen als sich ergänzendes System erleichtern einen entsprechenden Kompetenz-Aufbau.

6.1.3 Die Entwicklung der sozialen Kompetenz

Die Entwicklungsunterstützung zum Aufbau sozialer Kompetenz hat als Ziel, dem Kind Möglichkeiten aufzuzeigen, wie es mit seiner sozialen Umwelt in Austausch treten kann. Dabei muss es lernen, sich den Wünschen und Bedürfnissen anderer anzupassen, Regeln zu akzeptieren, sich zu seiner Umwelt aktiv, individuell und situativ verschieden zu verhalten, Frustrationen auszuhalten und gleichzeitig seine eigenen Wünsche und Bedürfnisse situationsangemessen zu äußern sowie Wege zur Verwirklichung eigener Vorstellungen zu suchen. Im Rahmen dieser Entwicklung erfolgt die individuelle Herausbildung von Persönlichkeitsmerkmalen, so dass das Kind zunehmend befähigt wird, sich mit sich selbst, seiner dinglichen und personalen Umwelt adäquat auseinanderzusetzen und damit handlungsfähig zu werden. Säuglings- und Fetenbeobachtungen zeigen, dass der Mensch schon früher, als bisher angenommen, von sich aus aktiv in Interaktion mit der Umwelt tritt (STERN 1994). „Entgegen vieler anderslautender Überzeugungen entwickelt sich kein Fetus in absoluter Isolation. Vielmehr spiegelt sein Verhalten auch eine Interaktion mit seiner pränatalen Umwelt wider" (PIONTELLI 1996,

48). Nachfolgende Abbildung zeigt die Wirkfaktoren des Sozialisationsprozesses und deren Verknüpfung, welche schließlich zur Idenditätsentwicklung führen.

Interaktionen

Individuum ← zwischen → **Personen**

↓

sozialer und materialer
Umwelt

↓

Erfahrungen
Handlungsfähigkeiten
Identitätsentwicklung

Abb.8: Interaktionsbeziehungen und Sozialisationsprozess

„Mit Sozialisation wird zunächst der Prozeß bezeichnet, in dem der nur mit rudimentären Instinkten geborene, aber für vielfältige Lernprozesse offene Mensch durch die allgemeinen sozialen, ökonomischen und kulturellen Verhältnisse wie durch spezielle S.agenturen der jeweiligen Gesellschaft so geformt wird, daß er ihnen gemäße Einstellungen und Verhaltensweisen entwickelt und schließlich als Erwachsener zum arbeitsteiligen Reproduktionsprozeß seiner Gesellschaft beitragen kann“ (PRESSEL/PRESSEL 1993, 881).

Jeder Mensch erfährt durch den ihm eigenen Sozialisationsprozess eine Prägung, durch welche sein Verhalten beeinflusst wird. „Sozialisation“ wird hierbei verstanden als „wissenschaftliche oder gesellschaftspolitische - Konstruktion (...), ein Denkmodell, mit dessen Hilfe wir das Gesamt des Werdens und des Gefangenseins von Menschen in der Gesellschaft zu erfassen versuchen“ (KREFT/MIELENZ 1996, 537). Wurde früher davon ausgegangen, „daß dieser Sozialisationsprozess in frühester Kindheit in einer Formung des Säuglings durch seine engeren Bezugspersonen besteht, wird heute die Auffassung vertreten, daß schon am Anfang der Entwicklung der Wunsch und die Fähigkeit stehen, sich aktiv mit der Welt in Beziehung zu setzen“ (ebd., 536).

Der Auf- und Ausbau sozialer Kompetenz erfasst den lebenslangen Prozess der Auseinandersetzung eines Individuums mit anderen Personen. Die hier wirksamen Faktoren lassen sich auf drei Ebenen beschreiben (nach PRESSEL/ PRESSEL 1993).

- der *gesamtgesellschaftlichen Ebene*: Die Persönlichkeitsentstehung und -entwicklung (Lernen und Verändern) vollzieht sich in Abhängigkeit von der gesellschaftlich vermittelten sozialen und materialen Umwelt. Sie bildet sich über die „Ausformungen des Wirtschaftssystems, des politischen Systems und der Kultur" (ebd., 882) sowie des Ausdifferenzierungsstandes des Kommunikationssystems. Normen und alltägliche Umgangsformen ergeben sich aus diesen gesellschaftlich bestimmten Vorgaben

- der *Ebene der einzelnen Institutionen:* Der Grad der gesellschaftlich verankerten Arbeitsteilung spielgelt sich in der Tendenz zur zunehmenden Spezialisierung und Professionalisierung. Das Familiensystem, der Kindergarten, die Schule, der Hort, Freizeitinstitutionen, sie alle wirken direkt und indirekt auf die individuellen Sozialisationsinhalte und -verläufe

- der *Ebene der zwischenmenschlichen Beziehungen*: Dieser Verhaltensbereich wird für den Einzelnen zunehmend schwieriger, da die Diskrepanz zwischen dem im Beruf auf Formalität und Funktionalität ausgerichteten Verhalten und dem sonst erwarteten spontanen, affektbetonten Verhalten vom Individuum überbrückt werden muss

Generell wird zwischen der *primären* und *sekundären Sozialisation* unterschieden. Beide beziehen sich zum Teil auf verschiedene Entwicklungsphasen des Kindes, vielmehr beschreiben sie aber die auf den Sozialisationsprozess Einfluss nehmenden Individuen und Institutionen. Die folgenden Ausführungen beziehen sich auf MUSSEN/CONGER/KAGAN/HUSTON (1993) und ERNST/HERBST/LANGBEIN/SKALINK (1993).

Die ***primäre Sozialisation*** erfolgt in der Kindheit und bezieht sich auf den Sozial-Kompetenz-Aufbau in der Familie. Wie sicher sich ein Kind hier entwickeln kann, hängt u.a. ab von den Familienmerkmalen, die im Idealfall

- als hohe Qualität der persönlichen Beziehungen (umfassend, emotional, intensiv und individuell)
- als biologisch verankerte Geschlechts- und Altersrollen (wesentlich für das Rollenlernen der Kinder)
- und in der Weitervermittlung gesellschaftlicher Wertvorstellungen

vorhanden sind.

Die Schulbildung, Beruf und Einkommen der Eltern, Bekannten- und Freundeskreis sowie das Wohnumfeld bestimmen die zugrunde liegenden materiellen und sozialen Gegebenheiten einer Familie. Das Erziehungsverhalten sowie Bildungseinstellung, Leistungserwartungen und Fördermöglichkeiten der Eltern für ihre Kinder stehen im Zusammenhang mit diesen Voraussetzungen. Das Erziehungsverhalten ergibt sich neben den Einstellungen und Erziehungsstilen der Eltern auch aus Verhaltensbesonderheiten des Kindes (individuelle und altersspezifische). Sie steuern ebenso das elterliche Erziehungsverhalten.

Gesellschaftlich erwünschtes Sozialverhalten kann sich entwickeln, wenn das Kind emotional-warme Zuwendung erfährt. Ein von Autonomie und Nachgiebigkeit geprägtes Verhalten ermöglicht das Wachstum von Unabhängigkeit, Eigenverantwortlichkeit, Selbstkontrolle, Selbstkritik- sowie Kooperationsfähigkeit.

Die *Kontinuität und Stabilität personaler Beziehungen*, die *Kontaktdichte* sowie der *zeitliche Rahmen*, also die Dauer der Begegnungen, bestimmen die Qualität frühkindlicher Sozialisation.

26 Stunden alter Säugling im Kontakt mit seiner 2;6 Jahre alten Schwester

Die ersten Lebensjahre eines Kindes sind geprägt vom stetigen Wachstum der sozialen Fähigkeiten. Pflege, emotionale Zuwendung und Kommunikation der Erwachsenen mit dem Säugling bilden die primären Sozialisationserfahrungen. In den ersten Monaten reagiert der Säugling auf *Gesichter*, mit der Zeit werden *andere Kriterien* (wie *Stimmung, Kleidung, Verhalten)* bedeutungsvoller. Anfangs baut der Säugling eine *Bindung zu einer Pflegeperson* auf, um mit zunehmendem Alter in einen intensiven Austausch mit *anderen vertrauten Personen* zu treten. In der folgenden Phase erfährt das Kind, dass es *eine Person unter mehreren* ist und erlebt Gefühlsqualitäten, die mit *Abhängigkeit und Unterlegenheit* einhergehen. Nun können *Verhaltensgewohnheiten und Charaktereigenschaften* anderer Menschen erfasst werden.

Vom 3. - 6. Lebensjahr entwickeln sich das soziale Rollenverständnis und die Erfassung von Persönlichkeitsmerkmalen. Im Spiel werden Rollen wie Vater, Mutter, Kind, Berufe etc. eingenommen und erfahren. Generations- und Geschlechterrollen werden so verstanden. Diese stellen die Basisrollen zur Identitätsentwicklung dar. Die Rollenübernahme ermöglicht das Hineindenken in andere und macht das 'Selbst' erfahrbarer. Die Identität wird zum Kern der Selbsterfahrung. Anpassung und Selbstdurchsetzung stehen in einem dauernden Spannungsverhältnis zueinander. Über soziale Kontakte erfährt das Kind Fremdbestätigung. Eine zu große Kontrolle und Reglementierung von außen kann die Entwicklungsfähigkeit eines Kindes wesentlich behindern.

Die ***sekundäre Sozialisation*** findet in Kindergarten, Schule, peer-group, Beruf und Arbeitsplatz, Verein, ... statt. In Abhängigkeit von den bisher erworbenen Fähigkeiten zum selbständigen Handeln nehmen Kinder im Vorschulalter Kontakte zu Gleichaltrigen auf oder verhalten sich eher passiv. Dies ermöglicht eine erste Auflösung der Eltern-Kind-Beziehung und dient dem Einüben von Unabhängigkeit. Über das Spiel werden soziale Kontakte erfahren. Damit verbunden ist das Einüben von Kommunikations- und Interaktionsregeln/-möglichkeiten. Ab dem 6. Lebensjahr übernimmt die Schule eine zentrale Rolle bei der weiteren Sozialisation. Schwierigkeiten in Form von Schulangst und Schulstress begleiten einige Kinder über lange Strecken ihrer Schullaufbahn.

Beziehungen innerhalb von Familien können durch ein starkes Ausmaß an Emotionalität, Konzentriertheit auf einzelne Personen und die Globalität der Erwartungen gekennzeichnet sein. In der Schule dagegen wird häufig die Formalisierung von Sozialbeziehungen und die Erfüllung spezieller Erwartungen gefordert. Der Sozialisationsprozess stellt eine Gratwanderung in der Entwicklung von

- *Anpassung* - sozialer Eingliederung, Akzeptierung sozial vorgegebener Ziele, Erlernen des Verhaltensrepertoires Erwachsener und
- *Selbstdurchsetzung* - Selbständigkeit, Autonomie, individuelle Persönlichkeitsentwicklung

dar.

Soziale Prozesse haben einen Einfluss auf die psychische, kognitive, motivationale und affektive Entwicklung eines jeden Menschen. Kinder, deren Entwicklung aufgrund motorischer, kognitiver, wahrnehmungsbedingter und anderer Schwierigkeiten und Behinderungen nicht ungestört verlaufen kann, benötigen häufig Unterstützung zum Aufbau ihrer sozialen Kompetenz. Bei motorischen Schwierigkeiten und Störungen beispielsweise kann der Sozialisationsprozess, wie nachfolgend dargestellt, ungünstig verlaufen.

Die	**motorischen Defizite**
	⇓
führen zu	**Misserfolgserlebnissen** und **Frustrationen**
	⇓
Diese haben ein	**Rückzugsverhalten,** die **Vermeidung von motorischen Anforderungen und Herausforderungen**
zur Folge.	⇓
Daraus resuliert eine	**Vergrößerung der motorischen Defizite**
	⇓
sowie	**Störungen des Selbstbewusstseins** und der **Selbstsicherheit.**
	⇓
Hierdurch findet eine	**Reduzierung bzw. Störung** bei **der Entwicklung sozialer Bezüge**
	⇓
statt.	
Ein erneutes	**Vermeidungsverhalten motorischer Misserfolge**
entsteht mit der Gefahr	⇓
des massiven	**Rückzugs und der Isolierung.**

Abb. 9: 'Negative' Sozialisationslaufbahn

Spätestens in der Schule erfolgt ein motorischer Leistungsvergleich. Schwächere Kinder stehen unter einem hohem seelischen Druck durch die Reaktion von Mitschülern, Lehrern und möglicherweise sogar der eigenen Familie. Mittels der geschützten Gruppenerfahrung kann den Kindern die Möglichkeit gegeben werden, gesamtgesellschaftliche Regeln zu verstehen und den adäquaten Umgang mit ihnen zu üben. Die vielfältigen Spielformen und Situationen einer 'Psychomotorik-Stunde' ermöglichen Erfahrungen mit

- der Übernahme und Abgabe von Verantwortung
- der Erfahrung vom Miteinander und sich Helfen, aber auch Konkurrenz
- Rollenübernahmen; den anderen darüber besser verstehen und selbst verstanden werden
- situationsangemessenem verbalen und non-verbalen Mitteilen eigener Empfindungen
- dem Äußern eigener Wünsche, dem Wahrnehmen von Wünschen anderer, diese zu respektieren und möglicherweise erfüllen zu können
- dem Verständnis für Aufgaben und Forderungen
- Prozessen des Aushandelns, Einigungen finden, konstruktivem Handeln
- dem Erleben eigener Bedürfnisse und situationsentsprechender Einforderung (nach: HAHN/KALB/PEIFFER 1978).

Diesen Schonraum zum Experimentieren mit sozialen Umgangsformen - z.B. dem Erleben und Ausleben eigener Emotionen - Kindern mit Entwicklungsschwierigkeiten oder Behinderungen anzubieten, ist m.E. von vorrangiger Bedeutung. HACHMEISTER (1997, 99) schreibt: „Manche Kinder mit Hirnschädigungen können auch ihre Mimik nicht kontrollieren, dabei kommt es immer wieder zu Missverständnissen. Aber auch andere Kinder mit Körperbehinderungen sind in ihren Ausdrucksmöglichkeiten beschränkt, sie können oft nur bestimmte Körperhaltungen einnehmen, diese nicht immer willkürlich kontrollieren etc. Sich eindeutig auszudrücken, Möglichkeiten zu finden, seine Gefühle deutlich zu machen, ist hier ein wichtiges Ziel".

Bedingt durch ihre besondere Situation (beispielsweise eine starke motorische Beeinträchtigung oder verringerte Möglichkeiten der Eigenrealisation aufgrund einer geistigen Behinderung) sind Kindern mit Behinderungen die alltäglichen 'Übungsbereiche' wie das Spiel auf der Straße, auf dem Spielplatz und mit Gleichaltrigen häufig nicht zugängig. Hier kann die psychomotorische Entwicklungsunterstützung ausgleichend wirksam werden.

6.2 Entwicklungsunterstützende Faktoren

Eine Übungseinheit unter psychomotorischen Aspekten gewinnt zunehmend an Wert, da Kinder Erfahrungen sammeln können, die von basaler Bedeutung für eine möglichst ungestörte kindliche Entwicklung sind, seitens der Umwelt jedoch immer weniger angeboten werden.

Eines der Ziele ist, den Kindern solche Anregungen anzubieten, die ihnen in ihrem persönlichen Alltag helfen, besser zurechtzukommen. Das heißt, für ein Kind kann es sinnvoll sein zu lernen, Handlungen selbst zu planen und auszuführen. Für ein anderes Kind hingegen ist eine vorgegebene (stützende) klare Handlungsstruktur hilfreich.

Planungen und Interventionen sollten einen Situations- und Bedürfnisbezug haben und keinen Zwängen (z.B. Kreativitätszwang: jede Woche etwas Neues anbieten müssen) unterliegen. Denn tiefreichende Erfahrungen machen Kinder häufig in solchen Situationen, die unscheinbar wirken und dem Beobachter kaum auffallen. Einige wesentliche Aspekte, die innerhalb einer Psychomotorik-Einheit Berücksichtigung finden und die kindliche Entwicklung unterstützen können, wie Zeit, Anregung, Begleitung, Gruppenerfahrung, das Miteinander und die Spielerfahrung, werden nun beschrieben.

6.2.1 Der Faktor Zeit

Hochgeschwindigkeitszüge, Autos, Flugzeuge ('Mallorca liegt praktisch um die Ecke'), Mikrowellen, Computer, das Einkaufen per Versandkatalog, Internet ..., all dies vermittelt uns, dass innerhalb kurzer Zeit alles zu haben ist. Eine Folge müsste sein, dass jeder Mensch mehr Zeit zur Verfügung hat. Aber eher das Gegenteil ist der Fall. Stress, Hektik und Unruhe mit den entsprechenden Auswirkungen nehmen zu.

Kindliche Entwicklung braucht Zeit (PIKLER 1988, KALDE 1992). Und auch die Erlebnisverarbeitung Erwachsener benötigt Zeit. Versuche, die kindliche Entwicklung zu beschleunigen, bergen die Gefahr in sich, dass in Folge die Basis aus motorischem Können, kognitiven Fähigkeiten und sozial-emotionalen Kompetenzen instabil ist und somit die gesamte Persönlichkeitsentwicklung des Kindes. Kindliche Entwicklung hat ganz unterschiedliche Entwicklungsgeschwindigkeiten und -rhythmen. Sehr deutlich ist dies im ersten Lebensjahr von Säuglingen. Mit zunehmendem Alter verwischen diese Unterschiede leicht (BRAZELTON 1997).

Die psychomotorische Übungseinheit kann Kindern Zeit anbieten; Zeit, ihre eigenen Erfahrungen zu sammeln, auch Misserfolge zu haben, um diese bewältigen zu können. Diese eigene Bewältigung steigert das Selbstbewusstsein und die Selbstsicherheit. Folglich ist das Kind auch später in seinem Umfeld in der Lage, Misserfolge situationsentsprechend zu verarbeiten. Zeit lassen meint, dem Kind in einer Übungseinheit wenige Entwicklungsimpulse anzubieten, zum Erleben dieser Impulse aber Raum zu lassen. Sie erhalten die Möglichkeit, ohne 'Zeitdruck' Be-wegungserfahrungen und Erfahrungen im Miteinander zu sammeln. Dieses Er-leben beginnt schon in der Umkleide bzw. bei Begegnungen der Kinder außerhalb der Halle.

Das bisher Gesagte beinhaltet, dass Druck von außen durch Ärzte, Lehrer, Eltern, Krankenkassen ... nach Entwicklungsfortschritten der Kinder eher zum Gegenteil, langfristig betrachtet zu einer Verlangsamung der Entwicklung führen können. Welche fatalen Folgen das 'Zeitsparen' haben kann, beschreiben Romane wie: „MOMO" (ENDE 1973) und „Die Entdeckung der Langsamkeit" (NADOLNY 1989).

Um Kindern Kompetenzen im Umgang mit Zeit zu vermitteln, müssen sie eigene Erfahrungen mit Zeit, Tempo, Rhythmus, Beschleunigung etc. sammeln. Hierzu gehört das Erleben von Unterschieden wie schnell und langsam, dosierter, aber auch plötzlicher Temposteigerung und -drosselung; dies jeweils bezogen auf das motorische Können der Kinder und ihre Reaktionsfähigkeiten. Sie erfahren so ihre persönlichen *Leistungsgrenzen*, was die Alltagsbewältigung erleichtert.

Zur Veranschaulichung: Ein Kind muss Situationen im Straßenverkehr schnell erkennen und beim Überqueren einer Straße beispielsweise in plötzliche Bewegung oder Halt (herankommendes Auto) umsetzen können. Beim Fahrradfahren muss es nicht nur fahren und das Gleichgewicht halten, sondern auch abbremsen können. Bestimmte koordinative- und Gleichgewichtsfähigkeiten sind weitere Voraus-setzungen, um diesen Anforderungen gefahrreduziert begegnen zu können. Die eigenverantwortlich übernommenen Handlungen und Aktivitäten eines Kindes orientieren sich an diesen Fähigkeiten (Unfallvermeidung).

Über das Erleben der eigenen Befindlichkeit, also des „Wie geht es mir, wenn ich eine bestimmte Handlung schnell oder langsam ausführe?“ erhalten die Kinder die notwendige Kompetenz für ihren persönlichen Umgang mit Zeit. MECKLENFELD (1997, 275) schreibt über den Besuch des Säuglingsheims in Budapest, der Wirkstätte von Emmi PIKLER: „Es gibt jedoch auch Momente, wo das Kind mit sich, ohne Material ist. In diesen Phasen findet der sinnliche Verdauungsprozess, die Verinnerlichung statt. Ohne dieses Nachschwingen lernt der Mensch „Tun-Tun-Machen-Machen-bespielt werden“: die beste Basis für Sucht-, Konsumverhalten“.

Der gesellschaftlich sich verselbständigende Entwicklungs- und Leistungs-Zeitdruck wirkt auf Kinder verunsichernd und ängstigend. Sie haben aber selten die Möglichkeit, diesem auszuweichen. Trotzdem unternommene Versuche der Kinder äußern sich oft in einem ruhelosen und ziellosen Verhalten oder aber dem Leistungsrückzug. Beide Extreme fordern dazu auf, sich mit dem Phänomen Zeit zu beschäftigen und Möglichkeiten der Veränderung zu suchen.

Sicherheit können Kinder beispielsweise dadurch erfahren, dass eine psychomotorische Übungseinheit in wiederkehrender, rhythmischer Form mit ausreichend Ruhe gestaltet wird. In Gesprächen mit den Eltern kann weiterhin versucht werden, Möglichkeiten der Wochengestaltung zu finden, die den Kindern Ruhe und Ankerpunkte anbietet (was auch eine ‘Beruhigung’ der Eltern bedeuten kann).

6.2.2 Der Faktor Anregung/Motivation

In dem folgenden Text geht es nicht um die Motivation, die Kinder durch Materialien und andere Gruppenmitglieder erfahren. Vielmehr werden einige (kritische) Gedanken zur ‘Anleitung’ durch den ÜL dargestellt.

Grundsätzlich gilt: So viel Anregung wie nötig, so wenig wie möglich! Diejenigen Bewegungen und Handlungen beinhalten für das einzelne Kind die meisten Lernerfahrungen, die von ihm selbst initiiert und durchgeführt werden. Ein individuelles, auf die kindlichen Bedürfnisse abgestimmtes Vorgehen bleibt hiervon unberührt. D.h., manche benötigen aufgrund ihrer bisherigen Erfahrungen mit Bewegungs-, Spiel- und Sportangeboten oder wegen ihrer Behinderung ein konkretes Angebot mit entsprechender Leitung. Dieses direktive Vorgehen kann mit zunehmender Sicherheit des Kindes in ein non-direktives übergehen.

Kinder, die eine Weile in einer Psychomotorik-Gruppe sind, nutzen mit wachsender Vertrautheit eigenständig die Hallengrundausstattung sowie (einzelne) Geräte aus dem Geräteraum zu höchst kreativen Bewegungsspielen. Da sie hierbei ganz eigenen Wünschen und Bedürfnissen folgen können, zeigen sie eine auffallende Ausdauer und Vertiefung in ihr Spiel. So findet ein grundlegendes, der Entwicklungsphase des Kindes entsprechendes Bewegungserfahrungssammeln statt.

Eine der Fragen, welche die Angebotsgestaltung dauerhaft begleiten sollte, ist: 'Stimmt die von mir vorgedachte und geplante Bewegungs- und Spieleanregung mit den derzeitigen Bedürfnissen des Kindes/der Gruppe überein?' Je genauer Bedürfnisse und aktuelles Angebot aufeinander abgestimmt sind, desto besser werden die Einzelnen das Bewegungs- und Spielangebot für sich nutzen können.

Lernen durch Imitation, d.h., die Kinder sehen eine Handlung und setzen diese für sich um, findet in der Regel automatisch statt, indem sie sich untereinander Bewegungs- und Handlungsformen 'abschauen'. Mit der ihnen eigenen Bewegungskreativität erweitert sich das Handlungsrepertoire aller automatisch. Bei einer intensiven Kontaktaufnahme mit schwerer behinderten Kindern lassen sich Imitationsansätze beobachten, die durch ein gezieltes Aufgreifen (seitens des ÜL) dem Kind wieder nutzbar gemacht werden können. Das 'Vormachen' durch den ÜL ist überflüssig, möglicherweise sogar hinderlich, da es eine Distanz zwischen Kindern und ÜL schafft, die störend ist. Beim Kind kann ein Gefühl der 'Minderwertigkeit' aufkommen (so wie der 'Große' kann es die Bewegungen nie ausführen), mit der dazugehörenden motivationshemmenden Wirkung. Die für das Kind interessanten und seiner Entwicklung angemessenen Handlungs- und Bewegungsanteile wird es sich auch ohne angeleitetes Imitieren 'nehmen'.

Die gemeinsame Entwicklung von Spiel- und Handlungsformen durch alle schafft ein Klima des lustvollen und kreativen Lernens.

6.2.3 Der Faktor Begleitung/Hilfestellung

Die psychomotorische Förderung beinhaltet die Idee, das Kind in seiner persönlichen Handlungsfähigkeit zu unterstützen. Diesem Grundsatz folgend, sollten die Bewegungsangebote so gestaltet sein, dass Hilfestellungen von vornherein nicht zwingend notwendig sind. Vielmehr geht es darum, jedes einzelne Kind bei seinen Bewegungserfahrungen so zu begleiten, dass Gefahrensituationen, die das Kind selbst nicht einschätzen kann, vermieden werden. Mit zunehmender Handlungskompetenz des Kindes richtet sich die Aufmerksamkeit des ÜL darauf, dem Kind die Fähigkeit zu vermitteln, Gefahren zu erkennen, einzuschätzen und seinem eigenen Können angepasste Bewegungsaktionen zu planen.

Vielfach wird Kindern zu schnell Hilfe angeboten. Eine zu häufige, unangepasste Hilfestellung (Fachleute nennen das bei Eltern dann 'Überbehütung') kann dazu führen, dass das Kind keine Achtsamkeit lernt, da es sein eigenes Können nicht einschätzen kann. Es wird ihm eine Pseudo-Stärke und ein Pseudo-Können vermittelt, was die Unfallgefahr erhöht. Ein Kind, welches den 'kleinen Schmerz', die 'kleine Verletzung' nach einem Sturz nicht kennt, kann sich häufig nicht ausreichend vor großen Verletzungen schützen. Natürlich muss für eine gute Sicherung, beispielsweise von Geräteaufbauten, gesorgt werden.

Hilfestellungen sollten nur unter ganz bestimmten Voraussetzungen erfolgen:

1. Es wird Hilfe angeboten, wenn das Kind sie direkt einfordert. Über die genaue Beobachtung von Mimik und Gestik des Kindes lassen sich häufig Verunsicherungen erkennen; beispielsweise es möchte gerne ein Hindernis überwinden, traut sich nicht und schaut hilfesuchend um sich. Hier ist Begleitung sinnvoll; im Weiteren kann versucht werden, das Kind zu ermutigen, die von ihm gewünschte Aufgabe selbst zu bewältigen. Der Stolz auf das Erreichte ist beim Kind ungleich größer, wenn es bemerkt, es hat dies ganz alleine geschafft.

2. Kinder, die Gefahrensituationen (z.B. aufgrund einer Wahrnehmungsstörung) nicht einschätzen können, benötigen häufiger eine Begleitung (beispielsweise bei der Bewältigung eines Hindernisparcours). „Kinder wissen zwar meistens, was für sie das Richtige ist, aber nicht immer" (SEEWALD 1997, 14).

3. Ein Hinweis für eine möglicherweise notwendige Hilfestellung ist Unsicherheitsgefühl beim ÜL: 'Kann das Kind die Aufgabe gefahrlos durchführen?'

4. Vorstellungen darüber, was ein Kind können oder machen müsste, sind nie die Basis für Bewegungsaktionen. Dann würde aus der Begleitung eine Führung, was der Handlungskompetenzentwicklung des Kindes widerspricht.

5. Können Kinder aufgrund ihrer Behinderung basale Bewegungserfahrungen nicht sammeln, wie z.B. Beschleunigung, Springen, Rutschen, Schaukeln, Drehen, Wälzen, Höhen und Tiefen erfahren, Druck, Vibration etc., sind entsprechende Hilfskonstruktionen mit Geräten sinnvoll. Ebenso ist dann eine intensivere Begleitung durch den ÜL oder andere Betreuungspersonen notwendig. Doch auch hier gilt grundsätzlich, dass sich

die Angebotgestaltung aus den Wünschen und Bedürfnissen des Kindes ergibt. Eine genaue Beobachtung bzw. ein intensives Erfühlen der kindlichen Interessen seitens des ÜL ermöglichen eine stimmige Entwicklungsunterstützung.

Kinder, die ihre eigenen Ideen beispielsweise bei der Gestaltung eines Hindernisparcours umsetzen dürfen, wählen häufig solche Aufbauten, die ihrem motorischen Können entsprechen. Und sie lernen Gefahren erkennen und vermeiden.

6.2.4 Der Faktor Gruppenerfahrung

Eine sich einmal wöchentlich treffende Gruppe von ähnlich alten Kindern, die ein gemeinsames Interesse haben, nämlich Spaß und Lust bei Bewegung und Spiel zu erleben, bietet vielfältige Möglichkeiten, Verhaltensregeln anderen gegenüber sowie Formen des miteinander Handelns zu erproben und zu erfahren. Je konstanter die Zusammensetzung einer Gruppe über einen längeren Zeitraum ist, (und auch die erwachsene Bezugsperson/Leitung), desto besser können die Kinder erproben, wie man Beziehungen zu anderen aufbauen und aufrecht erhalten kann. Gerade das *Kontakt-Halten* fällt vielen Kindern sehr schwer. Häufiger sind Tendenzen zu erkennen, schnell Kontakt zu einem anderen Kind oder auch Erwachsenen aufzunehmen, aber (z.B. bei Auseinandersetzungen) diesen auch wieder abzubrechen. Streitigkeiten können nicht gemeinsam 'durchgestanden' und damit keine festere Bindung geschaffen werden.

Zwei wesentliche Pole prägen die Erfahrungen in einer Gruppe: Zum einen, seine eigenen Wünsche den Gruppenwünschen einordnen zu müssen, und zum anderen, sich selbst mit seinen Wünschen in die Gruppe einzubringen. Ein Gleichgewicht zwischen diesen beiden Polen zu finden, bedeutet für das Kind, Frustrationen aushalten zu lernen, dabei sich selbst wahrzunehmen und darzustellen.

- Integration ist vom Individuum spürbar und wird von diesem definiert. Wie und was das einzelne Kind spürt, ist sehr unterschiedlich.
- Gruppen- und Einzelinteressen haben dieselbe Wertigkeit und finden beide Berücksichtigung.

Das Erleben von Gemeinschaft, Zusammenfinden, Austragen von Konflikten, die Suche nach einem Konsens, einer Einigung, der Umgang mit Frustrationen, aber auch die Erfahrung von gemeinsamer Freude helfen dem Kind, die allgemein gültigen gesellschaftlichen Regeln zu verstehen, einzuhalten, und möglicherweise Versuche der Veränderungen dort zu unternehmen, wo es sinnvoll erscheint. Ursachen von *Gruppenverstimmungen* lassen sich finden, wenn die Gruppenstruktur unter folgenden vier Aspekten betrachtet wird (nach SEEWALD 1997):

Zusammenhalt	Verschmelzung	← versus →	Vereinzelung
Rollenverteilung	flexibel	← versus →	festgefügt
Konfliktverhalten	dominanzorientiert	← versus →	kompromissorientiert
Gruppenklima	warm/akzeptierend	← versus →	kühl/ausgrenzend

Abb. 10: Qualitätsmerkmale einer Gruppenstruktur

Nach der entsprechenden Auswertung lassen sich die Bereiche mit Handlungsbedarf zur Gruppenstabilisierung und zum Austausch erkennen. Vorgegebene Rahmenbedingungen ermöglichen die Entwicklung einer inneren Gruppenstabilität:

1. Wenn ein Kind vorhersehbar fehlen wird, sollte der ÜL und so die Gruppe unterrichtet werden. Die Kinder können sich vorab damit auseinandersetzen, dass beispielsweise ihr Freund/ihre Freundin in der nächsten Stunde nicht da ist.

2. Verlässt ein Kind die Gruppe, sollte dies einige Stunden vorher mitgeteilt werden. So ist ausreichend Zeit für einen Verabschiedungsprozess. Sonst kann es bei Einzelnen zu Verunsicherungen kommen. Weitere Beziehungen werden aus Angst vor dem nicht zu kalkulierenden Verlust dann häufig nicht mehr in emotional tieferer Form zugelassen.

3. Interne Gruppenregeln fördern das Verständnis für gesellschaftliche Regeln.
   a) Es wird einander nicht weh getan (physischer Schmerz).
   b) Es werden keine Schimpfworte benutzt (psychischer Schmerz).
   c) Wir versuchen, einander ausreden zu lassen, und hören uns gegenseitig zu.

Weitere Rahmenbedingungen und Regeln ergeben sich durch die Gruppenzusammensetzung, Zielsetzungen, persönliche Wertvorstellungen etc ... Die Anzahl der Regeln muss den Fähigkeiten der Kinder entsprechen.

6.2.5 Der Faktor des Miteinanders und des Spiels

Die 'Psychomotorikstunde' bietet viele zwischenmenschliche Kontakte und Begegnungen. Über das gemeinsame Sich-Bewegen entsteht eine Kommunikationsbasis, welche den Erwerb von Kompetenzen im Ausdrucks- und sprachlichen Bereich ermöglicht. Das Medium des Spiels wiederum eignet sich in besonderer Form zur Sozial-Kompetenzerweiterung (siehe Kap. 7.1.3).

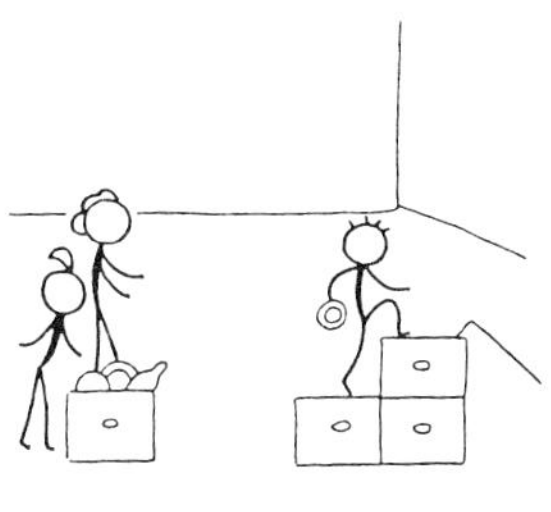

Die Stundenverlaufsgestaltung unter Berücksichtigung bestimmter Phasen kann dazu beitragen, dem Kind eine innere Offenheit und für sich optimale Lernbereitschaft zu ermöglichen. Der sich wiederholende Stundenrhythmus vermittelt zusätzlich Sicherheit, was neues Erfahrungssammeln begünstigt. Eine solche Phasen-/Zeiteinteilung kann sein:

- *Einstimmungszeit*
- *gemeinsamer Beginn (ritualisiert)*
- *Angebote für die einzelnen Kinder*
- *Gruppenangebote*
- *gemeinsamer Ausklang (ritualisiert)*

Sollten zwischenzeitliche Besprechungen notwendig werden, so kann eine

- *Besprechungs- oder Krisenzeit*

eingefügt werden.

In der *Einstimmungszeit* kann das Kind die 'Halle in Besitz' nehmen. Es entscheidet eigenverantwortlich, zu wem und was es wann und in welcher Form in Kontakt treten möchte. Dieser Vorgang ist einem inneren '*warming up*' vergleichbar. Jeder folgt seinem Bewegungs- und Kontaktbedürfnis, kann sich auf die neue Situation einstellen und von den vorher am Tag geschehenen Dingen distanzieren. Für Kinder, die mit einem hohen inneren Bewegungsdrang in die Halle kommen, erfüllt diese Zeit eine notwendige Ventilfunktion zur inneren Spannungsreduktion. Eine Folge davon ist häufig die Reduzierung der in der Stunde auftretenden aggressiven Begegnungen. Zurückhaltenden Kindern ermöglicht die *Einstimmungszeit* eine behutsame Annäherung an die Gruppe.

Insbesondere der *gemeinsame Beginn und Ausklang* sowie die *Besprechungs- oder Krisenzeiten* ermöglichen eine gezielte Förderung der kindlichen Interaktionsfähigkeiten. Über das Probieren und Erweitern der eigenen sprachlichen Fähigkeiten kann das Kind Selbstsicherheit gewinnen, vermehrt in Kontakt zu seiner Umwelt treten und diese besser verstehen (wie auch die Umwelt das Kind). Somit sind viele Frustrationserlebnisse vermeidbar. Möglichkeiten der Verbalisation des eigenen Erlebens führen dazu, dass sich das Kind ernst genommen fühlt, sich selber kennenlernen und zusätzlich auf der kognitiven Ebene wahrnehmen kann. Zu sagen: 'Ich mag das nicht!', 'Lass das!', oder 'Ich möchte dieses Spiel spielen!', 'Kann ich mir dies oder jenes aus dem Geräteraum holen?' fordert von dem so Angesprochenen, konkret zu antworten. Interaktionen, wie sie z.B. das 'Stimmungsbarometer' (siehe Kap. 8.7) anbietet, sind für Kinder, deren aktives Sprachvermögen sehr gering ist, wichtige Kommunikationsbrücken. Denn das aktive Sprachvermögen kann wesentlich geringer sein als das passive Sprachvermögen.

Ein Praxisbeispiel: In einer Gruppe mit vier nicht-sprechenden autistischen Jugendlichen gab es in der regelmäßig stattfindenden Abschlussrunde bei der Frage 'Was hat dir heute gefallen?' und 'Was hat dir heute nicht gefallen?' Aufmerksamkeitsspannen bei den Einzelnen von bis zu zehn Minuten. Auch zeigten die Jugendlichen durch das Anschauen des Gefragten ein Interesse an dessen Antworten. Die ÜL übernahmen, gestützt auf die Beobachtungen während der Stunde, die schwierige Aufgabe, dem Gefragten mögliche Antworten anzubieten, auf welche er durch Zeigen auf 'Ja' - 'Nein' - Karten antworten konnte.

Aufmerksamkeit zeigen Kinder dann, wenn eine Problematik besprochen wird, die sie direkt berührt. Fiktive Problemstellungen: 'Stellt Euch mal vor, wenn dies oder jenes mit Euch gemacht würde? Wie ginge es Euch dann?' sind wenig sinnvoll (ANDRESEN 1990). Die Anregung der Verbalisationsfreude der Kinder sollte einen Bezug zu dem haben, was im Moment erlebt wird oder aber im Verlauf der Stunde stattgefunden hat. Das Erinnerungsvermögen und die Erlebnisspeicherung erfahren so eine konkrete Förderung.

In der Zeit der *Angebote für einzelne Kinder* können Einzelbedürfnisse besonders berücksichtigt werden. Der ÜL schafft so Gelegenheiten zur gezielten Unterstützung beim Erlernen von Bewegungs-, koordinativen- und Gleichgewichtsfähigkeiten sowie der Verbesserung der Wahrnehmungsfähigkeiten. Auch können qualitative Leistungen im motorischen Bereich - z.B. die Übereinstimmung von Bewegungsplan und -ausführung - verbessert werden.

Die Zeit der *Gruppenangebote* wird meist Spiele zum Inhalt haben. Einmal können Kinder so einfach zueinander in Kontakt treten, zum anderen nimmt das Spiel in der kindlichen Entwicklung eine zentrale Rolle ein. Spiele

- sind von eigenem Sinn und in sich geschlossen; ihr Ziel ergibt sich von selbst
- sind durch feste Regeln geprägt
- sind angeordnet als Teilhandlungen in einer bestimmten Reihenfolge
- stellen ein Gerüst für die Regeln der Interaktion durch die Regeln des Spiels bereit
- weisen bestimmte Rollen zu, die im Turnus gewechselt werden können
- bieten „Gelegenheiten, die Aufmerksamkeit über eine geordnete Sequenz von Ereignissen zu verteilen. Das Spiel ist das Thema, zu welchem die Bewegung gewissermaßen den Kommentar liefert" (BRUNER 1987, zitiert nach EGGERT 1995, 31).

Weiter schreibt EGGERT (1995, 32): „Entwicklungsverzögerte und behinderte Kinder benötigen in besonderem Maße eine Strukturierung von Spiel- und Lernsituationen, um zu erkennen, wie sie ihre Bewegungshandlungen

sinnvoll einsetzen können. Bewegungshandlungen werden verstanden als Aktivitäten der ganzen Person, die zielgerichtet, komplex, organisiert und sozial bedeutungsvoll sind“.

Bei darstellenden Spielen sollte von kurzen zwischenmenschlichen Kontakten zu intensiveren übergegangen werden sowie von sogenannten gemeinsamen Aufführungen zum ‘Vorspiel’. Bewegungsaufgaben und Körperausdrucksspiele im Wechsel angeboten, ermöglichen mittels des emotionalen Wahrnehmungsbereiches eine Erlebnisverarbeitung.

Zu Spielen gehört meist die Bildung von Gruppen oder Mannschaften. Die Form der Einteilung hängt einerseits vom jeweiligen Ziel (folgendem Spiel) ab, sollte sich aber auch auf die Gruppe, insbesondere auf die emotionalen Bedürfnisse und kognitiven Fähigkeiten der einzelnen Kinder beziehen. So können Sympathiewahlen für „Außenseiter“ zusätzlich frustrierend wirken; dürfen aber die „Außenseiter“ wählen, erfahren sie eine neue Form der Wahrnehmung durch die anderen Kinder, die von mehr Achtung geprägt sein kann.

Bei neuen Psychomotorikgruppen verleiht die Einteilung durch den ÜL den Kindern Stabilität, da sie u.U. mit einer eigenen Entscheidungsfindung und der damit verbundenen Aufregung überfordert sind, während länger bestehende Gruppen im Sinne der gewünschten Eigenrealisation und -organiation durch ein direktives Vorgehen gebremst würden. Diese beiden Beispiele verdeutlichen, dass es nicht ‘die’ Gruppen- und Mannschaftsbildung geben kann, sondern situativ vorgegangen werden sollte.

Die Einteilung kann sehr unterschiedlich gestaltet werden. Einige Formen stellen an sich schon ein Spiel dar, was den Reiz sicherlich erhöht:

Zufallswahlen:

- Das Würfeln: Jedes Kind würfelt - z.B mit einem Softwürfel; die Zahlen eins bis drei, sowie die Zahlen vier bis sechs gehen als Gruppe zusammen (Hier ergeben sich u.U. ungleich starke Gruppen.)
- Die Paarbildung mittels Memorykarten, die entsprechend der Anzahl der Kinder bereitgelegt werden; Kinder mit gleichem Symbol gehen zusammen
- Kleingruppen können gut mit Puzzleteilen gebildet werden: Der ÜL bereitet entsprechend der gewünschten Gruppengröße kleine Puzzle vor (die Anzahl der Teile entspricht der Gruppengröße). Diese werden im Rahmen eines Spiels gesammelt (der ÜL verteilt die Puzzleteile in der Halle - wie Inseln -, alle laufen kreuz und quer; auf ein Signal hin begibt sich jedes Kind zu einem Puzzleteil). Anschließend bilden die Kinder ihre Gruppen, indem sie die Teile aneinanderlegen, bis das entsprechende Puzzle vollständig ist

- Die Gruppenbildung erfolgt über eine gemeinsame Merkmalsbestimmung (Farbe von Kleidungsstücken/Haaren; Vorlieben: wer gerne malt, schläft, Eis isst)
- Paarbildungen über Spiele wie 'Zusammengesetzte Tiernamen' (siehe Kap. 8.1)

Sympathiewahlen:

- Die Kinder teilen sich selbst in Gruppen ein, oder es werden zwei Mannschaftsführer gewählt und alle noch verbleibenden Kinder ordnen sich zu
- Eine Form der Sympathiewahl, die sich mehr und mehr auflöst, ist im Handtuchspiel dargestellt. Paargruppierungen (Sympathiewahl) führen über Dreier -, Vierer -, Sechser - Gruppen bis zum Spiel in der Gesamtgruppe.

Die hier beschriebenen unterschiedlichen Stundenanteile mit ihren Inhalten zeigen die Menge der Interaktionsangebote, -aufgaben und -reize, welche ein Kind im Stundenverlauf integrieren muss. Ausreichend Zeit zum Nacherleben vermeidet kindliche Überforderungssituationen.

6.3 Rahmenbedingungen der psychomotorischen Förderung

Die im Folgenden aufgeführten Rahmenbedingungen bestimmen die Form der psychomotorischen Entwicklungsunterstützung grundlegend mit. Der zur Verfügung stehende Raum oder die Halle mit den jeweiligen Materialien ermöglicht und begrenzt gleichzeitig die inhaltliche Gestaltung von Bewegungseinheiten. Interventionsmöglichkeiten und der Umgang mit Konflikten sind abhängig von der Anzahl der die Gruppe betreuenden Personen wie auch deren Einstellungen und Empfindungen. Die Zusammenarbeit mit den Eltern sowie mit Schulen, Kindergärten, Frühförderstellen, anderen Therapeuten etc. ermöglichen die optimale Planung der entwicklungsunterstützenden Maßnahmen. Einer *Glasglockensituation Psychomotorikstunde* - d.h., das Kind sammelt Erfahrungen, die ohne Auswirkung auf seine anderen Lebensbereiche bleiben - wird so entgegengewirkt.

Eine Vielzahl von Therapieformen sind seit einigen Jahren 'auf dem Markt', die Hilfen für Kinder, deren Entwicklung nicht 'glatt' verläuft, anbieten. Dies bedeutet einerseits, dass nach einer entsprechenden Diagnostik zur Feststellung des Handlungsbedarfs eine oder mehrere sich ergänzende Methoden gewählt und auf die Bedürfnisse des Kindes abgestimmt werden können. Zum anderen erschwert diese Vielfalt die Wahl und vergrößert möglicherweise die Verunsicherung seitens der Eltern, ob die gewählte Methode denn wirklich die Richtige für ihr Kind ist (Stichworte: Experten-, Therapie- und Therapeutenhopping). Begrü-

ßenswert ist ein - in Abprache mit den Eltern - therapieübergreifendes bzw. -integrierendes Vorgehen, bei welchem sich die 'Experten' gemeinsam und in inhaltlicher Abstimmung um die Entwicklungsunterstützung des einzelnen Kindes bemühen.

Einige grundsätzliche Gedanken stellen dar, wie die Gestaltung und Einbindung einer psychomotorischen Förderung in den kindlichen Alltag erfolgen kann.

1. Die Psychomotorik-Stunde ist für die Kinder eine feste, wiederkehrende Größe in ihrem Wochenalltag. Aktivitäten wie Kindergarten- oder Schulbesuch, Musikschule, Schwimmen oder/und andere wiederkehrende Freizeitaktivitäten rhythmisieren den kindlichen Alltag. Diese Tätigkeiten vermitteln dem Kind eine für seine Entwicklung notwendige Stabilität und Sicherheit. Die 'innere Strukturierung' der Stunde, welche sich regelmäßig wiederholt, ist eine weitere verlässliche Größe. Beides unterstützt die Entwicklung eines Zeitgefühls und gibt Sicherheit für den Aufbau von Kontakten zu gleichaltrigen Kindern.

2. Das Angebot orientiert sich an der Bewegtheit des Kindes, so dass keine Reizüberflutung in Form von zu vielen gleichzeitigen 'besonderen Lebenserfahrungen' (z.B. Schulbeginn und Vereins-/Gruppenfest) auftritt. Kinder erhalten so Zeit, die gesammelten Erfahrungen zu verarbeiten. Auch Frustrationen des ÜL über nicht angenommene Angebote lassen sich vermeiden.

3. Hilfsmittel- und Materialieneinsatz sollte so erfolgen, dass Kinder in ihrem Alltag ähnliche Erfahrungen sammeln können (anders: 1/2 Stunde Pedalofahren oder Fallschirmschwingen in der Woche machen noch kein glückliches Kind).

4. Gezielte, aus dem Alltag sich abhebende Erlebnisse, die sich durch spezielle Aufbauten/Hilfsmittel/Geräte/Spiele ergeben, sind für Kinder (behindert und nicht-behindert) motivationsfördernd und bewegungsanregend. Sie sollten als etwas Besonderes, den Alltag Bereicherndes erfahrbar sein. Psychomotorische (Übungs-)Geräte sind sinnvoll zur Förderung bestimmter motorischer Fähigkeiten oder zur Wahrnehmungsschulung. Weiterhin haben sie einen hohen Aufforderungscharakter, stellen aber nicht den Spiegel dessen dar, was die Kinder in ihrer häuslichen Umgebung finden. Deshalb sollte der Einsatz selbiger zielgerichtet und auf die Bedürfnisse der Kinder abgestimmt sein.

6.3.1 Bewegungsräume

Psychomotorische Förderung kann überall stattfinden. Sinneserfahrungen sind sowohl im begrenzten Raum einer Sport-, Gymnastik- oder Schwimmhalle, einer Schulklasse, in einem Spielzimmer, aber auch draußen in Wiese, Feld und Wald, im Garten, am Strand und Meer, auf der Straße oder auf Plätzen möglich (MERTENS 1986).

Beweggründe wie Waldboden, Asphalt, Matsch, Pfützen, Gras, Stoppelfelder, Schotter, Sand, Blätterboden, Schnee, Wasser, Holz etc. mit ihren unterschiedlichen Widerständen und taktilen Angeboten sind in der heutigen „sinnesveränderten" Welt mit dem eindeutigen Schwerpunkt auf der visuellen und akustischen Wahrnehmung von besonderer Bedeutung. Über die Erfahrung mit ihnen ist es Kindern möglich, ein ganzheitliches Bild ihrer Umwelt zu entwerfen, zu verinnerlichen sowie sich selbst als in ihr aufgehoben zu erleben. Barfuß werden die Warnehmungsqualitäten noch direkter und unverfälschter aufgenommen.

Gerade draußen sind eine Unmenge an Sinneserfahrungen in den unterschiedlichen Wahrnehmungsbereichen möglich. In der Regel findet die psychomotorische Fördersequenz aus zeitlichen, personalen und versicherungstechnischen Gründen aber in der Halle statt. Der Mensch benötigt „Unterstützungsflächen: soziale Beziehungen, Befriedigung der Grundbedürfnisse, Angstfreiheit und (...) den ganz konkreten Boden, (...) Sitzfläche (...) Wand (...). Wie ist die Welterfahrung auf dieser Grundlage: Eindeutigkeit, Klarheit, Grenzen werden spürbar" (MECKLENFELD 1997, 275).

Die Sporthalle, der Bewegungsraum lassen vielfältige Gestaltungsmöglichkeiten zu. Eine große Halle beispielsweise lässt sich durch eine Unterteilung in kleinere, für Kinder häufig übersichtlichere Bereiche gut gliedern. Unterschiedliche Funktionen der Räume vermitteln eine zusätzliche Orientierung. Beispielsweise

- der *Mittelkreis* als *Gesprächstreff*. Hier können der gemeinsame Beginn und Ausklang sowie die Besprechungs- und Krisengespräche der ganzen Gruppe stattfinden. Ebenso kann der Mittelkreis (oder anderer Platz) zum festen Treff für Spieleerklärungen etc. werden

- der *Ruheraum* kann mehr offen, beispielsweise in Form von blauen Matten oder geschlossen durch hohe Kästen mit einer Weichbodenmatte/Fallschirm als Dach sein. Hier finden die Kinder einen Rückzugsraum, wenn sie eine Distanz von der Gruppe brauchen oder sich einfach nur ausruhen möchten

- der *Toberaum* als große Weichbodenmatte mit einem Rand aus kleinen blauen Matten. Er kann nach Regelabsprache in Eigenregie genutzt werden

- der *Auszeitraum* in Form einer Bank oder Matten. Er befindet sich an einem Ort in der Halle, an welchem alles verfolgt werden kann. Genutzt wird er für Kinder, die wegen situativer Eigensteuerungsprobleme bzw. groben Regelverstößen nicht am weiteren Gruppenprozess aktiv teilnehmen sollen, da dies eine Gefährdung für die anderen und sie selber bedeuten würde. Ein Kontakt ist aber möglich.

Der Wechsel von Erfahrungen auf einer begrenzten Fläche oder in einem engen Raum, wie einem Kasten, einer Hängematte, die Arme anderer Kinder oder des ÜL's und Erfahrungen in größeren Bereichen, wie einem Hindernisparcours, einer Weichbodenmatte oder Teilbereichen der Halle, ermöglichen dem Kind Begriffsbildungen wie groß-klein, vorne-hinten, oben-unten, weit-nah etc. Kindern mit Behinderungen / Entwicklungsstörungen kann so eine ihren Fähigkeiten entsprechende Vergrößerung ihres Bewegungsradius ermöglicht werden.

6.3.2 Der Übungsleiter in der Psychomotorik

Jeder, der sich mit Kindern in der Halle beschäftigt, wird vor allen Dingen Spaß an Bewegung haben. Wenn es dem ÜL gelingt einen guten Kontakt zu den Kindern aufzubauen, werden diese sein Bewegungsangebot zunehmend für sich nutzen können. Eine gute Beziehung zwischen beiden stellt häufig die Basis für das wachsende Interesse der Kinder an neuem, unbekanntem, oftmals vorher vermiedenem Bewegungserproben dar.

Ein hoher Transfer des vom Übungsleiter Geplanten zu den Kindern wird möglich über den Zugang des ÜL zu seinem eigenen Erleben und die Reflektion darüber. D.h., hat er Spaß bei dem Spiel, welches er für die Gruppe vorgeschlagen hat, oder langweilt es ihn? Nur wenn die Kinder die Authentizität des ÜL spüren, werden sie ein sicheres Vertrauensverhältnis aufbauen. Gleichzeitig wird ihnen so ermöglicht, ihren eigenen Wahrnehmungen zu vertrauen und diese wertzuschätzen. Sie verhalten sich dann ihrer Persönlichkeit entsprechend und nicht so, wie sie glauben, dass es von ihnen erwartet wird.

„Wenn man Kinderbegegnungen mit Erwachsenen beobachtet, so kann man regelmäßig feststellen, daß alle die Erwachsenen vom Kind abgelehnt werden, die sich bemühen, eine Kindersprache mit ihm zu sprechen und ebenso kindlich zu sein wie es selbst. Diese unechte Kindlichkeit wirkt meist kindisch und zeigt nur, daß der Erwachsene sich vergeblich bemüht, sich mit dem Kind zu identifizieren. Für das Kind bedeutet eine derartige künstliche Haltung eine Beleidigung. (...) Damit aber gefährden wir unsere größte Heilwirkung, den menschlichen Kontakt mit dem Kind“ (KEPPLER 1988, 213 f.).

Die Wahrnehmung des ÜL's über die Fähigkeiten und das Können einzelner Kinder kann unbemerkt - auch in ungünstiger Weise - sein Bewegungsangebot prägen. Nimmt er z.B. primär das Nicht-Können eines Kindes wahr, so bietet er ihm möglicherweise nur solche Situationen an, die es leicht bewältigen kann, jedoch keine für die Entwicklung notwendigen ‘Herausforderungen’.

In der Praxis ist es häufig schwer zu erkennen, welche Potentiale der Einzelne hat, und daraus ein Spiele-, Bewegungs- und Übungsangebot zu entwickeln, welches diesen gerecht wird. Denn neben einer Unterforderung kann auch eine Überforderung zu Entwicklungsbehinderungen führen.

- Über die möglichst unvoreingenommene/vorurteilsfreie Beobachtung der Kinder soll der momentane Entwicklungsstand erkannt und die diesem entsprechenden Angebote und Interventionen ausgewählt werden.
- Angebote und Interventionen müssen flexibel handhabbar sein, um sich jederzeit einer sich neu darstellenden Situation anpassen zu können.

Über die Situationsbeobachtung und das Einfühlen in die Bedürfnisse des Kindes erkennt der ÜL, wie es dem einzelnen Kind im Moment gerade geht. Mimik und Gestik geben darauf Hinweise. *Empfindet das Kind Spaß? Ist die Situation stressgeladen? Stellt sie eine Über- oder Unterforderung dar? Wie ist die Hautfarbe des Kindes? Welchen Spannungszustand weist seine Muskulatur auf?* Daraus resultieren folgende, den Stundenverlauf prägende Fragen:

- Wo kann, bzw. sollte ich als Übungsleiter helfen? Wo benötigt das Kind Informationen zur Selbstorganisation? Welche/n Wahrnehmungskanal/-kanäle als Kommunikationskanal kann ich als ÜL nutzen?

Aus diesen Beobachtungen resultiert als Schlussfolgerung, ob die Bedürfnisse des einzelnen Kindes oder aber die Bedürfnisse der Gruppe für die folgende Aktion von vorrangiger Bedeutung sind. Die individuellen Bedürfnisse können den Gruppenbedürfnissen unterstellt werden und umgekehrt.

Der ÜL sollte versuchen, Gruppen- und Einzelinteressen wahrzunehmen und gleichrangig zu behandeln. Inwieweit die Bedürfnisse des Einzelnen Berücksichtigung finden können und welche Lösungsmöglichkeiten in Krisensituationen gewählt werden können, hängt weiterhin auch davon ab, ob ein ÜL oder zwei bis drei ÜL/Betreuungspersonen die Gruppe leiten. Eine 'Doppelbesetzung' erweitert sowohl die Möglichkeiten der inhaltlichen Gestaltung wie auch der Einzelinterventionen.

- Spielinhalte/aufgaben können auf zwei Gruppen verteilt werden.
- Auseinandersetzungen zwischen Kindern können von einem ÜL begleitet/geschlichtet werden, während das 'normale Programm' weiterläuft.
- 'Auszeiten' für Kinder werden von einem ÜL zum klärenden Gespräch mit den beteiligten Kindern genutzt.
- Auf- und Abbauten von Geräten gehen leichter (Eltern als Hilfen einsetzen).
- Es gibt mehr Raum für Elterngespräche, u.U. parallel zu den Stunden. 'Brennende Probleme', Missverständnisse können frühzeitig geklärt werden.

- Das Wahrnehmen des einzelnen Kindes erfährt eine Qualitätssteigerung, denn „zwei Menschen fühlen mehr als einer, und vier Augen sehen mehr als zwei".
- Im Stundenverlauf kann nach Absprache einer der Übungsleiter aus der Gruppe 'heraustreten' und mit einem situativen und räumlichen Abstand den Gruppenprozess beobachten. Dies ermöglicht eine Wahrnehmungsbereicherung für die ÜL, wodurch die weitere Planung differenzierter erfolgen kann.
- Unterschiedliche Charaktere der ÜL (ruhiger, dynamischer, verspielter, direktiver, ...) bieten den Kindern in der Interaktion mehr Möglichkeiten, den für sie zutreffenden Teil auszuwählen und damit gute Voraussetzungen für das Sammeln von Bewegungs-/Entwicklungserfahrungen zu haben.
- Ihrerseits haben die ÜL die Möglichkeit, sie belastende/'nervende' Kinder ('Der liegt mit nicht so!' / 'Der nervt mich!') abzugeben und so sonst möglicherweise entstehende eigene aggressive Spannungen zu reduzieren.

Bei einer 'Doppelbesetzung' sollten sich beide ÜL gut verstehen, ein gemeinsames Ziel verfolgen und Auseinandersetzungen in produktiver Weise lösen können, um nicht in eine hemmende Konkurrenz zu verfallen.

Indem der ÜL seine Empfindungen zulassen kann über das, was ein Kind bei ihm auslöst, erhält er eine Idee, was das Problem des Kindes sein könnte, wo es Unterstützung benötigt. So kann beispielsweise die Antriebslosigkeit eines Kindes beim ÜL lähmende, ermüdende Gefühle oder auch Ideenlosigkeit auslösen. Indem er nun für sich nach Möglichkeiten sucht, wie er wieder Antrieb verspürt - Was würde mir Spaß machen, mit diesem Kind zu unternehmen? - und dies dem Kind anbietet, setzt er bei diesem einen Prozess zur Eigenregulation in Gang.

Ebenso können eigene aggressive Gefühle darauf verweisen, dass dem Kind eine Möglichkeit der Spannungsabfuhr abgeboten werden sollte, z.B. schnelle Laufspiele, Raufen, Rollen, Rölzen, Schreien, Toben, Schaukeln ...

- Der Übungsleiter nähert sich den Kindern, wenn er sich davon entfernt, isoliert Ziele festzulegen und nur strukturierte Wege anzubieten. Dann wird der *Übungsleiter zum Entwicklungsassistenten*.

Diese Rolle wird der ÜL zur eigenen Zufriedenheit ausfüllen, wenn er bei den Aktivitäten seine Kräfte schonend und dosiert einsetzt. Hier können wirken

- als physische Entlastung, z.B. die Förderung der Eigenaktivität der Kinder (Auf- und Abbauten von Geräten, Reduzierung der Hilfestellung)
- als psychische Entlastung z.B. die Verrringerung der geplanten Stundenziele, oder Gespräche mit anderen ÜL über aktuelle Probleme

Wenn es ihm gelingt, seine Gefühle als 'Werkzeug für die Kinder' zu verstehen und einzusetzen, kann er eine wertvolle Hilfe als Vorbild für die Eigenregulation der Kinder sein sowie ihr Bewusstsein und das Ernstnehmen der Eigenwahrnehmung stärken. Eine Zeit des supervidierten Arbeitens kann für den ÜL zu neuen Verstehensimpulsen beitragen. Steht er über einen längeren Zeitraum als kontinuierliche, verlässliche Bezugsperson zur Verfügung, profitieren alle von einem Stück gemeinsamen Entwicklungsprozess.

6.3.3 Einbindung der Eltern

Anstelle des Begriffes der Elternarbeit, welcher mit aussagt, dass die Eltern ein zu behebendens / zu behandelndes Defizit haben, wird im Folgenden von *Elterneinbindung* gesprochen. Dies soll jedoch nicht der Ort sein, wissenschaftstheoretische Überlegungen und Begriffsdefinitionen zu unternehmen. Im Vordergrund stehen praxisorientierte Anregungen. Daher bezieht sich der folgende Teil auf konkrete Wünsche von Eltern und Notwendigkeiten der Elterneinbindung seitens des ÜL's, um eine umfassende Entwicklungsunterstützung des Kindes mit dem geringsten Maß an 'Einmischung' in die Familie zu gewährleisten. Zur konkreten Planung einer Elterneinbindung in den Förderprozess benötigt der ÜL ein Wissen / eine Idee über Wünsche und Bedürfnisse der einzelnen Eltern.

- Denn nicht alle Eltern benötigen die gleiche Hilfe. Die Eltern und die Kinder sind unterschiedlich, alle haben unterschiedliche Schwierigkeiten und Bedürfnisse, die Systeme sind unterschiedlich. Der ÜL wird von allen unterschiedlich wahrgenommen und nimmt seinerseits alle unterschiedlich wahr.

Aber ein Grundbedürfnis aller ist, sich angenommen zu fühlen. Die eigenen Beobachtungen und Sorgen ernst genommen zu wissen. Eltern erleben als hilfreich

- wenn sich Zeit für sie und ihre Fragen genommen wird
- das Erklären der Hintergründe für Vorgehensweisen oder Übungen
- wenn sie Kontakte zu anderen 'gleichbetroffenen' Eltern aufbauen können
- wenn andere Fördermöglichkeiten genannt werden, die möglicherweise über die Kompetenzen des Übungsleiters hinausgehen
- die Einbeziehung der oftmals emotional belasteten Geschwisterkinder
- selbst psychomotorische Situationen erleben zu können
- über Selbsterfahrungen Schwierigkeiten des Kindes nachempfinden zu können
- Fach- und Fremdwörter erklärt zu bekommen
- Lob für Initiative und Vorgehen zu erfahren (DEFERSDORF 1996)

- Bewegungsangebote für 'zu Hause' und den Familienalltag (SCHNABEL 1996) zu bekommen
- ihre eigene Kompetenz als Eltern spüren zu können

Die Liebe zum Kind stellt eine der höchstmöglichen Motivationen der Eltern zur Unterstützung ihres Kindes dar. Das Selbsterleben der Eltern von (z.B. Wahrnehmungs-)Schwierigkeiten der Kinder kann dazu beitragen, das eigene Schicksal besser annehmen zu können wie auch das eigene Kind und sich selbst.

Bei der Planung von gemeinsamen Projekten - z.B. einer Eltern-Kind-Stunde - gilt vom ÜL zu berücksichtigen, dass beide nur dann stimmige Erfahrungen sammeln, wenn sich Spaß an der Bewegung und dem gemeinsamen Handeln entwickelt. Dabei können folgende Schwierigkeiten auftreten:

- Viele Eltern haben aufgrund (z.B.) schlechter Schulsporterfahrungen Hemmungen, eine Sporthalle zu betreten und sich darin zu bewegen.
- Der Stundenablauf ist den Kindern bekannt, für Eltern stellt er eine neue Situation dar, in welche sie sich hineinfinden müssen. Hemmungen, sich frei zu bewegen und spielerisch-kreativ zu werden, können auch entstehen, da sich die Eltern in dieser Rolle noch nicht kennen und Berührungsängste haben.
- Die Kinder entwickeln eventuell eine neue Konkurrenz untereinander, basierend auf der Frage: 'Wer hat die beste Mutter, den besten Vater, die besten Geschwister, die besten Eltern?'

Trotz aller Hinweise und Tips bezüglich der 'Erziehung' und 'Förderung' von Kindern *sind die Eltern ihrem Kind am nächsten.* Es geht um ihre Unterstützung und Kompetenzerweiterung, nicht um 'Besserwisserei' und Konkurrenzdenken.

Das Kind spürt sich
Die Eltern spüren sich
Die Gruppe spürt sich
Der ÜL spürt sich

Vielfalt durch unterschiedliche Spürformen

6.4 Zusammenfassung

Primäres Ziel einer psychomotorisch orientierten Entwicklungsunterstützung für Kinder mit oder ohne Behinderung ist die Stabilisierung und Harmonisierung der Gesamtpersönlichkeit.

Die Unterscheidung in Ich-, Material- und Sozialkompetenzentwicklung ergibt sich aus der Annahme, dass diese drei Kompetenzen aufeinander aufbauen und sich nur dann optimal ausbilden können, wenn die jeweils vorhergehende Kompetenz voll erworben wurde. Für Teilbereiche ist dies zutreffend, neuere Forschungen (siehe auch Kap 6.1.3) zeigen allerdings, dass sich einige Teile der drei Kompetenzen parallel, auch schon zu sehr frühen Zeiten der kindlichen Entwicklung ausbilden. Bewegungs- und Spielangebote, die auf die Bedürfnisse der Kinder abgestimmt sind, ermöglichen ihnen, eine 'Aufbau- und Stabilisierungsarbeit' in allen Kompetenzen zu leisten.

Der Ausgleich gesamtgesellschaftlicher Angebotsdefizite (z.B. aufgrund der zunehmenden Urbanisierung) für die Kinder über Wahrnehmungs- und Bewegungserfahrungen ist ein weiteres Ziel der psychomotorischen Förderung. Unterstützende Entwicklungsfaktoren für die Kinder sind das Angebot von Raum und Zeit, um sich sowohl motorisch als auch im kreativen Gestalten in der Interaktion mit Gleichaltrigen auszuprobieren. Geschütztes, wertungsfreies Erfahrungssammeln kann nach dem Transfer des Erlebten in den Alltag mehr Lebensqualität und Lebenslust über das Erleben der eigenen Selbstwertsteigerung bedeuten.

Eine sich stabilisierende kindliche Persönlichkeit wirkt positiv im familiären System. Über den gemeinsam gestalteten Entwicklungsprozess erleben alle daran Beteiligten - Kinder, Eltern, Geschwister, Übungsleiter, Lehrer, Therapeuten und weitere Bezugspersonen der Kinder -, wie ein von gegenseitiger Wärme und Achtung geprägtes Zusammenleben aufgebaut und inhaltlich gefüllt werden kann.

7 PRAXISANREGUNGEN (Regina Naschwitz-Moritz)

Die im Folgenden vorgestellten Praxisanregungen sind eine Sammlung, die sich aus der Arbeit mit verhaltens- und bewegungsauffälligen Kindern sowie der Lehrgangsarbeit beim BSNW entwickelt hat. Ebenso entstanden viele Variationen erst in der praktischen Durchführung.

Sicher findet jeder Leser hier ihm geläufige Praxisanregungen und Spiele. Auch sogenannte 'alte Hüte' tauchen auf. Bei der Auswahl wurde jedoch ein Augenmerk darauf gerichtet, solche zu beschreiben, die sich in der praktischen Arbeit bewährt haben. Die Praxis zeigt, dass nach einer Weile so etwas wie ein 'Kreativitäts-burn-out' aufkommen und dann der Blick in ein Buch neue Anregungen liefern kann.

Kinder fordern häufig von sich aus bestimmte Spiele immer wieder, ohne dass sie ihnen langweilig werden. Dies deutet auf eine Schulung der Wahrnehmungskonstanz, des Gedächtnisses sowie die Schulung von bekannten Bewegungsabläufen und des Aufbaues innerer Stabilität hin. Auch bei dem verständlichen Wunsch des ÜL's nach Abwechslung ist es günstig, den Kindern ein harmonisches 'Gemisch' aus Altbekanntem und Neuem anzubieten. Bekannte Spiele nach einer Weile durch zusätzliche Regeln leicht zu verändern, fördert wiederum die Flexibilität und Anpassungsfähigkeit der Kinder. Hier sind nun die kognitiven Möglichkeiten der Einzelnen zu berücksichtigen.

Für die Gestaltung einer Bewegungseinheit unter psychomotorischen Gesichtspunkten ist die Berücksichtigung der individuellen kindlichen Bedürfnisse, sowie die Orientierung an den motorischen und kognitiven Fähigkeiten aller Gruppenteilnehmer Voraussetzung. Dann erhalten die Kinder eine auf ihre Entwicklung ausgerichtete Unterstützung.

Jedes Entwicklungsalter fordert bestimmte Spielformen und -inhalte. Die nachfolgend beschriebenen Spielformen entwickeln sich aufeinander aufbauend. Jedoch werden Kinder im Verlauf ihrer Entwicklung häufiger auf schon erlernte 'Stufen' zurückgreifen und sich nochmals auf diese Spielformen einlassen.

Das *Einzelspiel* kennzeichnet sich dadurch, dass jedes Kind mit seinem Spiel beschäftigt ist; zwischen den Kindern gibt es höchstens Blickkontakt. Beim *Parallelspiel* spielen alle das gleiche Spiel, aber noch nicht als Spielpartner miteinander. Das *assoziative Spiel* ist eine Spielform, bei welcher die Kinder ein Spiel spielen, sich gegenseitig einbeziehen, aber sie sind hauptsächlich mit ihrem Spiel beschäftigt. Erst beim *gemeinsamen Spiel* spielen die Kinder kooperierend und kommunizierend miteinander.

Zur **Gliederung** der Praxisanregungen und Spiele:

- Die Praxisanregungen sind hinsichtlich ihrer Förder- und inhaltlichen Schwerpunkte gegliedert (Kap. 7.1 - 7.7).
- Jedes Kapitel beginnt mit einigen allgemeinen Hinweisen, gefolgt von einem auf diesen Teil bezogenen Register, welches die nachfolgenden Praxisanregungen und Spiele enthält.
- Die Spiele und Anregungen beginnen jeweils mit Angaben zu *Sozialform, Erlebens-/Förderbereichen, Material* und *Vorbereitung*. Dies ermöglicht einen raschen Überblick, ob sich die Spielform für die Gruppe und die einzelnen Kinder eignet. Weiterhin wird so deutlich, ob die Gegebenheiten vor Ort ausreichend sind, die gewünschte Spielform einzusetzen.
- Kapitel 7 schließt mit einem Gesamtregister aller vorkommenden Anregungen und Spiele mit den entsprechenden Seitenangaben. Um die Suche eines Spieles nach einem bestimmten Gesichtspunkt zu erleichtern, werden die Förderschwerpunkte Ich-, Material- und Sozialkompetenz den Spiel- und Praxisanregungen zugeordnet. Eine weitere Rubrik gibt an, ob die Praxisanregung zu einem Stundenprojekt oder zu einer Bewegungsgeschichte gehört.

Die gewählte Darstellungsform soll es dem ÜL erleichtern, eine schnelle und effektive Stundenvorbereitung vornehmen zu können.

7.1 Praxisanregungen zum Aufbau der Ich-Kompetenz

Die hier dargestellten Praxisanregungen und Spiele enthalten einen besonderen Schwerpunkt in ihrer Zielsetzung hinsichtlich der Entwicklung der Ich-Kompetenz. Gleichzeitig werden sie - je nach Inhalten - in den Bereichen der Material- und Sozialerfahrung Entwicklungsimpulse setzen. Im Einzelnen geht dies aus den Inhalten der Erlebens-/Förderbereiche hervor, welche Förderschwerpunkte darstellen. Jedes Kind wird sich diejenigen Erlebnisinhalte wählen, die für es zu diesem Zeitpunkt wichtig sind. Bei der Auswahl der Praxisanregungen und Spiele ist demnach eine hohe Flexibilität sowie ein gutes Einfühlungsvermögen in die Bedürfnisse der Kinder seitens des ÜL gefordert.

Spiele und Unterrichtsaktionen zur Förderung der Ich-Kompetenz sollen den Kindern ermöglichen, sich selbst unter Ausnutzung ihrer Sinne kennen zu lernen und ihre eigenen Fähigkeiten und Fertigkeiten auszubauen. Um dies zu ermöglichen, gilt es primär die Sinne zur Wahrnehmungsaufnahme zu sensibilisieren sowie mit den Kindern Möglichkeiten zu erarbeiten - die individuell sehr unterschiedich sein können -, die aufgenommenen Reize zu verarbeiten und zu speichern. In zukünftigen Situationen sind sie dann schnell und effektiv nutzbar (siehe Kap. 3.3). Die Berücksichtigung aller Wahrnehmungsbereiche ermöglicht erst das umfassende Sammeln von Körpererfahrungen.

Die nachfolgenden Ideen beinhalten die Förderung motorischer Basiskompetenzen, wie Gleichgewicht, Kraft, Ausdauer, Schnelligkeit und Gelenkigkeit, deren Entwicklung zum Aufbau der Ich-Kompetenz, dem Sammeln von Körpererfahrungen, des Erlebens eigener motorischer Fähigkeiten notwendig sind. Zwar finden sich ebenso Konkurrenz- und Wettkampfspiele, diese sollten aber sehr gezielt und bewusst eingesetzt werden, damit die Entwicklung der Ich-Kompetenz überhaupt möglich wird und nicht das individuelle Erleben von besser - schlechter, schneller - langsamer im Vordergrund steht.

Während viele der hier vorgestellten Praxisanregungen und Spielformen eine dynamische Komponente enthalten, das Kind also in Bewegung ist, folgen in Kap. 7.4 Beispiele zur Förderung der Körperwahrnehmung in der Entspannung.

Durch den Wechsel von Aktions- und Ruhephasen erfahren die Kinder zwei Pole, nämlich Anspannung und Entspannung, welche günstig aufeinander abgestimmt ein körperliches Wohlbefinden erzeugen. Weiterhin lernen sie, ihren Körper situativ zu nutzen, d.h. Spannung aufzubauen, wenn sie sie brauchen (z.B. beim Begehen/Besteigen eines Hindernisparcours), oder Ruhe und Entspannung aufkommen zu lassen (z.B. zur Lösung feinmotorischer Aufgaben oder zum verbalen Austausch in der Gruppe).

Um Körpererfahrungen machen zu können, benötigt man immer wieder auch Ruhe und die Möglichkeit zum Nachspüren. Was aber keinesfalls meint, dass die Bewegungslust der Kinder 'gedämpft' werden sollte. Ziel ist vielmehr, dass sie möglichst eigenständig ihre Erlebnisinhalte wählen können und so Kompetenzen erwerben hinsichtlich des Erkennens und Sättigens eigener Bedürfnisse.

➢ *Register der Praxisanregungen zum Aufbau der „Ich-Kompetenz"*

Ball durch den Reifen

Sozialform: *Jeder für sich*

Erlebens-/Förderbereiche: *Auge-Hand-Koordination, Körperkoordination, Ausdauer, Frustrationstoleranz*

Material: *Ein Reifen, pro Kind ein Ball (Soft-,Gymnastik-, Klingelball etc.)*

Vorbereitung: *keine*

Der ÜL läuft mit dem Reifen durch die Halle, alle Kinder haben jeweils einen Ball und versuchen, möglichst oft ihren Ball durch den Reifen zu werfen. Dabei wird die Höhe und Stellung des Reifens vom ÜL variiert.

✎ *Eigene Anmerkungen:*

Beschweren und beschwert werden

Sozialform: *Paare oder Dreiergruppen*

Erlebens-/Förderbereiche: *Propriozeptiv, taktile Wahrnehmung, Material-, Sozialerfahrung*

Material: *Sandsäckchen, Tennis-, Softbälle, Tücher, Seilchen, Bierdeckel, leichte und schwerere Matten, Kastenoberteile, Stäbe, Markierungshütchen, Reifen, Ringe usw.*

Vorbereitung: *Die Materialien in den Mittelkreis legen*

Ein Kind liegt (am besten auf dem Bauch) auf einer Matte, das/die andere(n) bedecken/beschweren es vorsichtig mit den unterschiedlichen Materialien. Der Liegende hat die Augen wahlweise offen oder geschlossen. Ist er ausreichend beschwert, so ist für alle Zeit zum Nachspüren. Es kann sinnvoll sein, begleitend Entspannungsmusik einzusetzen.

Variationen: Zum Schluss kann ein Schwungtuch über den Liegenden ausgebreitet werden, wobei ein langsames und rücksichtsvolles Vorgehen anzuraten ist, um eventuelle Ängste vor Dunkelheit, Enge o.ä. nicht zu verstärken

✎ *Eigene Anmerkungen:*

Chinesische Wand

Sozialform: *Paare*

Erlebens-/Förderbereiche: *Taktile Erfahrung, Körperausdehnung, Kooperation*

Material: *Schwungtuch / Fallschirm (doppelt gelegt), 2 kleine Kästen*

Vorbereitung: *Die Kästen so aufstellen, dass das Schwungtuch (in der Vertikalen) von zwei Personen, auf den Kästen stehend, gespannt gehalten werden kann. Die Paare stellen sich zu beiden Seiten des Schwungtuches gegenüber auf*

Die Partner legen die Hände aneinander und, ohne zu reden, beginnt einer von ihnen, seine Hände zu bewegen, und der andere folgt. Beide bleiben auf einer Stelle stehen und probieren, welche Reichweite sie in alle Richtungen haben.

Variationen:

- Ein Partner nimmt eine bestimmte **Haltung** ein, die der andere **ertastet**
- **Chinesischer Kaiser**: Die Kinder auf der einen Seite stehen; auf der anderen Seite rollt sich ein Kind am Schwungtuch entlang und wird gestreichelt/berührt (Intimitätsgrenzen beachten!)

Eigene Anmerkungen:

Den Weg legen

Sozialform: *Jeder für sich*

Erlebens-/Förderbereiche: *Raumorientierung*

Material: *Fliesen*

Vorbereitung: *Die Fliesen so in der Halle auslegen, dass von einer Fliese zur nächsten ein Schritt gemacht werden kann*

Die Fliesen werden in einem Weg durch die Halle gelegt, und die Kinder sollen nun mit geschlossenen Augen von einer Start- zur Zielfliese und zurück zur Startfliese gehen.

Variationen:

- Der Hinweg wird mit offenen, der Rückweg mit geschlossenen Augen zurückgelegt
- Pro Kind eine Fliese in der Halle auslegen. Jedes Kind schließt die Augen und wird vom ÜL ein Stück von der Fliese weggeführt. Es soll dann den Weg zur Fliese allein zurückfinden
- Es werden Paare gebildet, und ein Kind übernimmt die Aufgabe des ÜL

Eigene Anmerkungen:

Eseltreiber

Sozialform: *Paare*

Erlebens-/Förderbereiche: *Körper-, Sozialerfahrung*

Material: *keines*

Vorbereitung: *keine*

Es bilden sich Paare, von denen einer - der 'Eseltreiber'- den Raum verlässt. Die, die drinnen bleiben -'bockige Esel'-, legen eine Stelle an ihrem Körper fest, die vom 'Eseltreiber' mit dem Zeigefinger leicht berührt werden soll, damit sich der 'bockige Esel' wieder vorwärtsbewegt (die Intimbereiche aussparen). Nun kommt der 'Eseltreiber' wieder in den Raum und versucht, seinen Partner, der auf allen vieren kniet, zum Gehen zu bewegen; - der 'bockige Esel' setzt sich dann in Bewegung, wenn die festgelegte Stelle am Körper gefunden wurde.

✎ ***Eigene Anmerkungen:***

Feuer - Wasser - Luft

Sozialform: *Jeder für sich*

Erlebens-/Förderbereiche: *Reaktion, Ausdauer, Beweglichkeit, Tonusregulation*

Material: *Matten*

Vorbereitung: *Eine Weichbodenmatte oder vier bis sechs kleine blaue Matten werden in einem Teil der Halle ausgelegt*

Alle Kinder laufen durch die Halle; bei dem Ruf 'Feuer', 'Wasser' oder 'Luft' müssen sie versuchen, möglichst schnell bestimmte Stellen des Raumes zu erreichen: bei Feuer auf die blauen Matten (blau = Wasser); bei Wasser einen höheren Punkt in der Halle erklettern wie Bänke, Sprossenwand (Wasser = Hochwasser); bei Luft an eine Wand laufen (Luft = Wirbelsturm, er drückt uns gegen die Wand); bei Blitz auf die Erde legen (Blitz = die sicherste Stellung für einen Menschen ist es dann, sich auf die Erde zu legen).

Variationen:

- Wer als Erster die ausgerufene Stelle erreicht, darf das nächste Signalwort rufen
- Es darf nur zu zweit mit Handhaltung gelaufen werden

Eigene Anmerkungen:

Fleckerlhaschen

Sozialform:	*Einer gegen alle*
Erlebens-/Förderbereiche:	*Reaktion, Ausdauer, Koordination, Sozialverhalten*
Material:	*keines*
Vorbereitung:	*keine*

Ein Kind ist Fänger und versucht die anderen Kinder 'abzuschlagen'. Wo ein Kind berührt wird ('Fleckerl'), hält es sich mit einer Hand fest, darf aber weiterlaufen. Wird es ein zweites Mal 'abgeschlagen', so hält es diese zweite Stelle mit der anderen Hand fest. Erst nach dem dritten Mal bleibt es stehen und grätscht die Beine. Es kann befreit werden, indem ein anderes Kind hindurchkrabbelt.

Eigene Anmerkungen:

Haltet das Feld frei

Sozialform:	*Zwei Mannschaften*
Erlebens-/Förderbereiche:	*Ausdauer, Auge-Hand-Koordination, Körperkoordination, Sozialerfahrung*
Material:	*Pro Kind ein Ball (Softball), u.U. Bänke in der Anzahl, die notwendig ist, um die Mittellinie deutlicher zu kennzeichnen*
Vorbereitung:	*Die Bänke werden auf die Mittellinie gestellt*

Es werden zwei Mannschaften gebildet, jeder gehört eine Hallenhälfte. Beide bekommen die gleiche Anzahl an Bällen. Sie versuchen nun, ihr Feld ganz von Bällen zu räumen, indem sie sie auf die andere Seite werfen. Auf ein Signal hin wird nicht mehr geworfen, und die Bälle in beiden Hallenhälften werden gezählt. Die Mannschaft mit den wenigsten Bällen hat gewonnen. Hier ist es wichtig, auf gleich leistungsstarke Gruppen zu achten.

Variationen:	In der Mitte der Halle mit vier Bänken ein Quadrat bauen. Ein Kind steht innerhalb des Quadrates, die anderen stehen außen. Ihr Ziel ist es, alle Bälle hinein zu bekommen, das innen stehende Kind versucht das zu verhindern. Auf ein Signal hin wird gestoppt, die Bälle drinnen und draußen gezählt.

Eigene Anmerkungen:

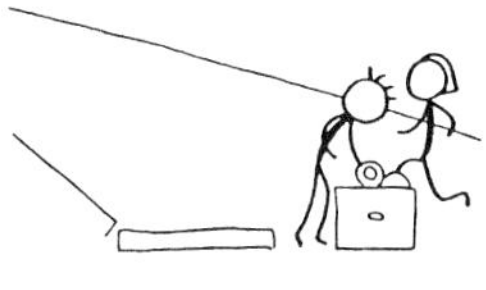

Hamburger

Sozialform:	*Alle miteinander*
Erlebens-/Förderbereiche:	*Propriozeptive Wahrnehmung, Tonusregulation*
Material:	*Zwei Weichodenmatten*
Vorbereitung:	*keine*

Eine Weichbodenmatte liegt mit der rauhen Seite nach unten. Die Hälfte der Kinder legt sich (alle in eine Richtung) mit dem Bauch auf die Matte. Der ÜL und die anderen Kinder legen die zweite Weichbodenmatte auf die liegenden Kinder (so, dass diese noch etwas sehen können). Nachdem sich der ÜL vergewissert hat, dass bei keinem Ängste (z.B. Engegefühle) auftreten und das Gewicht der Weichbodenmatte gut ausgehalten wird, legen sich die anderen Kinder nacheinander oben drauf. Nach einem Moment des Ruhens werden die Rollen getauscht.

Variationen:

- Ein Kind nach dem anderen krabbelt/rollt/geht/...
- Zwei Kinder krabbeln/gehen gemeinsam
- Alle Kinder rollen nacheinander

Hinweise: Der ÜL sollte ängstlichen Kindern durch Spielunterbrechung/-veränderung neue Sicherheit geben

Eigene Anmerkungen:

Hot Dog

Sozialform: *Paare oder auch 3er- bzw. 4er-Gruppen*

Erlebens-/Förderbereiche: *Vestibuläre, kinästhetische Wahrnehmung, taktile, sozial-emotionale Erfahrung*

Material: *Pro Gruppe eine rollbare Gymnastikmatte oder alternativ eine Decke*

Vorbereitung: *keine*

Einer aus der Gruppe wird in die Gymnastikmatte gerollt (Er ist dann die Wurst und die Matte das Brötchen). Der Partner - bzw. bei jüngeren, nicht so starken Kindern arbeiten 2 - 3 Kinder zusammen - nimmt nun das greifbare Ende der Matte und zieht es leicht hoch. Dadurch kullert das eingerollte Kind langsam heraus.

✏ *Eigene Anmerkungen:*

Inselfangen

Sozialform: *Eins gegen eins*

Erlebens-/Förderbereiche: *Reaktion, Schnelligkeit, Gleichgewicht, Frustrationstoleranz, Sozialverhalten*

Material: *keines*

Vorbereitung: *keine*

Die Gruppe teilt sich paarweise auf und setzt sich, in der Halle verteilt, auf den Boden. Ein Paar bekommt die Rollen: 'Fänger und Gejagter'. Nun versucht der Fänger, den Gejagten zu fangen. Wenn dieser müde wird, setzt er sich zu einer Zweiergruppe. Der Außensitzende wird nun zum Fänger, während der vormalige Fänger zum Gejagten wird. Schafft es der Fänger, den Gejagten zu fangen, wechseln die Rollen.

Eigene Anmerkungen:

„Jemandem ...“

Sozialform: *Paare*

Erlebens-/Förderbereiche: *Sozialerfahrung, Körperausdruck*

Material: *Kleine Kärtchen mit Sprichwörtern, Kassettenrekorder, Kassette mit 'fetziger Musik'.*

Vorbereitung: *Die Kärtchen schreiben.*

Der ÜL verteilt die Kärtchen an die Kinder und sammelt sie, nachdem sie gelesen wurden, wieder ein. Nun lässt er Musik laufen, und alle bewegen sich durch die Halle. Bei Musikstop finden sie sich zu Paaren zusammen und versuchen, sich die entsprechenden Redensarten vorzuspielen, ohne dabei zu sprechen. Wenn ein Kind meint, die Redensart des anderen zu wissen, sagt es dieses. Sind alle Redensarten genannt, bewegen sich alle wieder nach Musik durch die Halle, um sich dann in neuen Paaren zu finden.

Folgende Redensarten eignen sich:

Jemandem auf den Fuß treten
Jemanden übers Ohr hauen
Jemanden auf den Schlips treten
Jemandem ins Wort fallen
Jemandem Dampf machen
Jemandem den Weg versperren
Jemandem den Buckel runterrutschen
Jemanden auf den Arm nehmen
Jemandem den Marsch blasen
Jemandem ein X für ein U vormachen
Jemandem einen Korb geben
Jemandem das Maul stopfen
Jemandem das Wort aus dem Mund nehmen
Jemandem einen Floh ins Ohr setzen
Jemandem etwas aus der Nase ziehen

Variationen:

- Es werden Stimmungen dargestellt, die erraten werden sollen
- Gegenstände, Maschinen, Haushaltsgeräte etc. in Kleingruppen darstellen. Der Rest der Gruppe rät dann
- Was wäre, wenn ich: ein Auto, zwei Meter groß, ein Zwerg, Roboter, Hase, Elefant, ein Gipsbein, lustig, ... wäre?

Hinweise:

Dieses Spiel ist erst für ältere Kinder (ab ca. 8 Jahre) geeignet, da die kognitive Anforderung sehr hoch ist.

Eigene Anmerkungen:

Körpermalerei

Sozialform: *Paare*

Erlebens-/Förderbereiche: *Taktile Erfahrung, Körpergrenze, Auge-Hand-Koordination, Kreativität*

Material: *Matten, Theaterschminke, Vaseline, Tempos, Spiegel; bei wasserlöslicher Schminke zusätzlich ein Pinsel und ein Becher mit Wasser*

Vorbereitung: *Pro Paar eine Matte hinlegen und die Schminkutensilien gut erreichbar bereitlegen*

Die Paare einigen sich, wer sich zuerst bemalen lässt und welches Körperteil bemalt werden darf. Nun legt oder setzt sich das Kind, das bemalt wird, auf die Matte und schließt die Augen. Bei normaler Schminke wird zuerst Vaseline aufgetragen, bei wasserlöslicher kann gleich begonnen werden.

Hinweise: Möglicherweise möchte ein Kind seine Augen nur kurze Zeit schließen (‘Was geschieht mit mir?’). Die Körperteile (z.B. Arme können unter der Kleidung verborgen werden) wählen lassen, so dass ängstliche Kinder sich die Malerei zuerst - vor der Gruppe geschützt - anschauen können. Auf Allergien achten!

Eigene Anmerkungen:

Matten klatschen

Sozialform: *Alle zusammen, zwei Gruppen gegeneinander*

Erlebens-/Förderbereiche: *Propriozeptiv, Sozialerfahrung, Kraft, Tonusregulation*

Material: *Zwei große Weichbodenmatten*

Vorbereitung: *keine*

Die Kinder stehen an einem Hallenende. Die vor ihnen liegende Weichbodenmatte heben sie gemeinsam hoch, stellen sich an die Matte heran und lassen sich mit ihr auf den Boden fallen. So wird die gesamte Hallenlänge überwunden. Je nach 'Spielleidenschaft' und Kraft kann derselbe Weg nochmals zurückgelegt werden.

Variationen: **Mattenrutschen:** Alle stehen hintereinander, die Matte liegt 2 m entfernt, die glatte Seite nach unten. Das erste Kind läuft an, springt auf und rutscht, bis die Matte stillliegt. Es läuft zurück, schlägt das nächste Kind an, welches startet. Der Durchgang ist am Hallenende beendet.

Hinweise: Eine große Gruppe teilen; jede Hälfte erhält eine Matte (als Wettspiel im Stundenverlauf möglich). Dieses Spiel kann gut den Stundenausklang bilden.

✎ *Eigene Anmerkungen:*

Reifen drehen

Sozialform: *Jeder für sich*

Erlebens-/Förderbereiche: *Akustische, taktile Wahrnehmung, Auge-Hand-Koordination*

Material: *Pro Kind einen Reifen*

Vorbereitung: *keine*

Die Kinder stehen mit ca. 1 m Entfernung zueinander im Kreis. Die Reifen werden vor sich gehalten und auf ein Signal hin angedreht. Alle treten einen Schritt zurück, schließen die Augen und horchen, wann ihr Reifen still liegt. Dann werden die Augen geöffnet. Der ÜL sagt den Einzelnen, wie genau sie gehört haben.

Variationen:

- Alle zeigen auf den zuletzt liegenden Reifen (Richtungshören)
- Alle setzen sich in die Nähe ihrer Reifen, schließen die Augen, legen die Hände auf den Boden und spüren, wann ihr Reifen stillliegt. Anschließend die Augen öffnen

Hinweise: Können Kinder ihre Augen nicht geschlossen halten, stellen sie sich mit dem Rücken zum Reifen. Liegt der letzte Reifen, drehen sie sich um.

Eigene Anmerkungen:

Schaufensterpuppe

Sozialform:	*3er-Gruppen*
Erlebens-/Förderbereiche:	*Taktile Erfahrung, Körperschema, Gedächtnis, visuelle Wahrnehmung*
Material:	*Matten zum Unterlegen, Schwungtuch (oder Fallschirm / Bettücher / Decken etc.)*
Vorbereitung:	*Einen Bereich der Halle mit Matten auslegen, so dass alle Kinder Platz darauf haben*

Ein Kind (Modell) legt sich unter dem Schwungtuch in eine frei gewählte Position. Das 2. Kind (Dekorateur) ertastet die Stellung des Kindes durch das Tuch und legt das 3. Kind (Schaufensterpuppe) außerhalb des Schwungtuches ebenso nach. Dann wird vom Dekorateur das Schwungtuch hochgehoben, und Modell und Schaufensterpuppe werden miteinander verglichen und u.U. die Lage der 'Puppe' korrigiert.

Variationen:

- **Statue nachbauen**: Hierfür werden 10 Personen benötigt (kann je nach Gruppengröße und Fähigkeiten der TN variieren)
- 4 Personen verknoten sich unter dem Tuch zu einer Statue. 2 Personen fühlen und bauen die anderen 4 Personen nach. Anschließend wird die Statue enthüllt, und es wird verglichen
- Wie die vorherige Variante, nur **ohne Schwungtuch**. Dies ist leichter, da die Kinder den optischen Wahrnehmungskanal mitbenutzen können

- **Körperteile fühlen**: Es gehen Paare zusammen. Ein Kind legt sich unter das Schwungtuch, das andere fühlt Körperteile und benennt diese
- **Nachlegen**: Es werden Paare gebildet. Derjenige, der fühlt, soll sich so hinlegen, wie die Person unter dem Schwungtuch. Diese kontrolliert anschließend

Hinweise:

Für Kinder kann diese Anforderung zu hoch sein; hier ist besser, wenn sich zwei unter das Tuch legen, ein Kind fühlt und zwei andere Kinder legen. Möglicherweise die Zeit begrenzen, da für die Kinder unter dem Tuch die Zeit lange werden kann und sie die Spannung nicht endlos aushalten. Auf ein vorsichtiges Befühlen achten!

✐ *Eigene Anmerkungen:*

Schwarz - Weiß

Sozialform: *Paare gegeneinander*

Erlebens-/Förderbereiche: *Reaktion, Schnelligkeit, Frustrationstoleranz*

Material: *keines*

Vorbereitung: *keine*

Es werden Paare gebildet, die sich auf beiden Seiten der Mittellinie mit ca. 1 m Entfernung von dieser aufstellen. Die eine Gruppe bekommt die Farbe schwarz zugewiesen, die andere weiß. Die Paare schauen sich an. Der ÜL ruft nun eine der Farben, und diese hat die Aufgabe, so schnell wie möglich an das auf ihrer Seite liegende Hallenende zu laufen, ohne dass ihre Partner sie fangen können.

Variationen:

- Unterschiedliche Ausganspositionen wählen: im Liegen; die Rücken zueinander; im Liegestütz; im Sitzen; mit geschlossenen Augen; ...
- Jeder zählt, wie oft es ihm gelungen ist, seinen Partner zu fangen

✎ *Eigene Anmerkungen:*

Streicheln und gestreichelt werden

Sozialform:	*Paare oder Dreiergruppen*
Erlebens-/Förderbereiche:	*Taktile, Material-, Sozialerfahrung, nonverbale Kommunikation*
Material:	*Federbälle, Schwämmchen, Tücher, Federn, Bürsten, Wattebäusche, Pinsel, kleine Stöckchen usw.*
Vorbereitung:	*Matten in der Halle auslegen, die Kleinteile in den Mittelkreis legen*

Ein Kind liegt - so wie es ihm angenehm ist - entweder auf dem Bauch, dem Rükken oder der Seite. Der/die andere(n) streicheln nun mit den unterschiedlichen Materialien über den ganzen Körper.

Hinweise:	Zur Einführung dieses Wahrnehmungs- und Interaktionsspiels empfiehlt es sich, in Partnerform zu arbeiten. Dies gewährleistet, dass die einzelnen taktilen Reize vom Liegenden besser identifiziert werden können. Wesentlich ist weiterhin, dass die Intimitätsgrenzen der Einzelnen unverletzt bleiben. Dies verlangt vom ÜL eine gute Beobachtungsgabe, da Kinder mit Verbalisationsproblemen hier gefährdet sind.

✎ ***Eigene Anmerkungen:***

Übers Wasser gehen

Sozialform: *Alle für einen*

Erlebens-/Förderbereiche: *Gleichgewicht, Körperkoordination*

Material: *Fallschirm oder Schwungtuch*

Vorbereitung: *keine*

Alle Kinder sitzen um das Schwungtuch, halten es mit beiden Händen fest und bewegen es wellenförmig. Ein Kind stellt sich in die Mitte des Tuches und beginnt nach einem kurzen Moment der Gewöhnung zu gehen, zu krabbeln, vielleicht auch zu laufen. Wenn das Kind nicht mehr mag, wird gewechselt.

Variationen:

- **'Krokodilspiel':** Ein Kind schlängelt sich unter dem 'bewegten Tuch' und zieht eines der außen Sitzenden zu sich hinein. Rollentausch!
- **'Fliegender Teppich':** Auf das doppelt gelegte Schwungtuch setzt sich ein Kind, hält sich am Rand fest und wird von zwei Personen mit wechselndem Tempo durch die Halle gezogen.

Hinweise: Vorsicht: Rutschgefahr! Daher auf eine langsame, vertrauensvolle Tuchgewöhnung achten.

Eigene Anmerkungen.

Wo ist was?

Sozialform: *Jeder mit jedem*

Erlebens-/Förderbereiche: *Körperwahrnehumg, taktile Erfahrung, Auge-Hand-Koordination*

Material: *keines*

Vorbereitung: *keine*

Alle Kinder laufen durch die Halle und versuchen nun, vorsichtig möglichst viele Nasen nacheinander mit ihren Händen zu berühren.

Variationen:

- Der ÜL nennt andere Körperteile, die berührt werden sollen
- Die Körperteile sollen sich berühren
- Möglichst viele gleiche Körperteile werden zusammengebracht

Hinweise: Intimitätsgrenzen beachten!

✎ *Eigene Anmerkungen:*

Zauberlehrling

Sozialform: *Einer gegen alle, und jeder für sich*

Erlebens-/Förderbereiche: *Ausdauer, Koordination, Raumwahrnehmung*

Material: *Ein gebastelter Zauberstab (z.B. aus Küchenrolle)*

Vorbereitung: *keine*

Alle Kinder laufen durch die Halle. Der ÜL versucht, die einzelnen Kinder zu fangen, und berührt sie mit einem 'Zauberstab'. Dabei werden sie zu verschiedenen Tieren verzaubert. Sie können 'entzaubert' werden, indem ein noch laufendes Kind das Tier berührt.

Variationen: Anstelle des ÜL wird ein Kind zum Zauberlehrling

Eigene Anmerkungen:

Zusammengesetzte Tiernamen

Sozialform:	*Paare*
Erlebens-/Förderbereiche:	*Darstellungsfähigkeit, Symbolbildung, Sozialerfahrung, Förderung des Körperausdrucks*
Material:	*Karteikarten mit Wortteilen, Matten, Klebeband*
Vorbereitung:	*Karteikarten beschriften. Mit Matten oder Klebeband 'Zoo' und 'Zuschauerraum' einrichten*

Die Gruppe wird geteilt. Eine Hälfte erhält Karteikarten mit Tiernamen, geht in den 'Zoo', und jeder stellt sein Tier dar (ohne zu sprechen). Die andere Hälfte bekommt die Karten mit Ergänzungsbegriffen und geht in ihren 'Zuschauerbereich'. Die 'Zuschauer' ordnen ihren Begriff einem Tier zu. Sie zeigen die Karte ihrem 'Tier'. Ergibt die Wortkombination einen Sinn, bejaht das 'Tier'. Andernfalls schüttelt es den Kopf. Folgende Begriffe können verwendet werden:

Esels - ohr	Angst - hase	Vogel - frei	Brillen - schlange
Back - fisch	Schmuse - kater	Pleite - geier	Hasen - fuß
Bücher - wurm	Ziegen - peter	Schleier - eule	Nasch - katze
Adler - auge	Taschen - krebs	Fuchs - schwanz	Nasen - bär
Wühl - maus	Warzen - schwein	Hühner - auge	

Variationen: Beide erhalten einen Tiernamen; die 'Zuschauer' sollen ihr 'Tier' im Zoo finden.

Eigene Anmerkungen:

7.2 Praxisanregungen zum Aufbau der Sach-Kompetenz

Bedingt durch die sich rasant verändernde Umwelt (Urbanisierung, Landschaftszerstörung, Fernsehen), haben Kinder heutzutage immer weniger Möglichkeiten, Umwelterfahrungen bei kalkulierbarem Verletzungsrisiko zu sammeln.

Materiale Erfahrung, also das Erleben- und Erlernenkönnen des Umganges mit Dingen, setzt aber voraus, dass das Kind genügend Zeit, Raum und Gegenstände zur Verfügung hat, um entsprechende Kompetenzen zu erwerben. Gerade hier ist die Möglichkeit des Experimentieren-Könnens von besonderer Bedeutung. Das Gelingen und Nicht-Gelingen eines Versuchs sind von gleichrangigem Wert hinsichtlich des Erfahrungssammelns des Kindes. Reglementierungen und Vorgaben wie: 'Das geht so nicht!', 'Das kann man so nicht machen!' oder 'Mach es mal so!' sind in der Regel hinderlich und nicht motivationsfördernd.

Gleichwohl ist die Auswahl der zur Verfügung gestellten Materialien wichtig. Einmal, um Verletzungen (auch kleinerer Art) zu vermeiden, denn diese stellen unerwünschte Misserfolge dar; zum anderen aber auch, damit das Kind aus eigener Motivation heraus handelt (intrinsische Motivation). Der Übungsleiter ist hier Begleiter und Helfer, sofern dies vom Kind gewünscht wird. Er sorgt für die Materialien und den Raum zum kreativen Umgang damit. Häufig genügt ein Ideenanstoss und der weitere Verlauf entwickelt sich aus dem gemeinsamen Ausprobieren der Materialien heraus.

Spezielles psychomotorisches Übungsmaterial kann sehr hilfreich sein, um die Motivation der Kinder zur Bewegungserprobung zu erhöhen. Da diese Materialien aber in der Regel im kindlichen Alltag nicht zu finden sind, sollte meines Erachtens nach Alltags- und Naturmaterialien sowie der normalen Hallenausstattung der Vorrang gegeben werden.

Spannend und schön ist es, die Ideen der Kinder mit in die Stunden zu integrieren. So können Spielsachen, die von den Kindern mitgebracht werden, in die Stunde eingebaut werden. Dabei ergibt sich häufig 'nebenbei' ein Lernfeld Sozialerfahrung: 'Meines - Deines - Unseres; Teilen; sorgsamer Umgang ...'.

Für Kinder mit einer Behinderung ist die Erfahrung des **Experimentieren-Dürfens** vielfach neu und beängstigend. Es ist für sie wie ein Land, in das man kommt, dessen Sprache man nicht spricht, nicht versteht und welches erst langsam erobert werden muss. Abhängig von den Fähigkeiten der Kinder hinsichtlich selbstbestimmten Erfahrungssammelns, sollte das Angebot von mehr strukturier ten in freier werdende Situationen übergeleitet werden. Der ÜL seinerseits hat die Aufgabe, durch genaues Beobachten und Einfühlen in die Situation des Kindes, kreative Signale zu erkennen und dem Kind selbst wieder zugänglich zu machen. Die folgenden Praxisanregungen und Anregungen verstehen sich als Anstöße zu Stundengestaltungen im Rahmen von Angeboten zum Aufbau der kindlichen Sach-Kompetenz.

➢ ***Register der Praxisanregungen zum Aufbau der „Sach-Kompetenz"***

Alles, was fliegt

Sozialform:	*wechselnd*
Erlebens-/Förderbereiche:	*Material-, Sozialerfahrung, Auge - Hand - Koordination, Tonusregulation, Kraftdosierung*
Material:	*diverse Bälle (Gymnastik-, Zeitlupen-, Soft-, Pezzibälle), Luftballons, Seifenblasen, Federn etc.*
Vorbereitung:	*keine*

Jedes Kind beschäftigt sich frei mit einem der Materialien. Nach einer Weile werden Bewegungsaufgaben gestellt: 'Haltet euren Gegenstand in der Luft' (mit den Händen, Ellenbogen, Schultern, Armen, Beinen, Füßen, Rücken, ...); oder 'Spielt euch euren Gegenstand paarweise zu'; oder 'Wir halten alle zusammen den Pezziball möglichst lange in der Luft' (Zeit nehmen oder Kontakte zählen).

Variationen:

- Möglichst viele oder große Seifenblasen pusten
- Seifenblasen wieder mit dem Pustering auffangen
- Paare: Beide haben einen Pustering, und ein Kind versucht, Seifenblasen aufzufangen

Hinweise: 'Seifenblasenaktionen' eignen sich besonders für draußen. Erspart das anschließende Aufwischen!

✎ *Eigene Anmerkungen:*

Am kleinsten - klein - groß - am größten

Sozialform:	*Paare*
Erlebens-/Förderbereiche:	*Taktile, Material-Erfahrung, Erarbeiten der Begriffe groß - klein*
Material:	*unterschiedlich große Perlen, Kügelchen, Steine, pro Paar ein Tuch / u.U. zusätzlich eines zum Verbinden der Augen*
Vorbereitung:	*Pro Paar fünf bis zehn Perlen (Kugeln oder Steine) in ein Tuch einknoten, so dass ein Säckchen entsteht*

Beide Kinder sitzen sich auf dem Boden gegenüber. Eines schließt die Augen und bekommt das Säckchen. Es versucht nun, dieses aufzuknoten, den Inhalt herauszuholen und dann nach Größe und Form zu sortieren. Das andere Kind hilft, wenn beim Sortieren eine Perle oder Kugel wegrollt.

Hinweise:	Je größer die taktilen Wahrnehmungsstörungen sind, desto deutlicher müssen sich Gegenstände unterscheiden. Es sollten dann maximal 5 Teile im Tuch verknotet werden.

Eigene Anmerkungen:

Aufbruch in ein unbekanntes Land

Sozialform:	*Jeder für sich, Paare*
Erlebens-/Förderbereiche:	*Materialerfahrung, Geschicklichkeit, Angstbewältigung*
Material:	*Eine sehr lange festere Kordel, Materialien für einen Hindernisparcours, u.U. ein Rollbrett, Tücher zum Verbinden der Augen*
Vorbereitung:	*In der Halle einen Hindernisparcous aufbauen; die Kordel wird, im Umkleideraum beginnend, über diesen Parcours, evtl. durch den Geräteraum bis zu einem Zielpunkt geführt*

Die Kinder bekommen die Augen verbunden und sollen - mit einem gewissen Abstand - sich an der Kordel entlang bis zum Ziel tasten. Ein Begleiter geht mit (ÜL oder anderes Kind), um Verletzungssituationen auszuschließen.

Variationen:

- Ängstliche Kinder lassen die Augen offen
- Es gehen Paare (mit geschlossenen Augen)

Hinweise: Möglichst wenig Sprache einsetzen

✐ ***Eigene Anmerkungen:***

Flüsterpost

Sozialform: *Alle gemeinsam*

Erlebens-/Förderbereiche: *Taktile Erfahrung, stereognostische Wahrnehmung, Geduld*

Material: *Kleinmaterialien, die hinter dem Rücken weitergereicht werden können (Muscheln, Steine, Löffel, Bierdeckel, Murmeln etc.), Beutel*

Vorbereitung: *Kleinmaterialien in einem Beutel bereithalten*

Alle sitzen im Kreis, und ein Kind erhält - so, dass es die anderen nicht sehen - eins der Kleinmaterialien hinter seinem Rücken zum Erfühlen in beide Hände. Dann wird es an das nächste Kind weitergereicht. So wandert das Material im gesamten Kreis herum, und jeder sagt am Ende, was er meint, gefühlt zu haben.

Variationen: Ein Kind nimmt sich mit geöffneten Augen ein Teil aus dem Beutel. Es wird hinter den Rücken weitergereicht, bis es wieder bei ihm ankommt. Alle sagen, was sie gefühlt haben. Das Kind, welches die 'Flüsterpost' begonnen hat, bestätigt oder verneint und zeigt anschließend den Gegenstand.

✎ ***Eigene Anmerkungen:***

Fühlen, riechen, schmecken, sehen

Sozialform:	*Jeder für sich*
Erlebens-/Förderbereiche:	*Taktile, olfaktorische, gustatorische, visuelle Wahrnehmung*
Material:	*Wattebällchen, diverse Parfums, Kräuter; Teller mit Salz, Zucker, Sahne, Obst- und Gemüsestücken, Brause etc., u.U. eine Bank oder Matten*
Vorbereitung:	*Materialien in einer Reihe auf die Bank, Matten oder eine Unterlage legen*

Die Kinder ertasten die verschiedenen Dinge mit den Händen, probieren sie, riechen an ihnen (Wattebällchen mit Parfum bestäuben) und beschreiben sie: süß - sauer - salzig, angenehmer - unangenehmer Geruch/Geschmack, hart - weich ...

Variationen:	Einen Wahrnehmungsparcours in der Natur mit Materialien von dort aufbauen. Alle gehen mit nackten Füßen über diesen Parcours; die Augen wahlweise offen oder geschlossen
Hinweise:	Es gibt keine 'verbindlichen' Wahrnehmungsqualitäten. Häufig ist einem Kind ein Material angenehm und selbiges einem anderen unangenehm.

✎ *Eigene Anmerkungen:*

Fühlkarton

Sozialform: *Jeder für sich*

Erlebens-/Förderbereiche: *Taktile Wahrnehmung, Wahrnehmungskonstanz, stereognostische Wahrnehmung*

Material: *Karton mit Eingriffsöffnungen / Kleinmaterialien: Bälle, Tücher, Spielsachen, Schwamm, Steine etc.*

Vorbereitung: *Der Fühlkarton wird mit den Kleinmaterialien gefüllt (unterschiedliche Beschaffenheiten wählen: hart - weich,rauh - glatt, rund - eckig usw.)*

Die Gruppe setzt sich in den Mittelkreis, und eines der Kinder schiebt seine Hände durch die Fühlöffnungen, um einen Gegenstand zu ertasten. Es benennt diesen; dann wird der Gegenstand aus dem Karton genommen und auf Richtigkeit hin überprüft.

Variationen:

- Die Materialien im Fühlkarton sind paarweise vorhanden und die Kinder sollen jeweils diese herausfinden
- Der Gegenstand wird beschrieben, die anderen sollen ihn erraten

Eigene Anmerkungen:

Handmotorischer Geschicklichkeitsparcours

Sozialform:	*Paare*	***Material:***	*Siehe jeweilige Aufgaben*
Erlebens-/Förderbereiche:	*Feinmotorik, Auge-Hand-Koordination, taktile Wahrnehmung*	***Vorbereitung:***	*Zu den Stationen Kärtchen mit Anweisungen; je nach Alter der Teilnehmer Skizzen zur Aufgabenverdeutlichung*

Stationsbeschreibung:	Material/Organisation:	Variationen:
Handumrisse malen: Einer legt seine Hände auf das Papier. Der Zweite zeichnet mit geschlossenen Augen mit einem Stift die Handumrisse nach.	Tapete oder großes Papier auf den Hallenboden geklebt / Stifte	• Einen Handschuh an die Malhand anziehen • Die Fingerspitzen der Malhand mit Klebeband bekleben
Transportiert die Bälle auf den Handrücken von einer Linie zur nächsten!	Tischtennis-, Soft-, Tennis-, Igelbälle etc.; 2 Kästen mit und ohne Bälle an den Linien (Klebeband/Seilchen als Linien)	
Werft die Bierdeckel in den Korb!	Bierdeckel, Korb (in Brustkorbhöhe) auf einen Kasten stellen. Klebeband kennzeichnet die Abwurflinie	• Andere Wurfmaterialien, wie kleine Reifen, Filmdosen
Jongliert mit Tüchern!	Jongliertücher, Halstücher	• Bälle statt Tücher
Fangt und werft die Bälle mit den Joghurtbechern!	2 Joghurtbecher, Bälle	• Nur einer hat einen Joghurtbecher

Stationsbeschreibung:	Material/Organisation:	Variationen:
Nägelhauen: Haut gemeinsam einen Nagel in das Brett!	Nägel in einer Dose / dicker Balken / Hammer	
Schleife binden: Zieht Handschuhe an und bindet dann mit dem Seil eine Schleife vor eurem Bauch!	4 Handschuhe 2 Seile	• ohne Handschuhe • zu große Handschuhe nehmen • Schleife hinter dem Rücken binden • unterschiedlich dicke Seile anbieten
Klatscht gemeinsam einen Rhythmus! (Trommeln, Schnippen, ...)	u.U. Tambourin oder andere 'Schlag-instrumente'	
Luftballon schlagen: Haltet den Ballon mit verschiedenen Materialien in der Luft!	Luftballons/Schaumstoffteile/Bierde-ckel/Tischtennisschläger/Holzbrettchen	• sich den Luftballon gegenseitig zu-spielen
Buchstaben nachkleben: Klebt die auf-gemalten Buchstaben mit Knete nach!	Knete	• Motive wie Kreis, Dreieck, Haus ... • Bleibänder statt Knete

Stationsbeschreibung:	Material/Organisation:	Variationen:
Erbsen treffen: Lasst eine Erbse durch das Heulrohr laufen und versucht sie mit dem Hammer zu treffen!	Heulrohr und Kordel (zur Befestigung), Holzbrett, Erbsen, Gummihammer. Das Rohr z.B. an einem Torpfosten befestigen, ans untere Ende ein Brett legen	
Spiegeln: Einer baut aus seinen Fingern, Händen und Armen eine Figur, und der andere stellt sie nach!		
Handmalen: Malt euch gegenseitig mit euren Fingern Figuren in die Hände und erratet sie. Haltet dabei die Augen geschlossen!	2 Tücher zum Verbinden der Augen	• auf den Rücken malen • in die Luft malen
Wörter mit Naturmaterialien legen: Überlegt euch ein Wort, und legt es mit Naturmaterialien nach!	Erbsen/Bohnen/Linsen/Hölzchen/Muscheln/Blätter/Steine; Blatt als Unterlage	
Handmalerei: Malt euch gegenseitig mit Theaterschminke die Hände an!	Theaterschminke. Praktisch ist solche, die wie Wasserfarbe mit einem Pinsel aufgetragen werden kann. Creme zur Grundierung und zum Entfernen der Farbe. Tücher zum Wischen der Hände	

Stationsbeschreibung:	Material/Organisation:	Variationen:
Schattenspiel: Einer von euch stellt sich ins Licht, der andere zeichnet die Umrisse auf dem Papier an der Wand nach. Dann schneidet ihr gemeinsam die aufgemalte Person aus, zerschneidet sie wie ein Puzzle und legt sie anschließend wieder zusammen.	Mit einem Overheadprojektor wird auf eine Papierwand Licht projiziert. Papier, Tesafilm zum Aufkleben des Papieres an der Wand, Stift, Scheren	• Vor dem Zerschneiden zum Puzzle kann die „gepauste Person“ mit Stiften/Wachsmalstiften ausgemalt werden
Flugzeuge: Faltet aus Papier ein Flugzeug, das möglichst weit fliegt!	Papier	
Nüsse knacken: Wer knackt die Nuß (nur mit den Händen)?	Erdnüsse, Walnüsse, zwei Schüsseln (eine für die Nüsse, eine für die Schalen)	
Tanzende Teller: Lasst den Teller kreisen	Jonglierteller und Stäbe (im Fachhandel erhältlich)	

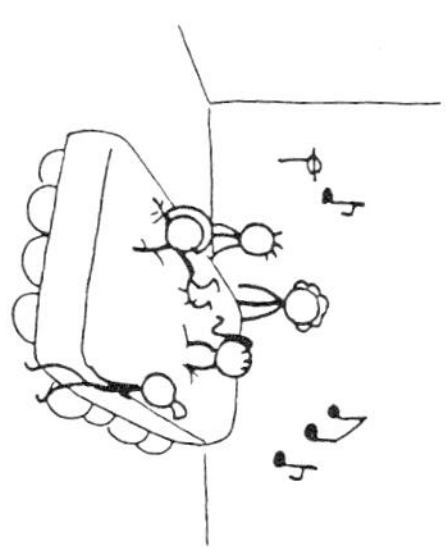

✎ *Eigene Anmerkungen:*

Handtuchspiel

Sozialform: *Paare, Vierer-, Sechser-Gruppen, alle*

Erlebens-/Förderbereiche: *Material- und Sozialerfahrung*

Material: *Pro Paar ein Handtuch, verschiedene Bälle, Luftballons, andere ungefährliche Kleinmaterialien wie Filmdosen, kleine Ringe, Wollknäuel, ...*

Vorbereitung: *Materialien in einem kleinen Kasten bereithalten*

Jedes Paar hält ein Handtuch zwischen sich gespannt. Nun versuchen sie zusammen, einen Gegenstand mit dem Handtuch in die Luft zu werfen und aufzufangen. Nach einer Weile spielen sich zwei Paare erst eins der Materialien, später verschiedene zu. Weiter können drei, vier, alle Paare zusammen spielen.

Variationen:

- Es werden zwei Gruppen gebildet, wobei die Paare mit ca. 1 m Abstand hintereinander stehen. Nun soll - z.B. ein Ball - vom einen Ende zum anderen gespielt werden. Die Mannschaft, die es als erste geschafft hat, gewinnt.
- Die Paare stehen hintereinander und spielen einen Ball von Handtuch zu Handtuch. Das erste Paar läuft, nachdem es den Ball gespielt hat, ans andere Ende der Schlange und stellt sich wieder an.

✐ *Eigene Anmerkungen:*

Materialerfahrung in der Natur

Sozialform:	*zwei Gruppen*
Erlebens-/Förderbereiche:	*Orientierung, Material-, Sozialerfahrung, akustische / optische / taktile / olfaktorische Wahrnehmung, Kreativitätsförderung, Ausdrucksfähigkeit, Vertrauensschulung*
Material:	*Pfeile/Wegweiser, Taschen zum Sammeln, Aufgabenkarten, Heftzwecken / Wollfäden (zum Befestigen der Aufgabenkarten), Seil, Tücher, Karteikarten, Stifte*
Vorbereitung:	*Aufgabenkarten schreiben und an verschiedenen Stellen in einem begrenzten Waldareal anbringen. Die Pfeile entlang des Weges befestigen, ein Seil wird ein Stück weit durch den Wald gespannt.*

Beide Gruppen starten mit je einem ÜL im Abstand von ca. 5 Minuten. Die Kinder folgen den Pfeilen bis zur ersten Aufgabenkarte, die lautet: ' Seid ganz leise und horcht! - Welche Geräusche hört ihr?' Der ÜL schreibt die genannten Geräusche auf eine Karteikarte.

Es geht weiter bis zur zweiten Karte: 'Bleibt stehen und schaut euch um. Welche Farben könnt ihr sehen? Gibt es unterschiedliche Farbtöne, z.B. helle und dunkle? Wie heißen die Dinge, die diese Farben haben?' Der ÜL schreibt die genannten Farben und Dinge auf Karteikarte.

Die Gruppen folgen den Pfeilen bis zur 3. Station. 'Sammelt Schätze des Waldes, die nicht abgerissen werden müssen (z.B. Zapfen, Blätter, Zweige, Steine, ...)!'

Die nächste Aufgabe lautet: 'Schnüffelt an den Dingen, die ihr um euch herum findet (Gras, Blätter, Baumstämme, Blumen, Pilze, ...) Wie riechen sie?' Wieder sammelt der ÜL die genannten Dinge samt Geruchsqualitäten auf einer Karteikarte.

Es geht den Pfeilen entlang zur nächsten Aufgabe: 'Tastet euch mit geschlossenen/verbundenen Augen an einem Seil entlang durch den Wald!'

Nun folgen die Gruppen den Pfeilen bis zum Ausgangspunkt zurück. Dort liegen Zeichenblätter und Klebstoff für die letzte Aufgabe: 'Macht aus den gefundenen Dingen eine Waldcollage!'

Beide Gruppen erzählen über ihre Erfahrungen an den sechs Stationen.

Variationen:

- Die Waldcollage wird auf dem Boden gestaltet
- Es wird anschließend gegrillt / ein Picknick veranstaltet

✐ *Eigene Anmerkungen:*

Meine Wunschturnhalle

Sozialform:	*Zwei Gruppen*
Erlebens-/Förderbereiche:	*Feinmotorik, Phantasie, Kreativiät, Sozialerfahrung*
Material:	*Zwei große Bögen Papier oder Tapete (ca. 1 m x 1 m), Malstifte und -farben*
Vorbereitung:	*Papier und Stifte für beide Gruppen bereitlegen*

Zwei Gruppen malen ihre Wunschturnhalle (ohne miteinander zu sprechen). Anschließend erzählen sich die Kinder innerhalb jeder Gruppe, was sie gemalt haben. Dann stellen sich die Gruppen gegenseitig ihre Turnhallen vor.

Variationen:	Jedes Kind malt seine eigene Wunschturnhalle
Hinweise:	Ziel ist nicht das korrekte gegenständliche Zeichnen, sondern die eigenen Vorstellungen darzustellen. Der ÜL bekommt so Rückmeldungen über Wünsche und 'Bedürftigkeiten' der Kinder, die in Spiel- und Bewegungsformen berücksichtigt werden können. Die Kinder ihrerseits erhalten eine andere Ausdrucksmöglichkeit (neben der verbalen) für ihre Wünsche und Empfindungen.

✎ ***Eigene Anmerkungen:***

Ohrenmemory

Sozialform:	*Jeder für sich*
Erlebens-/Förderbereiche:	*Auditive Wahrnehmung, Wahrnehmungskonstanz*
Material:	*Filmdöschen, Kleinmaterialien (Erbsen, Sand, Murmel, Steinchen, Wasser, Glöckchen, ...)*
Vorbereitung:	*Jeweils zwei Filmdöschen werden mit demselben Material gefüllt und bereitgestellt*

Die Kinder setzen sich um die Filmdöschen herum und versuchen nacheinander, durch Schütteln jeweils zwei - entsprechend dem Memoryspiel - herauszufinden, in welchen derselbe Inhalt ist. Meinen sie, zwei herausgehört zu haben, werden die Deckel geöffnet und verglichen. Sind die Inhalte gleich, dürfen sie die Döschen 'sammeln', sonst werden sie zurückgestellt.

✎ *Eigene Anmerkungen:*

Schätze sammeln

Sozialform: *Paare*

Erlebens-/Förderbereiche: *Material-, Sozialerfahrung, Ausdauer*

Material: *Verschiedenfarbige Sandsäckchen, Markierungshütchen, Rollbretter, Bälle, Kleinmaterialien*

Vorbereitung: *Die Materialien in der gesamten Halle verteilen*

Jedes Paar kennzeichnet sich mittels Markierungshütchen eine ‘Burg’ hinter einer Schlusslinie der Halle. Einer von ihnen, der ‘König’, setzt sich bei der Burg auf das Rollbrett = ‘Wagen’; der zweite stellt sich als ‘Ritter’ dahinter. Auf ein Signal hin starten die Paare und versuchen, die in der Halle verteilten ‘Schätze’ = Sandsäckchen zurück in ihre ‘Burg’ zu bringen. Sind alle Schätze gesammelt, werden sie nach Farbe und Größe sortiert. Die Paare vergleichen, wer wieviele Schätze von einer bestimmten Farbe oder Größe gesammelt hat. (Das entsprechende Vergleichsmerkmal nennt der ÜL.)

Variationen:

- Verschiedene Kleinmaterialien sind die Schätze
- Pro Fahrt nur einen Schatz nehmen

Hinweise: Je Spiel haben mehrere Paare Erfolgserlebnisse

Eigene Anmerkungen:

Transportstaffel

Sozialform: *Zwei Gruppen gegeneinander*

Erlebens-/Förderbereiche: *Material-, Sozialerfahrung, Geschicklichkeit, Koordinaton, Tonusregulation*

Material: *Vier kleine Kästen, zwei davon mit Kleinmaterialien (Bälle, Keulen, Seilchen, Ringe, Alltagsmaterialien etc.) gefüllt, Geräte für einen Hindernisparcours*

Vorbereitung: *Den Hindernisparcours aufbauen, am Anfang stehen die gefüllten, am Ende die leeren Kästen*

Zwei Gruppen stellen sich hinter die vollen Kästen. Die jeweils ersten Kinder nehmen sich ein Material, transportieren es über den Parcours zu den leeren Kästen, legen es dort ab, laufen bzw. klettern über den Hindernisparcours zurück und schlagen das nächste Kind an, welches nun startet. Es hat die Mannschaft gewonnen, welche als erste alle Dinge in den anderen Kasten transportiert hat.

Variationen: Als Transportmittel kann z.B. ein Tennisschläger eingesetzt werden

Eigene Anmerkungen:

Untergründe

Sozialform:	*Jeder für sich*
Erlebens-/Förderbereiche:	*taktile Wahrnehmung, insbesondere der Füße, Gleichgewicht*
Material:	*Alles, was die Beschaffenheit des Hallenbodens verändert, wie Fliesen unterschiedlicher Form, Sandsäckchen, alte Teppichrollen, Schaumstoffteile, Matten, ...*
Vorbereitung:	*Den Hallenboden (bzw. einen Teil) mit den Materialien auslegen*

Die Kinder tasten sich langsam über den ausgelegten Boden, bis sie sich sicher fühlen.

Variationen:	Die Kinder bewegen sich mit geschlossenen Augen vorwärts. Anschließend benennen sie, was auf dem Boden lag.
Hinweise:	Das Erfühlen des Bodens eignet sich natürlich in besonderer Weise draußen in der Natur.

Eigene Anmerkungen:

Variationen über das Rollbrett

Sozialform:	*diverse*
Erlebens-/Förderbereiche:	*Tonusregulation, Gleichgewicht, Koordination, weitere, abhängig von den Variationen*
Material:	*abhängig von den Variationen*
Vorbereitung:	*abhängig von den Variationen*

- Zwei Kinder sitzen **Rücken an Rücken** auf einem Rollbrett und versuchen, sich gegenseitig von der Stelle zu schieben
- **Ein Kind liegt** auf dem Rollbrett, hält sich an zwei Seilchen / (Reifen) fest und wird von einem anderen Kind durch die Halle gezogen
- **Zwei Kinder sitzen hintereinander** auf einem Rollbrett und fahren zusammen
- **Schieben:** Eines sitzt auf einem Rollbrett und wird an der Schulter geschoben
- **Hindernisparcours:** Slalom, Tunnel, Garage, schiefe Ebene, über ein Tau (ohne es zu berühren), Straße (ohne die Begrenzungen zu überfahren), über zwei aneinandergestellte Bänke fahren; einzeln und in Partnerform; liegend oder sitzend
- Ein umgedrehter **Kasten** liegt **auf dem Rollbrett**, ein Kind setzt sich hinein und wird geschoben
- **Wie weit bin ich gefahren?** Ein Kind schiebt ein anderes Kind an, welches die Augen geschlossen hält und dann abschätzt, wie weit es gefahren ist
- **Liegestütz:** Ein ÜL/Kind (Fußhaltung) dreht ein mit dem Oberkörper auf einem Rollbrett (quer-) liegendes und sich mit den Händen haltendes Kind in den Liegestütz (nur für Geübte, Achtung: Gefahr eines Hohlkreuzes!)

- **Schnelles Drehen** auf der Stelle, mit Richtungswechsel
- **Surfen:** Mit Anlauf auf das Rollbrett springen und fahren (nur für Geübte ab ca. 7-8 Jahre)
- **Katapult:** Ein Kind wird, auf einem Rollbrett sitzend, mit einem Tau von zwei weiteren Personen in Richtung einer Matte gezogen, kurz vorher lässt es das Tau auf Kommando los und rollt mit freier Fahrt auf die Matte zu
- **'Achter'-fahren:** Zwei Kinder stehen mit ca. 5-6 m Entfernung und schwingen ein auf dem Rollbrett hockendes / stehendes Kind in Form einer ∞ um sich herum (nur für Geübte)
- **Kreisschieben:** Alle Kinder stehen im Kreis, und ein Kind auf dem Rollbrett wird im Kreis hin- und hergeschoben
- **Langebank:** Rollbretter werden unter einer Bank befestigt (festbinden), die Kinder setzen sich auf die Bank und werden vom ÜL geschoben
- **Fangen:** Jeweils zwei Kinder sitzen auf einem Brett. Ein Paar ist 'Fänger'. Wenn ein anderes Paar gefangen wird, ist dies neuer 'Fänger'
- **Karussel:** Um ein Schwungtuch steht die Hälfte der Kinder. Die anderen sitzen auf Rollbrettern zwischen den stehenden und halten sich am Tuch fest. Die stehenden Kinder ziehen die sitzenden im Kreis

Hinweise: Vor dem Einsatz des Rollbrettes die Regeln klären:
Bei Gesprächen das Rollbrett umdrehen!
Nicht drauf stehen!

✎ *Eigene Anmerkungen:*

7.3 Praxisanregungen zum Aufbau der sozialen Kompetenz

Die im Folgenden vorgestellten Praxisanregungen und Spiele sollen den Kindern Möglichkeiten eröffnen, sich im Miteinander zu erleben. Soziales Lernen als Ziel von Bewegungs-, Spiel- und Sportaktivitäten in Schule und Verein wird vielerorts genannt. Weniger fündig wird man bei der Suche nach Inhalten und überprüfbaren Kriterien der Verbesserung sozialen Verhaltens Einzelner (vgl. ZIMMER/ CICURS 1995).

Dennoch zeigt die Praxis, wann sich Kinder in der Gruppe wohlfühlen und die Gruppe den Einzelnen für die Gesamtheit als wichtig und bereichernd erlebt. Dies wiederum kann als ein Indikator für eine gelungene Integration des Einzelnen verstanden werden. Zu nennen wären hier:

- ein situativ regulierbarer Muskeltonus
- entspannte, flexible Gesichtszüge (lachen, weinen, locker, angestrengt ...), entsprechend dem inneren Empfinden
- Phantasie und Kreativität bei den eigenen Bewegungen sowie auch bei Spielen und deren Veränderung
- die Lust am Miteinander-Reden und -Handeln
- sich gegenseitig zu berühren, zu raufen (ohne vorherigen Streit)
- die Möglichkeit der Wahl zu spüren zwischen Alleine-oder-zusammen-etwas-tun-Wollen
- eigene Wünsche den Gruppenwünschen für einen begrenzten Zeitraum unterordnen zu können (da das Kind den Gewinn aus den Gruppenaktionen spürt)
- eine Steigerung der Frustrationstoleranz
- Enttäuschung über das Stundenende; der Wunsch, wiederkommen zu wollen
- Orientierung in den Umkleiden weg von Müttern / Vätern hin zu anderen Kindern
- gemeinsamen 'Unsinn' aushecken, ...

Wieder ist die Rolle des ÜL weniger eine direktiv-lenkende, sondern vielmehr eine begleitende, wo nötig, Streit schlichtende.

Bei allen Praxisanregungen und Spielformen ist es notwendig, die bei den Kindern vorhandenen Empfindsamkeiten und seelischen Verletzbarkeiten zu berücksichtigen und schmerzhafte Erfahrungen weitestgehend zu vermeiden. Erst ein emotional stabiles Kind kann Misserfolgserlebnisse - auch im zwischenmenschlichen Bereich - als zum Leben dazugehörig, aushaltbar, gar überlebbar in sein Lebenskonzept integrieren, um dann durch das Bewältigen-Können eine Steigerung seines Selbstwertgefühls zu erfahren.

Es ist realitätsfern, **nur** solche Spiele anzubieten, welche keinen Konkurrenzcharakter haben, denn ein Könnensvergleich der Kinder untereinander wird trotzdem stattfinden. Jedoch sollte genau überlegt werden, welches Spiel für die einzelne Gruppe sinnvoll ist, so dass mögliche auftretende Minderwertigkeitsempfindungen nicht zu einem Spielvermeidungsverhalten Einzelner führen.

➢ ***Register der Praxisanregungen zum Aufbau der „Sozial-Kompetenz"***

Bärenspiel

Sozialform: *Einer gegen alle; zwei gegen alle*

Erlebens-/Förderbereiche: *Ausdauer, Koordination, Sozialerfahrung, Frustrationstoleranz, Reaktion*

Material: *Zwei Langbänke, mehrere kleine Matten oder eine große Weichbodenmatte*

Vorbereitung: *Die beiden Langbänke parallel mit etwas Abstand aufstellen und die Weichbodenmatte bzw. kleine Matten darüberlegen*

Ein Kind ist Bär und wohnt in einer Höhle (s.o.). Die anderen Kinder werden zu Schafen. Die Schafe weiden auf einer Wiese (Halle bzw. ein abgetrennter Teil der Halle). Der Bär versucht, die Schafe zu fangen und in seine Höhle zu bringen. Die Schafe in der Höhle versuchen, aus dieser zu entfliehen. Sind alle Schafe gefangen, hat der Bär sein Ziel erreicht.

Variationen: Es werden zwei Kinder als Bären eingesetzt

Hinweise: Bei großer 'Ausgelassenheit' der Kinder gilt, dass nicht über die Höhle gelaufen werden darf

Eigene Anmerkungen:

Baumstammfangen

Sozialform: *Einer gegen alle*

Erlebens-/Förderbereiche: *Ausdauer, Schnelligkeit, Reaktion, Frustrationstoleranz, Sozialverhalten*

Material: *keines*

Vorbereitung: *möglicherweise den Raum begrenzen*

Ein Fänger versucht die anderen Kinder zu fangen. Wer gefangen wurde, setzt sich mit langgestreckten Beinen hin. Die anderen können durch Überspringen der Beine die Sitzenden wieder befreien. Das Spiel ist zu Ende, wenn alle gefangen sind oder nach einem vereinbarten Signal.

Variationen:

- Nach dem Erlösen - während des Aufstehens - darf nicht neu abgeschlagen werden (reaktionsverzögerte/bewegungsverlangsamte Kinder)
- Zwei Fänger (große Gruppen/ausdauerschwächere Fänger): Das Spiel wird schneller, so dass Ausdauerbelastung sowie Anforderungen an Reaktion/Schnelligkeit der Einzelnen steigen
- Zwei Fänger, ein Erlöser (wird zuletzt gefangen): Bewusstmachung der Helferrolle; Laufschwächere erhalten eine 'Sonderaufgabe'

Eigene Anmerkungen:

Brückenwächter

Sozialform: *Einer gegen alle*

Erlebens-/Förderbereiche: *Reaktion, Ausdauer, Sozialerfahrung*

Material: *kleine blaue Matten*

Vorbereitung: *In der Hallenmitte auf der Mittellinie eine Mattenbahn auslegen*

Alle Kinder stehen an einer Hallenwand. Ein Kind wird 'Brückenwächter' und stellt sich auf die Mattenbahn (die Brücke), welche es nicht verlassen darf. Auf ein Zeichen des ÜL (z.B. In-die-Hände-Klatschen) versuchen alle die Hallenseite zu wechseln. Der Brückenwächter versucht Kinder zu fangen / berühren, während sie über die Brücke laufen. Die Gefangenen sind im nächsten Durchgang zusätzliche Brückenwächter. Das zuletzt gefangene Kind wird neuer Brückenwächter.

Variationen:

- Hat der Brückenwächter nach zwei Durchgängen niemanden gefangen, so wird der ÜL zum 'Hilfsbrückenwächter', bis ein Kind gefangen ist
- Können Kinder sich nicht entscheiden, über die Brücke zu laufen, so gilt als Regel: der ÜL zählt langsam bis drei; wer bis dahin nicht über die Brücke gelaufen ist, wird auch Brückenwächter

✎ ***Eigene Anmerkungen:***

Detektivspiel

Sozialform: *Einer gegen alle*

Erlebens-/Förderbereiche: *Ausdauer, Reaktion, Frustrationstoleranz, Sozialverhalten*

Material: *keines*

Vorbereitung: *keine*

Das als Detektiv gewählte Kind verlässt den Raum. Die Gruppe wählt nun einen 'Erlöser'. Der Detektiv wird hereingerufen. Er versucht, möglichst viele Mitspieler zu fangen/abzuschlagen. Die gefangenen Spieler müssen stehen bleiben, bis sie vom Erlöser befreit werden (z.B. durch Berühren). Die Aufgabe des Detektivs ist, den Erlöser zu erkennen. Die Kinder versuchen, dem Erlöser möglichst viel Deckung vor dem Detektiv zu geben. Das Spiel ist zu Ende, wenn der Detektiv den Erlöser entdeckt oder aber alle anderen gefangen hat. Er hat dann die Möglichkeit, durch dreimaliges Raten (Namen nennen) den Erlöser herauszufinden.

Eigene Anmerkungen:

Enten fangen

Sozialform: *Einer gegen alle*

Erlebens-/Förderbereiche: *Schnelligkeit, Reaktion, Ausdauer, Sozialverhalten*

Material: *keines*

Vorbereitung: *keine*

Ein Kind steht als 'Entenmutter' auf einer Hallenseite, ein weiteres als 'Fuchs' in der Mitte und die restlichen Kinder als 'Entenkinder' am Hallenende:

Mutter: „Alle meine Küken kommen zu mir!"
Küken: „Wir können nicht!"
Mutter: „Warum denn nicht?"
Küken: „Der Fuchs ist da!"
Mutter: „Alle meine Küken, kommt zu mir!"

Die Küken laufen daraufhin los. Der Fuchs versucht nun möglichst viele Küken zu fangen. Alle gefangenen Küken werden zu Füchsen und helfen beim nächsten Durchgang mit, die Küken zu fangen.

Variation: Der Fuchs darf nur in einer bestimmten Zone (Markierung, z.B. mit Klebestreifen) fangen.

✎ ***Eigene Anmerkungen:***

Fische fangen

Sozialform: *Einer gegen alle; alle gegen zwei*

Erlebens-/Förderbereiche: *Kinästhetische Wahrnehmung, Kraft, Sozialverhalten, Tonusregulation*

Material: *keines*

Vorbereitung: *keine*

Alle Kinder (= Fische) liegen auf dem Bauch im Kreis und halten sich an den Händen. Der ÜL bzw. ein Kind ist Fischer und versucht, Fische aus dem Kreis zu ziehen. Wird ein Kind aus dem Kreis gezogen, ist es auch Fischer. Die anderen versuchen, den Kreis möglichst schnell wieder zu schließen, dadurch entsteht der beste Zusammenhalt. Das Spiel ist zu Ende, wenn der Fischschwarm aufgelöst ist.

Hinweise: Es darf nur an den Füßen gezogen werden. Wenn ein Kind 'Halt' ruft, weil ihm etwas wehtut, muss der Fischer seinen Griff lösen.

Eigene Anmerkungen:

Goofy

Sozialform: *Einer mit allen*

Erlebens-/Förderbereiche: *Taktile, akustische, Sozial-Erfahrungen*

Material: *keines*

Vorbereitung: *Den Raum abdunkeln*

Alle gehen mit geschlossenen Augen durch den Raum (vorsichtig). Sobald sich zwei begegnen, begrüßen sie sich gegenseitig mit 'Goofy?'. Sagen beide 'Goofy', so trennen sie sich wieder. Gibt einer keine Antwort, so ist für den anderen klar, dass er 'Goofy' gefunden hat. Sie geben sich die Hand und beide sind 'Goofy' (d.h., beide sagen nichts mehr). Das Spiel ist beendet, wenn alle ver'Goofy't sind.

Hinweise: Bei einem sehr großen Raum ist es sinnvoll, eine Begrenzung durch z.B. große Kästen oder 'sehende Wände' (= Kinder, die jene, die Gefahr laufen, den Raum zu verlassen, sanft berühren und so einen Richtungswechsel auslösen)

✎ *Eigene Anmerkungen:*

Jägerball

Sozialform: *Einer gegen alle*

Erlebens-/Förderbereiche: *Reaktion, Ausdauer, Auge-Hand-Koordination, Sozialverhalten, Frustrationstoleranz*

Material: *Softball*

Vorbereitung: *keine*

Alle Kinder laufen durch die Halle, und ein Kind ist Jäger. Der Jäger hat einen Ball und versucht, die anderen Kinder abzutreffen. Wird ein Kind getroffen, bleibt dieses stehen und kann durch ein anderes befreit werden (drunterher-krabbeln, abschlagen, ...).

Variationen:

- Es werden mehrere Jäger eingesetzt (dies ist insbesondere dann sinnvoll, wenn die Gruppe größer ist oder es ein starkes Leistungsgefälle zwischen Jäger und Gejagten gibt)
- 'Zauberball': der Fänger ist jetzt Zauberer, der die Kinder verzaubern kann (in Steine, unterschiedliche Gegenstände, Autos, Tiere, ...)
- 2 Jäger berühren die Kinder mit Luftballons

Eigene Anmerkungen:

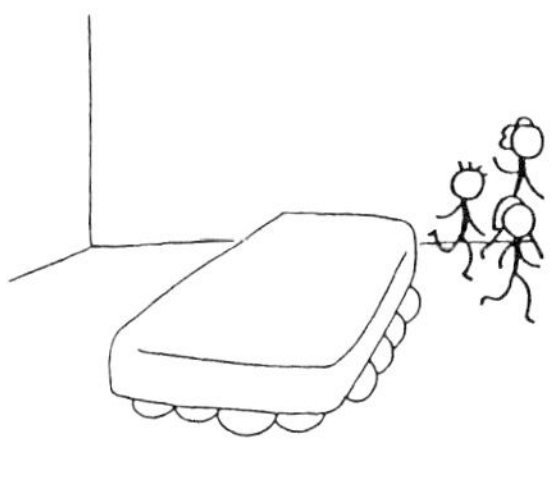

Jäger und Hase

Sozialform: *Zwei gegeneinander*

Erlebens-/Förderbereiche: *Ausdauer, Reaktion, Sozialerfahrung, Konzentrationsförderung*

Material: *keines*

Vorbereitung: *keine*

Alle stehen Schulter an Schulter in einer Reihe. Dabei schauen die Kinder abwechselnd in die jeweils andere Richtung. Zwei Kinder stehen nicht in der Reihe. Die beiden einigen sich, wer der 'Jäger' und wer der 'Hase' ist. (Bei jüngeren Kindern oder wenn keine Einigung erzielt werden kann, ist dies Aufgabe des ÜL). Der Hase läuft um die Reihe herum und wird dabei vom Jäger gejagt (wie beim Spiel 'Die Reise nach Jesusalem'). Wenn 'Hase' oder 'Jäger' nicht mehr können, reihen sie sich in die Reihe ein, indem sie jemanden vom Rücken her herausdrücken und ihm gleichzeitig ihre 'Rolle' - also entweder 'Hase' oder 'Jäger' - zurufen. Fängt der 'Jäger' den 'Hasen', wechseln die Rollen.

Hinweise: Das Spiel gewinnt an Dynamik, wenn die Wechsel zwischen Laufenden und Stehenden schnell erfolgen. Mindestens 8, besser 10 Kinder werden benötigt.

✎ ***Eigene Anmerkungen:***

Kettenfangen

Sozialform: *Von 'einem gegen alle' zu 'alle gegen einen'*

Erlebens-/Förderbereiche: *Reaktion, Schnelligkeit, Ausdauer, Sozialverhalten*

Material: *keines*

Vorbereitung: *keine*

Ein Kind ist Fänger. Alle anderen Kinder laufen durch die Halle. Sobald ein Kind gefangen ist, fangen beide unter Handhaltung gemeinsam weiter, sind sie zu viert, teilt sich die Kette in zwei Teile. Es wird so lange gefangen, bis kein Kind mehr alleine herumläuft.

Variationen: Die Kette teilt sich nicht, sondern es wird so lange gefangen, bis kein Kind mehr übrig ist.

Eigene Anmerkungen:

Mein Raum

Sozialform: *Paare*

Erlebens-/Förderbereiche: *Sozialverhalten, Gleichgewicht, taktile bzw. Körper-Wahrnehmung, Tonusregulation*

Material: *Reifen*

Vorbereitung: *Je Paar einen Reifen bereithalten*

In den auf dem Boden liegenden Reifen stellt sich ein Kind, das andere steht davor. Das im Reifen stehende Kind verteidigt seinen Raum, während das Außenstehende durch Ziehen, Stoßen u.ä. versucht, hineinzugelangen. Nach kurzer Zeit (ca. 2 Min.) beendet der ÜL durch ein Signal. Beide Kinder setzen sich Rücken an Rücken in den Reifen und spüren sich gegenseitig. (Dieses Spiel ermöglicht die Erfahrungen von Gegeneinander und Miteinander innerhalb einer Sequenz.) Danach werden die Rollen getauscht. Nun kann ein Gespräch zwischen den Paaren und/oder in der Großgruppe stattfinden.

Variationen:

- Beide Kinder setzen sich in den Reifen und versuchen, möglichst viel von ihren Körperteilen (Arme, Beine etc.) hineinzubekommen
- Beide stehen Rücken an Rücken. Visualisierungshilfe: Man jucke sich genüßlich an einem 'Baumstamm'. Zeit zum Nachfühlen lassen!

✎ *Eigene Anmerkungen:*

Pferd und Kutscher

Sozialform: *Eins und eins*

Erlebens-/Förderbereiche: *Sozialverhalten, Rhythmus, Raumwahrnehmung*

Material: *Reifen, Tücher, Bälle, Kasten, Matten, Keulen*

Vorbereitung: *Je Paar einen Reifen bereithalten*

Ein Kind läuft als 'Pferd' im Reifen. Das zweite Kind hält den Reifen als 'Kutscher' fest und läuft hinterher. So gehen und laufen alle in wechselndem Tempo durch die Halle. Der Kutscher lenkt dabei sein Pferd. Es ist auch möglich, dass das Pferd die Richtung angibt und der Kutscher nur folgt. Nach jedem Durchgang anhalten, die Augen schließen und den Empfindungen nachfühlen. Die Rollen können beliebig getauscht werden.

Variationen:

- Die Augen des Kutschers werden verbunden. Das führende Pferd geht zuerst langsam, um dann - mit zunehmendem spürbarem Vertrauen des Kutschers - das Tempo zu steigern
- Hindernisse, wie Bälle, Kästen, Matten oder Keulen, im Raum verteilen, so dass das Pferd den Kutscher vorsichtig durch den Parcours führen kann

Eigene Anmerkungen:

Piratenspiel

Sozialform: *Einer gegen alle*

Erlebens-/Förderbereiche: *Schnelligkeit, Reaktion, Sozialverhalten, Raumorientierung*

Material: *Reifen nach Anzahl der Kinder, 1 Softball*

Vorbereitung: *keine*

Die Turnhalle ist ein großes Meer. Bis auf ein Kind sind alle Kapitäne, die in ihren Schiffen (Reifen) übers Meer fahren. Sie schippern mal schnell, mal langsam, mal vorwärts, mal rückwärts und mal zur Seite. Das Schiff darf nicht gekippt werden, da es ansonsten voll Wasser laufen würde (logisch!). Auf dem Meer gibt es einen wilden Piraten (Kind mit Softball), welcher mit einer 'Kanonenkugel' versucht, alle Schiffe zu versenken. Ist ein Schiff versenkt, so wird es auf den Boden gelegt und der Kapitän wartet, bis ein anderes Schiff ihn mitnimmt.

Variationen:

- Die Reifengröße verändern
- Die Anzahl der Piraten erhöhen
- Den Raum begrenzen oder erweitern

Hinweise:

Die Kinder erfahren besonders Spaß am Miteinander.

Der Pirat darf die Schiffe nicht festhalten. Mehr 'Kapitäne' im Schiff erschweren das Lenken.

Der ÜL sollte u.U. die noch fahrenden Kapitäne an das Helfen erinnern. (Denn die Bereitschaft der anderen zur Hilfe wird größer sein, wenn ihnen auch geholfen wurde.)

Abhängig von der Hallengröße, den motorischen und Orientierungsfähigkeiten der Kinder sollten die Reifen der versenkten Schiffe vom ÜL oder einem Helfer zwischendurch weggeräumt werden.

Eigene Anmerkungen:

Sanitäterball

Sozialform: *Zwei Mannschaften gegeneinander*

Erlebens-/Förderbereiche: *Reaktion, Ausdauer, Auge-Hand-Koordination, Sozialverhalten*

Material: *Je Kind ein Softball, u.U. Fliesen, 'zwei Wände' (kleine Weichbodenmatten oder zwei Kästen)*

Vorbereitung: *In den vorderen Spielfelddritteln zwei 'Wände' bauen*

In jedem Spielfeld befindet sich eine Mannschaft. Jedes Kind hat einen Ball und versucht, Kinder der anderen Mannschaft abzuwerfen, ohne die Mittellinie zu übertreten. Ein getroffenes Kind setzt sich hin und wartet, bis ein anderes aus seiner Mannschaft kommt und es hinter eine vorher festgelegte Linie zieht (z.B. Schlusslinie des Volleyballfeldes). Dann kann es wieder mitmachen.

Variationen:

- Umgedrehte Fliesen (erleichtern das Ziehen) liegen bereit, das getroffene Kind wird darauf hinter die Linie gezogen
- Im vorderen Drittel der Spielfelder jeweils eine schützende 'Wand' bauen

✎ *Eigene Anmerkungen:*

Schlafender Riese

Sozialform: *Einer gegen alle*

Erlebens-/Förderbereiche: *Schnelligkeit, Reaktion*

Material: *Eine Weichbodenmatte, kleine blaue Matten (u.U. ein kleiner Kasten, diverse Kleinmaterialien: Bälle, Tücher, Seilchen, Alltagsmaterialien)*

Vorbereitung: *In eine Hallenecke die Weichbodenmatte mit den Kleinmaterialien, in die diagonal entfernte die kleinen blauen Matten legen*

Ein Kind ist Riese, die anderen sind Zwerge. Der Riese liegt in seinem Haus (Weichbodenmatte) und schläft. Die Zwerge sind in ihrem Haus (kleine blaue Matten). Sie schleichen sich heran und berühren den Riesen. Dieser erwacht und versucht, die Zwerge zu fangen, bevor sie in ihrem Häuschen sind. Gefangene Zwerge sind im folgenden Durchgang auch Riesen.

Variationen:

- Die Zwerge schleichen sich an und versuchen, ein Teil mit in ihr Haus zu nehmen. Ein mit Material gefangenes Kind muss dieses zurückgeben; ein ohne Material gefangenes Kind wird auch Riese
- **'Ein Nachtwächter'** liegt mit einer Lampe (Ball), die 'geklaut' werden soll, auf der Matte

Eigene Anmerkungen:

Schlangenfangen

Sozialform: *Einer gegen fünf*

Erlebens-/Förderbereiche: *Reaktion, Sozialverhalten, Frustrationstoleranz, taktile Erfahrung*

Material: *keines*

Vorbereitung: *keine*

Die 5 Personen bilden eine Schlange, indem sie hintereinander stehen und sich an den Hüften/Schultern fassen. Einer steht dem 'Kopf' gegenüber und versucht nun, den 'Schwanz' (den Letzten in der Schlange) zu berühren. Die Schlange versucht dies zu verhindern.

Wird der 'Schwanz' gefangen, so ist dieser neuer Fänger; der bisherige Fänger stellt sich an die Spitze der Schlange.

Variationen: Die Kinder laufen als Schlange(n) durch die Halle und bekommen Aufgaben wie: Alle auf den Boden legen, rückwärts laufen, in der Hocke laufen, auf einem Bein hüpfen ...

✎ *Eigene Anmerkungen:*

Schwänzchen fangen

Sozialform: *Jeder gegen jeden*

Erlebens-/Förderbereiche: *Reaktion, Ausdauer, Frustrationstoleranz, Regelverhalten*

Material: *Seilchen oder/und Bänder oder/und Toilettenpapier oder/und Zeitungen*

Vorbereitung: *keine*

Allen Kindern werden 'Schwänzchen' in den Hosenbund gesteckt. Nun laufen sie kreuz und quer durch die Halle und versuchen, sich gegenseitig die Schwänzchen herauszuziehen. Jeder ist bestrebt, sein eigenes 'Schwänzchen' zu schützen.

Variationen:

- Jedes eroberte 'Schwänzchen' wird an einer festgelegten Stelle abgegeben / hingelegt
- **'Farbenfangen':** Die 'Schwänzchen' haben verschiedene Farben. Die aufgerufene Farbe versucht, den anderen die 'Schwänzchen' zu klauen

Eigene Anmerkungen:

Wer hat Angst vorm Zaubermann?

Sozialform:	*Einer gegen alle*
Erlebens-/Förderbereiche:	*Sozialerfahrung, Ausdauer, Reaktion, Frustrationstoleranz*
Material:	*keines*
Vorbereitung:	*keine*

Ein Kind ist Zaubermann, steht an einer Hallenwand und ruft: 'Wer hat Angst vorm Zaubermann?' Die anderen Kinder, die sich am anderen Ende der Halle befinden, antworten: 'Niemand'. Zaubermann: 'Und wenn er kommt?'; Kinder: 'Dann laufen wir'. Nun versuchen die Kinder, die andere Hallenseite zu erreichen, ohne vom Zaubermann gefangen zu werden. Wer gefangen wird, ist auch Zaubermann. Dasjenige Kind, welches übrigbleibt, ist neuer Zaubermann.

✎ ***Eigene Anmerkungen:***

7.4 Entspannungsanregungen und -projekte

Die hier vorgestellten Praxisanregungen und Projekte sollen Möglichkeiten aufzeigen, wie Kinder im Rahmen einer Psychomotorik-Stunde Entspannung bewusster erfahren können. Unbestritten ist, dass durch viele der vorgenannten Praxisanregungen eine Spannungsabfuhr und somit eine Spannungsregulation erfolgt. Dieser Abschnitt befasst sich mit solchen Möglichkeiten, die die direkte Bewusstmachung der Entspannungswirkung hervorrufen.

Tagtäglich erleben wir Spannungen, die ganz unterschiedlich empfunden werden. Allgemein kann zwischen positiver und negativer Spannung (Stress) unterschieden werden.

Positive Spannungen: (Eu-Stress)	Freude, Heiterkeit, Erfolg, gemeinsam etwas machen
Negative Spannungen: (Dis-Stress)	Ruhelosigkeit, Unzufriedenheit, Angst, schulische Fehlschläge, Dauerbelastung durch familiäre Spannungen etc.

Disstress kann zu Gesundheits- und Lebensqualitätsbeeinträchtigungen führen. Bei Kindern wirkt er sich direkt auf ihre Entwicklungsmöglichkeiten aus sowie auf die konzentrative und koordinative Leistungsfähigkeit. Ein harmonischer Wechsel von Spannung und Entspannung ist die Grundlage für das persönliche Wohlbefinden sowie eine innere Ausgeglichenheit und Stabilität. Das Immunsystem und die biologischen Abwehrkräfte erfahren eine positive Beeinflussung hinsichtlich ihrer Funktionen. Eine geringere Krankheitsanfälligkeit ist die Folge.

Das Erlernen einer Entspannungstechnik kann hilfreich sein, um in akuten Stresssituationen eigenregulativ wirken zu können. Die Folge ist häufig eine Aktivitäts- und Leistungssteigerung. Für Kinder ist wesentlich, dass sie erfahren, was Spannung und Entspannung ist und wie sie sie bewusst einsetzen können.

Viele Verhaltensauffälligkeiten resultieren aus einer beständigen Überbelastung und damit der Unmöglichkeit, Ruhepunkte zu finden. Auch Kinder sollten das Recht haben, 'die Seele baumeln' zu lassen. Gerade für Kinder mit Behinderung gilt, dass aufgrund der notwendigen (?) Förderung viele Termine - häufig noch außerhalb der schon anstrengenden Ganztagsbeschulung - ihren Alltag bestimmen. Hier stellt sich die Frage nach dem für das einzelne Kind notwendigen Förderumfang, ohne dass das Risiko von Sekundärschäden steigt. Immer sollte das Kind Spaß und eigene

Motivation verspüren können. Hier kann der ÜL z.B. durch ein Gespräch mit den Eltern regulierend wirken.

Von großer Bedeutung ist die entsprechende Stundengestaltung, die verschiedenste Entspannungsteile beinhalten kann. In meiner praktischen Tätigkeit konnte ich erleben, welch lösenden Charakter Entspannungsanregungen haben und wie günstig sie sich auch auf den Gruppenzusammenhalt - die persönliche Nähe der Kinder untereinander - auswirken können. Ebenso war in der Regel eine Verbesserung der konzentrativen Leistung und somit die Offenheit für den weiteren Stundenverlauf sowie die Einführung neuer Praxisanregungen deutlich erhöht.

➢ ***Register „Entspannungsanregungen und -projekte"***

Baumstamm und Kordel

Sozialform: *Jeder für sich*

Erlebens-/Förderbereiche: *Propriozeptiv/kinästhetische Wahrnehmung*

Material: *Je Kind eine Matte*

Vorbereitung: *keine*

Jedes Kind legt sich auf eine Matte und schließt die Augen. Der ÜL fordert die Kinder mit ruhiger Stimme auf, einige Male tief aus- und einzuatmen, ruhig und entspannt zu werden. Anschließend erklärt er, dass er von Kind zu Kind gehen und es auffordern wird, mal seinen ganzen Körper anzuspannen und entspannt zu liegen. Bei beiden 'Spannungsformen' hebt er es an den Füßen soweit hoch, dass nur noch Kopf und Schultern aufliegen. Zur Verbildlichung kann der Hinweis gegeben werden, das Kind solle wie ein Baumstamm und dann locker wie eine Kordel liegen.

Hinweise: Dieses Spiel eignet sich zur Wahrnehmung der muskulären Spannung. Voraussetzung ist ein ausreichendes kognitives Verständnis und Vorstellungsvermögen, da durch den Ausschluss der optischen Kontrolle das taktile Empfinden erschwert ist.

Eigene Anmerkungen:

Den Körper spüren

Sozialform:	*Jeder für sich*
Erlebens-/Förderbereiche:	*Körperschema, Muskelspannung, Körperempfinden*
Material:	*Pro Kind eine Matte, Musik*
Vorbereitung:	*Den Raum abdunkeln*

Jeder legt sich auf eine Matte, den Hintergrund bildet eine Entspannungsmusik.

„Versuch einmal, die Augen zu schließen. Atme einige Male tief aus und ein. Nun versuche zu erspüren, wo deine Füße auf der Matte aufliegen, wo sie Kontakt zum Boden haben. - Pause - Spüre, wo Unterschenkel, Knie, Oberschenkel und der Po aufliegen. Wo haben deine Beine Kontakt zur Matte? Kannst du die Punkte spüren? - Pause - Wo liegen Rücken und Schultern auf? - Pause - Über die Schultern folgst du dem Verlauf deiner Oberarme bis zu den Ellenbogen und durch die Unterarme bis zu den Händen. - Pause - Spüre einmal nach, wie deine Hände liegen: locker oder verkrampft, sind sie warm oder kalt? - Pause - Nun gehe zurück zu den Schultern und wandere über den Hals zum Kopf und fühle auch hier noch einmal, wo der Kopf aufliegt. - Pause - Bleibe einen Moment ruhig liegen und genieße die Entspannung. - Pause - Ich zähle nun langsam rückwärts von 5 bis eins. Anschließend öffnest du die Augen und atmest einige Male ein und aus. 5 - 4 - 3 - 2 - 1, Augen öffnen, tief ein- und ausatmen und sich räkeln und strecken." Nun Zeit lassen. Anschließend wird erzählt, was fühlbar war.

✎ ***Eigene Anmerkungen:***

Entspannen auf einer Wolke

Sozialform:	*Alle für einen / mehrere zusammen*
Erlebens-/Förderbereiche:	*Gleichgewicht, Körperkoordination, Sozialverhalten, Entspannung*
Material:	*Weichbodenmatte, Medizinbälle, u.U. kleine blaue Matten, die als Viereck um die Weichbodenmatten gelegt werden (um ein Wegrollen der Medizinbälle zu verhindern)*
Vorbereitung:	*Die Weichbodenmatte wird auf die Medizinbälle und mit den kleinen blauen Matten ein Viereck um die Weichbodenmatte gelegt*

Ein Kind legt sich auf die Weichbodenmatte, welche ganz langsam in alle Richtungen bewegt wird, so dass es sich entspannen kann. Unterstützt wird die Entspannung durch ruhige Musik.

Variationen:	Mehrere Kinder liegen auf der Weichbodenmatte

✎ *Eigene Anmerkungen:*

Igelball und Co.

Sozialform: *Paare*

Erlebens-/Förderbereiche: *taktile Erfahrung, psychophysiche Regulation*

Material: *Je Paar zwei Matten, Igelbälle, Bälle, Stäbe, Watte, Bürsten, Creme, Rasierschaum, Kassettenrekorder, Entspannungsmusik*

Vorbereitung: *Jeweils zwei Matten nebeneinander legen, die Materialien an einen für alle zugängigen Platz legen*

Ein Kind legt sich mit geschlossenen Augen (Bauch- oder Rückenlage) auf eine Matte. Das andere Kind rollt oder streicht mit den verschiedenen Gegenständen über den gesamten Körper. Entspannungsmusik kann den beruhigenden Erlebnischarakter unterstreichen. Nach ca. 4-5 Minuten bittet der ÜL die Kinder, die Materialien zurückzulegen, und lässt vor einem Wechsel Zeit zum Nachspüren. Nun können die Kinder, die massiert haben, auf der zweiten Matte ausruhen.

Hinweise: Die Materialien zur Vermeidung einer Reizüberflutung begrenzen. Klar unterscheidbare Wahrnehmungsqualitäten (hart, weich, borstig, flauschig, ...) beugen einer 'Wahrnehmungsdiffusität' vor. Manche Kinder stimulieren sich lieber selbst und fühlen sich mit geöffneten Augen sicherer.

✎ *Eigene Anmerkungen:*

Minuten schätzen

Sozialform: *Jeder für sich*

Erlebens-/Förderbereiche: *Zeitempfinden*

Material: *Je Kind eine Matte*

Vorbereitung: *keine*

Jedes Kind setzt oder legt sich auf eine Matte; der ÜL bittet die Kinder, die Augen zu schließen und ruhig zu atmen.

„Wenn ich gleich 'Los' sage, versucht ihr für eine Minute die Augen geschlossen zu halten. Wenn ihr meint, die Minute ist vorbei, öffnet die Augen und setzt euch auf."

Anschließend gibt der ÜL den Einzelnen eine Rückmeldung darüber, wie genau sie die Zeit einschätzen konnten.

Variationen: Das 'Minuten schätzen' als Entspannungsform in mehreren Stunden einbauen und eine Liste darüber führen, wie genau die Kinder die Zeitspanne '1 Minute' einschätzen konnten. So erhalten die Einzelnen eine Rückmeldung über die Entwicklung ihres Zeitempfindens.

Eigene Anmerkungen:

Pizzabäckerei

Sozialform: *Paare*

Erlebens-/Förderbereiche: *Taktile, propriozeptive Wahrnehmung*

Material: *Je Paar zwei kleine blaue Matten*

Vorbereitung: *Die Matten nebeneinander legen*

Ein Kind legt sich auf den Bauch, das andere setzt sich daneben. Der ÜL erzählt: „Wir sind in einer Pizzabäckerei. Derjenige von euch, der liegt, ist der Pizzateig. Der daneben Sitzende ist Pizzabäcker. Wir wollen nun eine Pizza backen. Dafür kneten wir zuerst einmal den Teig (alle kneten / massieren die Rücken ihrer Partner). Nachdem der Teig nun geknetet ist, ruht er. Wir legen ein Handtuch drüber (mit beiden Händen über die Rücken streichen). Nun ist der Teig fertig gegangen, wir können das Handtuch abnehmen und ihn nochmals kneten (wie vorher). Jetzt wird der Teig ausgerollt (mit den Unterarmen über den Rücken rollen). Überlegen wir mal, was auf eine Pizza drauf muss: Tomatenmark (beide Hände streichen); Zwiebelringe (mit dem Zeigefinger kleine Kreise malen); Oliven (mit drei Fingern kleine Stupser machen); Spargel (lange Streifen malen); Salami (die flachen Hände auflegen); Käse (kleine reibende Bewegungen mit den Fingerspritzen); Eier (eine hohle Hand auf den Rücken setzen und mit der anderen auf diese klatschen). Nun muss die Pizza in den Backofen (mit beiden Händen seitlich am Rumpf Druck ausüben). Jetzt warten wir und lassen die Pizza backen (mit dem Mund pusten). Nun ist sie fertig. Mmmmh, wie das schon gut riecht. Wir holen die Pizza aus dem Backofen (auf der anderen Rumpfseite leichte Zugbewegungen machen) und essen sie (Essgeräusche machen)". - Rollentausch.

Eigene Anmerkungen:

Platzwechsel

Sozialform: *Jeder für sich*

Erlebens-/Förderbereiche: *Propriozeptive Wahrnehmung, Raumerfahrung*

Material: *Je Kind eine Matte, Musik*

Vorbereitung: *keine*

Jedes Kind legt sich auf eine Matte und schließt die Augen. Der ÜL gibt die Anleitung, ganz ruhig zu atmen, auf die Musik zu lauschen und zu entspannen. Nach einer kurzen Pause sagt er, dass er nun die Kinder, die ruhig liegen, auf einen anderen Platz legen wird. Wenn alle an einem anderen Ort liegen, dürfen die Augen geöffnet werden und jeder kann sich neu orientieren.

Hinweise: Bei größeren und/oder schwereren Kindern sind 2 ÜL notwendig

✎ ***Eigene Anmerkungen:***

Progressive Muskelentspannung

Sozialform: *Jeder für sich*

Erlebens-/Förderbereiche: *Psychophysische Regulation, Körperwahrnehmung*

Material: *Je Kind eine Matte*

Vorbereitung: *keine*

Die Progressive Relaxation nach JACOBSON basiert auf der Theorie, dass eine Gesamtkörperentspannung durch die An- und Entspannung verschiedener Muskelpartien erreicht werden kann. Das Erlernen sollte schrittweise erfolgen, und erst wenn die einzelnen Körperpartien als entspannt gespürt werden, erweitert sich das Programm. JACOBSON nennt folgende Reihenfolge (vgl. VAN DER SCHOOT 1987):

1. Entspannung der Arme
2. Entspannung des Gesichts mit Nacken, Schultern und oberem Rücken
3. Entspannung des Brustkorbes, des Bauchraumes und des unteren Rückens
4. Entspannung des Lendenbereiches, der Schenkel und Waden
5. anschließend vollkommene Entspannung

zu 1.
Die rechte Faust wird geballt, die Spannung soll zunehmen, gespürt und wieder gelöst werden. Wiederholen. - Gleiches mit der linken Faust. - Beide Fäuste und Unterarme anspannen und wieder entspannen. Die Ellenbogen beugen, den Bizeps anspannen und wieder entspannen, Arme ablegen. Wiederholen. - Die Arme gestreckt auf die Unterlage drücken, Spannung spüren, entspannen. Wiederholen. - Nun versuchen, immer weiter zu entspannen

zu 2.
Die Muskeln locker und schwer werden lassen. Nun die Stirn runzeln, stärker runzeln, spüren, entspannen. - Augenbrauen zusammenziehen, Spannung spüren, entspannen. - Augen zusammenkneifen, Spannung steigen lassen, entspannen. - Zähne aufeinander beißen, Kiefermuskulatur anspannen, spüren, entspannen. -

Zunge gegen den Gaumen drücken, Spannung spüren, entspannen. - Lippenspitzen zusammenpressen, Spannung spüren, entspannen. - Entspannung im gesamten Kopfbereich spüren. Kopf gegen den Boden drücken, Spannung im Nacken spüren, Kopf auf die rechte Seite rollen, Kopf auf die linke Seite rollen, Spannungswechsel beobachten, Kopf nach vorne beugen, Kinn gegen die Brust pressen, Kopf wieder bequem hinlegen, Entspannung spüren. - Schultern hochziehen, Spannung halten, Spannung lösen, Entspannung beobachten. Schultern hochziehen, nach vorne und zurückdrehen, Spannung spüren, lösen, entspannen. Entspannung im gesamten Kopf-, Schulter-, Nackenraum spüren

zu 3.
Gesamtkörperentspannung spüren. Einatmen, Lunge mit Luft füllen, Atem anhalten, Spannung spüren, Brustkorb locker werden lassen, Luft ausströmen lassen, entspannen, Entspannung genießen. Wiederholen. - Bauchmuskeln anspannen, hart machen, Spannung beobachten, entspannen. Wiederholen. - Bauch einziehen, Muskeln anspannen, spüren, ausatmen, entspannen, Entspannung spüren. Wiederholen. - Bauch einziehen, herausdrücken, Spannung spüren, Bauch einziehen, herausdrücken, entspannen. Entspannung tiefer werden lassen. - Konzentration auf den unteren Rücken, Gesäß von der Unterlage anheben, Spüren der Spannung entlang der Wirbelsäule, entspannen. Wiederholen. - Den Rest des Körpers möglichst entspannt halten. Die Entspannung wird tiefer und tiefer

zu 4.
Gesäß und Oberschenkel anspannen, Spannung spüren, Fersen nach unten drücken, spüren, entspannen. Wiederholen. - Füße und Zehen nach unten drücken, weg vom Gesicht, Wadenmuskeln sind angespannt, Spannung beobachten, entspannen. - Füße in Richtung Gesicht ziehen, Spannung am Schienbein spüren, entspannen. Entspannt bleiben. - Nun die Entspannung weiterwandern lassen: Von den Füßen über die Knöchel, Waden, Schienbeine, Knie, Beinmuskeln, Gesäß, Hüften. Schwere des Unterkörpers beobachten. Weiter entspannen. - Entspannung des Bauches, Taille, unteren Rücken. Immer weiter entspannen. - Oberer Rücken, Brust, Schultern, Arme, bis in die Fingerspitzen. Immer tiefer entspannen. - Hals, Nacken, Kiefermuskeln, Gesichtsmuskeln, alles locker lassen. Entspannen. Tief ein- und ausatmen. Augen schließen. Es kann das Gefühl eintreten, sich nicht mehr bewegen zu wollen. Jeder zählt rückwärts von vier bis eins, öffnet die Augen, fühlt sich erholt und erfrischt, wach und ruhig

Hinweise: Bei Kindern und abhängig von der Schwere der Behinderung kann es sinnvoll sein, nur einzelne Teile aus der Progressiven Muskelentspannung durchzuführen.

✎ *Eigene Anmerkungen:*

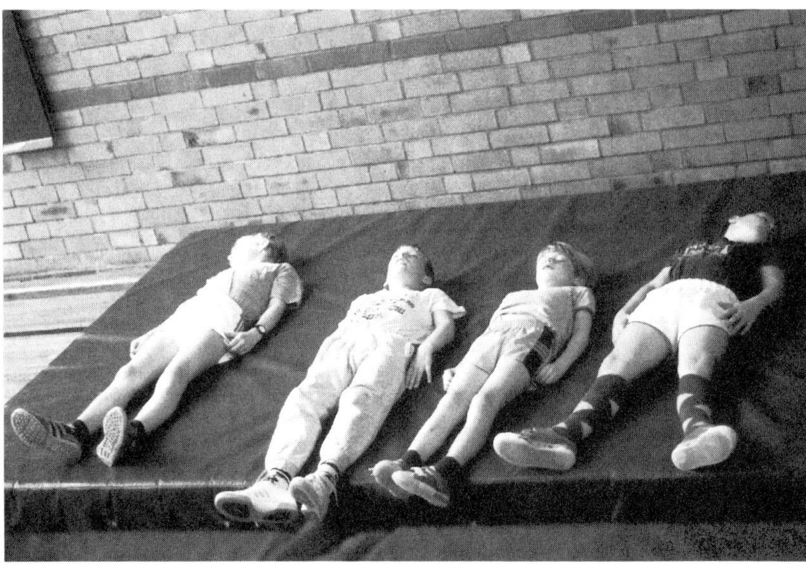

Sonnenstrahlen

Sozialform:	*Jeder für sich, alle miteinander*
Erlebens-/Förderbereiche:	*Auditive, taktile Wahrnehmung, Körperspannungserfahrung*
Material:	*keines (u.U. Kleinmaterialien wie Muscheln, Steine, Federn, Wattebäusche, Hölzer, ...)*
Vorbereitung:	*keine*

Alle Kinder legen sich in der Mitte mit den Köpfen aneinander in einen Kreis, so dass sie eine Sonne mit ihren Strahlen bilden. Sie atmen einige Male tief aus und ein und schließen die Augen. Nach einem Moment des Ruhig-Liegens regt der ÜL an zu lauschen, welche Geräusche sie hören können, und sich diese zu merken. Nach ca. 2 bis 4 Minuten öffnen die Kinder auf ein vereinbartes Zeichen hin wieder die Augen, setzen sich und zählen auf, welche Geräusche sie wahrgenommen haben. Diese Entspannungsform eignet sich besonders für den Sommer draußen.

Variationen:	Der ÜL gibt den Kindern verschiedene Kleinmaterialien in die Hand, die sie mit geschlossenen Augen hinsichtlich ihrer Beschaffenheit erfühlen

Eigene Anmerkungen:

Wasserfall

Sozialform: *Jeder für sich*

Erlebens-/Förderbereiche: *Körperwahrnehmung, Ruhe und Gelassenheit*

Material: *Je Kind eine Matte, Kassettenrekorder, Entspannungsmusik (u.U. mit plätscherndem Wasser)*

Vorbereitung: *keine*

Jeder liegt mit dem Rücken auf einer Matte und der ÜL erzählt:

„Atmet einige Male tief aus und ein und schließt eure Augen. Pause - (u.U. jetzt die Musik einschalten) - Nun stellt euch vor, ihr steht in einem Wasserfall aus weißem, weichem Licht. - Pause - Dieser Wasserfall aus weißem, weichen Licht läuft über euren Kopf, euren Hals bis hin zu den Schultern. - Pause - Und er läuft weiter über eure Arme bis in die Hände hinein und über die Finger hinaus. - Pause - Der Wasserfall aus weißem, weichen Licht ergießt sich über euren Rücken, euren Brustkorb und Bauch bis hin zum Po. - Pause - Er fließt weiter über den Po hinweg zu den Beinen, den Oberschenkeln, den Knien und an den Unterschenkeln entlang bis zu den Füßen. - Pause - Und er fließt weiter über die Füße und Zehen bis auf den Boden. - Pause - Nun steht ihr ganz umhüllt von dem Wasserfall aus weißem, weichem Licht. Vielleicht spürt ihr die Entspannung und die Kraft, die dieser Wasserfall bringt. - Pause - Lasst euch von diesem Gefühl einen Moment begleiten. - Pause - Ich zähle nun rückwärts von fünf bis eins, anschließend öffnet ihr die Augen und atmet einige Male tief ein und aus. - Pause - 5- 4- 3- 2-1. Augen öffnen, ein- und ausatmen und räkelt und streckt euch."

Nun kann jedes Kind über seine Erfahrungen erzählen (vgl. MURDOCK 1989).

✎ ***Eigene Anmerkungen:***

Wetterbericht

Sozialform:	*Paare*
Erlebens-/Förderbereiche:	*taktile, propriozeptive Wahrnehmung, Hand-Hand-, Hand-Finger- und Auge-Hand-Koordination*
Material:	*Je Paar zwei kleine blaue Matten*
Vorbereitung:	*Die Matten nebeneinander legen*

Ein Kind legt sich mit dem Bauch auf die Matte als 'Wetterkarte'. Das andere Kind ist der 'Wetterberichterstatter'. Der ÜL erzählt den Wetterbericht, und die 'Wetterberichterstatter' führen die dazugehörenden Bewegungen aus.

„Es folgt der Wetterbericht: Zunächst einmal scheint die Sonne (leichtes wärmendes Reiben mit beiden Händen über den Rücken). Nun kommt ein Wind auf, der immer stärker wird (die Hände streichen diagonal über den Rücken, mal die rechte, mal die linke Hand mit zunehmender Geschwindigkeit und etwas zunehmender Kraft). Der Wind bringt Regen heran. Es ist damit zu rechnen, dass der Regen zuerst leicht fällt (leichtes gleichmäßiges Klopfen mit den Fingern), übergehend zu Schauern (intensiveres Klopfen mit den Fingerspitzen, verbunden mit einigen kleinen Pausen). In diesen Schauern befinden sich einzelne Schneeflocken (einzelne Tupfer mit den Fingerspitzen auf den Rücken machen). Leider geht der Regen in einen Dauerregen über (gleichmäßiges Klopfen mit den Fingerspitzen auf dem gesamten Rücken), durch erneute Windböen werden die Regenwolken vertrieben, und ganz langsam setzt sich die Sonne wieder durch (langsames Reiben mit beiden Händen über den Rücken)."

Variationen: Je nach gewünschter Dauer der Entspannung können andere Wetterformen eingebaut werden: Blitz = zackige Streifen mit zwei Fingerspitzen auf den Rücken malen;

Donner = Klopfen mit den Händen auf den Rücken; Sturm = alles durcheinander

Hinweise:

Der 'Wetterbericht' sollte den feinmotorischen Fähigkeiten der Kinder angepasst werden.
Gerade bei den 'wilderen' Wetterformen muss der ÜL das mögliche Aggressionspotential einiger Kinder 'im Auge' behalten.
Dann sinnvollerweise mit Schönwetter anfangen.
Wenn die Kinder geübter sind, kann ihnen auch Zeit gelassen werden, alleine einen Wetterbericht zu entwerfen. Hier sind nun Wünsche der 'Wetterkarte' (= des liegenden Kindes) integrierbar

✎ *Eigene Anmerkungen:*

7.5 Stundenprojekte

Hier finden sich Beispiele, wie zu bestimmten Bewegungsqualitäten einzelne oder mehrere aufeinander folgende Stunden gestaltet werden können.

Alle Projekte, die mit Großgeräten zu tun haben, sollten so ablaufen, dass die Kinder möglichst viel - im Idelfall alles - nutzen können, ohne dass eine Hilfestellung dabei notwendig ist. Abhängig von der Schwere der Behinderung sind die Grenzen hier enger oder weiter. Als oberste Priorität - auch bei solchen Behinderungen, die ein unbegleitetes Fortbewegen nahezu unmöglich machen - gilt immer, dass die Rolle des ÜL's in der Begleitung liegt.

Kärtchen (zu den Aufbauten), die durch eine einfache Symbolik Ge- oder Verbote zeigen, erleichtern die selbstbestimmte Nutzung. Gut sichtbar bei den Geräten angebracht, können Kinder die Eigensteuerung beim Regelverhalten üben.

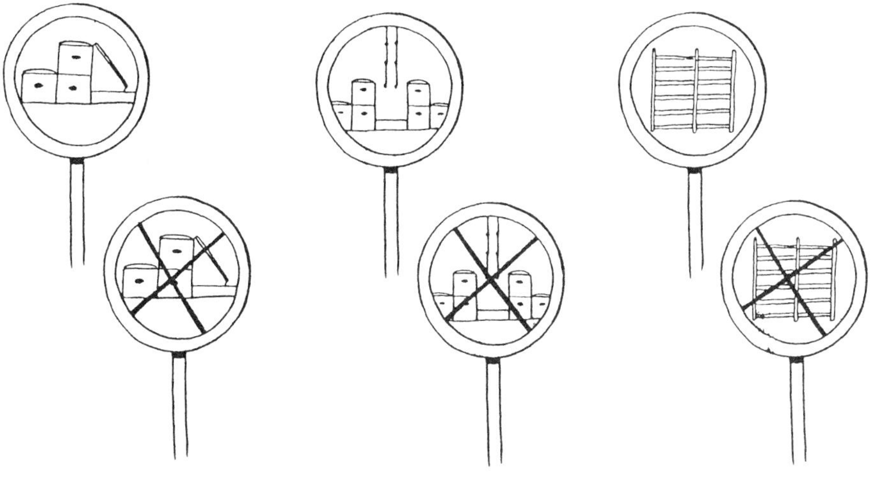

Am Ende der Stunde sollte immer ein kurzes Abschlussgespräch erfolgen, welches sich mit dem in der Stunde Erlebten beschäftigt. Ob zu Beginn der Stunde eine weitere gemeinsame Aktion (siehe Stundenanfang) oder Spiele angeboten werden, hängt neben den Bedürfnissen der Gruppe auch von anderen Faktoren, wie der zur Verfügung stehenden Zeit, ab. Gerade bei größeren Aufbauten bietet es sich an, diese für mehrere aufeinanderfolgende Gruppen zu wählen (schont die Kraftreserven des ÜL).

Stundenprojekte haben den Vorteil, dass neben der in ihnen enthaltenen Erlebnisvielfalt ein Einsatz in mehreren aufeinander folgenden Stunden möglich ist. So wird ein konstanter Inhalt angeboten, der den Kindern die notwendige Sicherheit vermittelt, um mehr Mut für neue Bewegungserfahrungen zu haben.

➢ ***Register der „Stundenprojekte"***

Der Flug ins All

Sozialform: *wechselnd*

Erlebens-/Förderbereiche: *Abhängig von der Aufgabenstellung, alle Wahrnehmungs- und motorischen Bereiche*

Rhythmisierendes, wiederkehrendes Element ist ein **'Flugritual'**. Alle sitzen im Kreis und legen beide Hände auf den Boden. Der ÜL spricht folgenden Reim vor und wiederholt ihn anschließend zusammen mit den Kindern: „Knall, knall, knall, wir fliegen jetzt ins All. Der Countdown läuft: zehn, neun, acht, sieben, sechs, fünf, vier, drei, zwei, eins, null!" (Mit zunehmender Geschwindigkeit und Lautstärke zählen). Parallel klatschen alle mit den Händen fest auf den Boden. Nun laufen die Kinder kreuz und quer durch die Halle und landen zur Beendigung des Fluges sanft in Bauchlage. Der ÜL erzählt den Kindern, auf welchem Planeten sie gelandet sind. (vgl. LINDNER 1992).

Es folgen einige 'Planeten' - Beispiele:

1. Fußplanet

Erlebens-/Förderbereiche: *Taktile Erfahrung, Körpererfahrung, Koordination, Gleichgewicht, Kooperation*

Material: *Lappen, Bettlaken, Teppichstück, Kirschsteinsack, Matte, Kastenoberteil, Seilchen, Plastiktüte, Bank, Fell, Pappstück etc.*

Vorbereitung: *Materialien als 'Straße' hintereinanderlegen*

„Geht barfuß über die verschiedenen Materialien. Einmal mit geöffneten Augen und einmal mit geschlossenen Augen (Helft euch gegenseitig !)."

Alle kehren zurück ins 'Raumschiff'. Es wird erneut mit dem Flugritual gestartet.

Neben der 'Flugform' des Laufens können andere Fortbewegungsarten gewählt werden: Kriechen, Krabbeln, Hüpfen, Rückwärts -, Seitwärts -, Zu-zweit-laufen etc.

2. Raufplanet

Erlebens-/Förderbereiche: *Kinästhetische Wahrnehmung, Sozialverhalten*

Material: *Mehrere blaue Matten*

Vorbereitung: *Matten als 'Raufplanet' nebeneinander legen*

Die Kinder haben die Möglichkeit, innerhalb festgelegter Regeln (sich gegenseitig nicht wehtun: d.h. kein Schlagen, Kratzen, Beißen .../ Schuhe aus / das STOPP des anderen bedeutet, dass unterbrochen wird), miteinander zu raufen. Anfangs sollten immer nur Paare raufen. Wenn deutlich ist, dass alle Beteiligten Spaß haben und die o.g. Regeln eingehalten werden, können mehrere Kinder raufen.

Alle kehren zurück ins 'Raumschiff'. Es wird erneut mit dem Flugritual gestartet.

3. Ruheplanet

Erlebens-/Förderbereiche: *Selbstwahrnehmung, Ruhe, Entspannung*

Material: *Mehrere Matten, Kassettenrekorder, Musik, Buch*

Vorbereitung: *Matten als 'Ruheplanet' nebeneinander legen*

Alle Kinder suchen sich auf dem Ruheplaneten einen Platz, schließen die Augen und hören der Musik / Geschichte zu.

Alle kehren zurück ins 'Raumschiff'. Es wird erneut mit dem Flugritual gestartet.

4. Springplanet

Erlebens-/Förderbereiche:	*Gleichgewichtsschulung, Koordinationsschulung*
Material:	*Minitrampolin, Weichboden, Matten, Kasten*
Vorbereitung:	*Den Weichboden hinter das Minitrampolin, kleine Matten hinter einen kleinen Kasten legen*

„Probiert mit dem Minitrampolin und dem kleinen Kasten verschiedene Sprünge und Landemöglichkeiten."

Alle kehren zurück ins 'Raumschiff'. Es wird erneut mit dem Flugritual gestartet.

5. Kuschelplanet

Erlebens-/Förderbereiche:	*Taktile Wahrnehmung, Sozialerfahrung, Entspannung*
Material:	*Matten, Watte, Bälle, Bürsten, Stäbe etc.*
Vorbereitung:	*Ein Feld aus Matten legen, die Materialien darauf verteilen*

Die Kinder gehen paarweise zusammen. Eines legt sich auf den Bauch und wird von seinem Partner oder seiner Partnerin mit den verschiedenen Materialien massiert. Der ÜL achtet hierbei auf die Wahrung der Intimitätsgrenzen der Einzelnen.

Variationen:

- **Wackelplanet:** Rodeo etc.
- **Malplanet:** Wir malen einen Ort, wo wir uns besonders wohl fühlen
- **Schaukelplanet:** Stationen zum Schaukeln aufbauen (Ringe, Wippe aus Bank und kleinem Kasten, umgedrehte Bank auf Stäben, ...)
- **Tanzplanet:** Ein Kreistanz für Kinder; auch freies Tanzen nach Musik ist hier möglich
- **Erzählplanet:** Eignet sich zum Ausklang der Stunde; hier können die Kinder erzählen, was ihnen besonders gut gefallen hat, aber auch, was ihnen nicht so gut gefallen hat

Hinweise:

Es ist günstig, einen bewegungsintensiveren und einen ruhigeren Planten im Wechsel anzubieten. Der ÜL kann anregen, eigene Planeten und Aufgaben zu erfinden (Kreativitätsförderung)

✎ *Eigene Anmerkungen:*

Die endlose Schlange

Sozialform:	*Jeder für sich; zwei Gruppen*
Erlebens-/Förderbereiche:	*Feinmotorik, Phantasie, Kreativität, Zeichnerische Gestaltung, weiterhin je nach gewählter Aufgabenstellung sämtliche anderen Wahrnehmungs- und Entwicklungsbereiche*
Material:	*Je Kind ein Blatt Papier, Bunt-, Wachsmalstifte und oder Wasserfarben. Entspannungsmusik, ein bzw. zwei Softwürfel*
Vorbereitung:	*Materialien bereithalten, Blätter mit Punkten markieren, Aufgabenkärtchen schreiben*

Jedes Kind erhält ein Blatt Papier, welches auf den gegenüberliegenden Seiten mittig mit einem Punkt gekennzeichnet ist. Die beiden Punkte sollen nun in Schlangenform miteinander verbunden werden. Phantasie und Kreativität führen so zu individuellen Lösungen, welche von einfachen schlangenförmigen Linien bis hin zu vielfältig ausgestalteten Labyrinthen reichen.

Anschließend werden die Blätter in der Mitte der Halle aneinander gelegt, so dass 'die endlose Schlange' entsteht. Unter oder an die einzelnen Blätter werden Kärtchen mit Aufgaben aus dem Psychomotorikbereich gelegt.

Die Gesamtgruppe teilt sich und geht zu einem Ende der Schlange. Jede Gruppe würfelt, zählt die entsprechenden Blätter ab und schaut, welche Aufgabe auf dem Aufgabenkärtchen steht. (Sind in der Gruppe nur Kinder, die nicht lesen können, übernimmt diese Aufgabe der Übungsleiter.) Die auf dem Zettel stehende Aufgabe wird nun von der Gruppe durchgeführt.

Ein paar Aufgabenbeispiele:

- Ein Kind legt in der Halle Seilchen aneinander, es können Kurven und Kreuzungen gelegt werden. Ein anderes Kind geht mit geschlossenen Augen und nackten Füßen über das Seilchen und ertastet sich so den Weg von einem Ende zum anderen.
- Bastele einen Turban (z.B. aus Tüchern/Wickeln)!
- Nimm zwei Seile und einen Tischtennisball. Lege die Seile ungefähr an den Außenlinien der gemalten Schlange entlang. Lege den Ball an ein Ende und puste ihn zur anderen Seite!
- Verfolge erst mit einem Tennisball, wenn möglich dann auch mit zwei Tennisbällen, die Linien (bei zwei Tennisbällen: die Tennisbälle jeweils an die Außenpunkte ansetzen, so dass sie sich in der Mitte kreuzen)!
- Versteckt verschiedene Körperteile unter Rasierschaum/Creme/Farbe!
- Male zwei Qi-Gong-Kugeln oder Tennisbälle rot an und bewege sie in der rechten Hand (Fingermalfarbe)!
- Bildet Paare! Die Partner stellen sich nebeneinander und wickeln ein Seil (Kordel,Tuch) um einen rechten und linken Knöchel, so dass beide 'zusammenkleben'. Nun gemeinsam durch die Halle gehen, laufen, hüpfen ...!
- Baut einen Geräteparcours mit Klein- und Großgeräten! (Hinweis: wenn die Geräte gemäß den Fähigkeiten der Kinder ausgewählt werden, ist diese Aufgabe auch von Kindern durchführbar. Der ÜL hat eine beobachtende und nach Wunsch der Kinder helfende Funktion.)
- Nehmt euch einen Tischtennisball und einen Heulschlauch. Legt den Tischtennisball auf das eine Ende des Heulschlauches und lasst ihn durch Hineinpusten am anderen Ende des Schlauches 'tanzen'!
- Nehmt ein Seil/Kordel und legt einen Teil der Schlange nach!
- Schwingt das Schwungtuch gemeinsam in einer Gruppe hoch (acht bis zwölf Personen). Lasst es auf ein gemeinsames Kommando hin los (am höchsten Punkt) und versucht dann, euch unter das fallende Tuch zu legen!

- Such dir einen Partner und streichele diesen mit Federn. Beobachte dabei, ob es ihm angenehm ist!
- Material: Zwei Seilchen, einen Noppenball und andere Bälle. Lege beide Seilchen in einer Schlangenlinie, ungefähr parallel. Rolle einen Ball durch die Schlange, ohne einen Rand zu berühren!
- Bildet Gruppen zu zwei oder mehr Personen. Umwickle deine Hände mit einem Seil, so dass der Daumen nicht mehr zu benutzen ist. Spielt euch dann verschiedene Bälle (Basket-, Medizin-, Volleybälle usw.) zu!
- Findet euch in Paaren zusammen. Einer lässt sich die Augen verbinden und wird dann von dem anderen durch die Halle geführt. Einmal mit Worten (rechts - links, vorwärts - rückwärts, langsam - schnell, stopp - los), dann mit Berührungen führen (mit der flachen Hand klopfen: rechte Schulter = rechts, linke Schulter = links, beide Schultern einmal klopfen: los, beide Schultern zweimal klopfen = stopp)
- Je Kind zwei Murmeln. Jedes sucht sich ein bemaltes Blatt aus und versucht, mit beiden Murmeln die gezeichneten Linien entlang zu rollen

Hinweise: Die endlose Schlange' eignet sich als Aktion im Freien, verbunden mit Naturmaterialien. Die hier genannten Ideen können natürlich auch in anderen Psychomotorik-Stunden eingesetzt werden.

Eigene Anmerkungen:

Materialerfahrung im und mit dem Wasser

1. Werfen und Fangen

Sozialform:	*Paare*
Erlebens-/Förderbereiche:	*Materialerfahrung, Geschicklichkeit, Koordination, Sozialerfahrung*
Material:	*Markierungshütchen, verschiedene Bälle (Soft-, Gymnastik-, Tennis-, Igelbälle, Luftballons etc.), Ringe und sonstige Kleinmaterialien, die auf dem Wasser schwimmen*
Vorbereitung:	*keine*

Ein Partner erhält ein Markierungshütchen, und der andere sucht sich die verschiedenen Bälle und Gegenstände, die im Wasser schimmen. Es soll nun versucht werden, jeweils die zugeworfenen Gegenstände mit dem Hütchen aufzufangen. Dabei wechseln die Wurfentfernung und Wurfart. Fänger und Werfer tauschen später die Rollen.

✎ *Eigene Anmerkungen:*

2. Füllt den Becher

Sozialform: *Zwei bis vier Gruppen gegeneinander*

Erlebens-/Förderbereiche: *Schnelligkeit, Frustrationstoleranz, gemeinsam ein Ziel verfolgen, Materialerfahrung*

Material: *Größere Plastikbecher (mind. 500 ml), kleine Schwämme, Filmdöschen. Die Materialien können nach Bedarf variiert werden*

Vorbereitung: *Auf einer Beckenseite stehen die großen Plastikbecher, genau gegenüber den Gruppen; bei den Gruppen jeweils ein Döschen und einen Schwamm bereitstellen*

Es werden zwei bis vier Gruppen mit gleich vielen Kindern gebildet. Die Plastikbecher stehen auf der einen Seite des Beckens. Die mit Wasser vollgesogenen Schwämmchen, bzw. die mit Wasser gefüllten Döschen sollen nun zum Plastikbecher transportiert und dort entleert werden. Dabei müssen Döschen und Schwamm über Kopfhöhe transportiert werden.

Variationen:

- Die TN haben abwechselnd Döschen/ Schwämmchen/Döschen/Schwämmchen ...
- Andere wassersaugenden/-haltenden Materialien verwenden: Waschlappen, Löffel ...

✎ *Eigene Anmerkungen:*

3. Piraten unter sich

Sozialform: *Jeder gegen jeden*

Erlebens-/Förderbereiche: *Geschicklichkeit, Schnelligkeit, Frustrationstoleranz, Auge-Hand-Koordination, Materialerfahrung*

Material: *Je Kind ein Schwimmbrett, diverse schwimmen-de Kleinmaterialien*

Vorbereitung: *Die Kleinmaterialien im Becken verteilen*

Die Kleinmaterialien werden eingesammelt und auf den Schwimmbrettern abgelegt, mit denen man sich dann durch das Wasser fortbewegen soll. Es ist nicht erlaubt, die Materialien auf dem Brett festzuhalten.

Variationen:

- Man versucht, sich gegenseitig die Gegenstände vom Brett zu nehmen
- Nach einer vorgegebenen Zeit wird gestoppt, und jeder zählt seine Materialien auf dem Brett
- Die Materialien sollen am Beckenrand der Größe nach geordnet werden

Eigene Anmerkungen:

4. Die Kuppel auf dem Wasser

Sozialform:	*Zwei für alle*
Erlebens-/Förderbereiche:	*Gemeinschaftsgefühl, Enge ertragen*
Material:	*Ein großes Schwungtuch*
Vorbereitung:	*keine*

Zwei Kinder stehen am Rand des Beckens und halten das Schwungtuch mit beiden Händen ausgebreitet an den Seiten hoch. Die anderen befinden sich in der Nähe des Beckenrandes im Wasser. Die beiden außenstehenden Kinder springen nun gleichzeitig ins Wasser und breiten dabei das Schwungtuch über die anderen aus. So entsteht eine Kuppel. Wer hinaus möchte, taucht unter dem Schwungtuchrand nach außen.

Variationen:

- Statt 2 Kindern springen 2 Helfer mit dem Tuch
- Mittels Markierungsstangen wird ein Tunnel gebaut, der dann zu mindestens einer Seite offen ist. Dies ermöglicht auch eine Höhlenerfahrung für Kinder, die nicht gut schwimmen können

Hinweise: 1-2 ÜL sollte(n) zur Vermeidung von Panik bei den Kindern sein!

✎ *Eigene Anmerkungen:*

5. Wir gehen über das Wasser

Sozialform: *Alle für einen*

Erlebens-/Förderbereiche: *Koordination, Sozialerfahrung, Materialerfahrung*

Material: *Schwungtuch*

Vorbereitung: *keine*

Das Schwungtuch wird im Becken gespannt, indem alle Kinder außen herum stehen und es festhalten. Nun gleitet einer über das Schwungtuch von einer Seite auf die andere.

Variationen:

- Zwei Kinder gleiten im Wechsel in Bauchlage hinüber
- Es wird rüber gekrabbelt
- Einer versucht, in der Mitte des Schwungtuches zu stehen bzw. zu gehen

✎ *Eigene Anmerkungen:*

6. Badminton mal anders

Sozialform:	*Paare*
Erlebens-/Förderbereiche:	*Koordination, Frustrationstoleranz, Materialerfahrung, Sozialerfahrung*
Material:	*Je Kind einen Badmintonschläger, Federbälle, Luftballons, Tischtennisbälle*
Vorbereitung:	*keine*

Die Paare stellen sich in frei gewählter Entfernung im Wasser auf und versuchen, sich die unterschiedlichen Bälle zuzuspielen.

Variationen:

- Ein Mitspieler steht am Beckenrand, der andere im Wasser
- Es wird ein Spiel nach festgelegten Regeln gespielt

Eigene Anmerkungen:

Sportgeräte als Experimentierraum

1. Barren

a) Hängebrücke

In gleichen Abständen werden Seile quergeknotet, so dass eine Hängebrücke entsteht.

Erlebens-/Förderbereiche: *Geschicklichkeit, Koordination, Gleichgewichtsschulung*

Material: *Barren, Seilchen*

Sinneserfahrungsmöglichkeiten: Die Kinder gehen hintereinander jeweils zu zweit aus beiden Richtungen über die Hängebrücke. Sie können auch gemeinsam schaukeln.

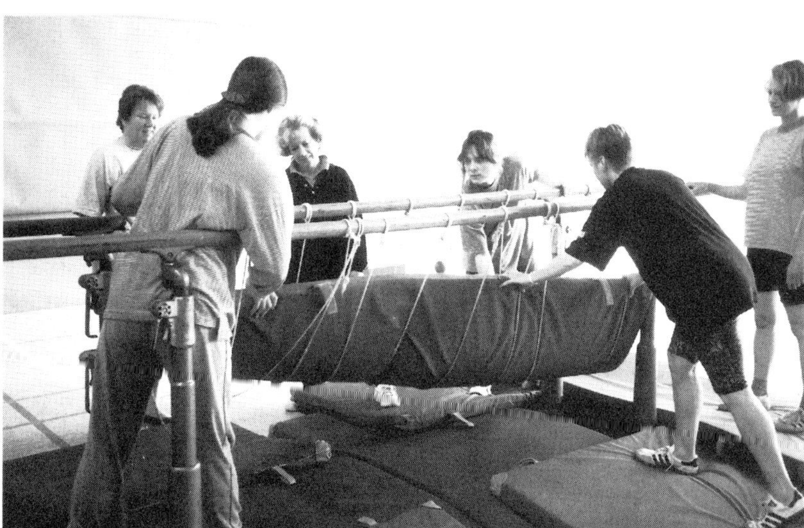

b) Schaukel

Weiche Matten und ein Kastenoberteil auf die Hängebrücke legen und befestigen (den Kasten mittels Seilchen sichern). So entsteht die Schaukel.

Erlebens-/Förderbereiche: *Vestibuläre Stimulation, Körperwahrnehmung, Koordination*

Material: *Barren, Seilchen, Matten, Kastenoberteil*

Die Kinder können einzeln oder zu zweit / dritt /... im Sitzen / Liegen / Stehen / Hocken / freihändig ... schaukeln.

c) Sinnesschaukel

Erlebens-/Förderbereiche: *Taktile Wahrnehmung, vestibuläre Stimulation, propriozeptive Wahrnehmung*

Material: *Bälle, Säckchen, Luftballons etc.*

Vorbereitung: *Materialien nahe der 'Schaukel' bereitstellen*

Nun kann sich ein Kind auf das Kastenoberteil legen und von einem bzw. mehreren Partnern mit Bällen, Säckchen, Luftballons etc. bedeckt werden. (Aufbau wie bei der Schaukel).

✎ *Eigene Anmerkungen:*

2. Decken-Taue-Langbank

Riesenschaukel

Jeweils zwei Taue miteinander verknoten, die Langbank in diese einhängen und mit Seilchen sichern

Erlebens-/Förderbereiche *Vestibuläre Stimulation, Sozialverhalten, Interaktion*

Material: *Deckentaue, Langbank*

Diese Riesenschaukel kann unterschiedlich genutzt werden:

- Es kann ein Kind alleine darauf sitzen und schaukeln bzw. geschaukelt werden
- Mehrere Kinder sitzen auf der Schaukel und schaukeln gemeinsam
- Jeweils ein Kind versucht, durch unterschiedliche Fortbewegungsarten, wie Auf-dem-Bauch-Rutschen / Krabbeln / Kriechen / auf den Knien sitzend Vorrutschen / Gehen / Laufen etc. die Bank von einer Seite zur anderen zu überqueren

Zur Sicherheit kann der gesamte Bereich unter der Bank sowie rechts und links daneben mit Matten unterlegt werden.

✎ *Eigene Anmerkungen:*

3. Kastenteile

Schwebender Kasten

Unter ein Kastenoberteil werden große Bälle gelegt, so dass der Kasten auf diesen Bällen 'schwebt'. Die Kinder erfahren den 'Schwebenden Kasten' ohne Anregungen seitens des ÜL.

Erlebens-/Förderbereiche: *Gleichgewichtsschulung*

Material: *Kastenoberteil, Medizinbälle*

Variationen:

- Ein Kind sitzt auf dem Kastenoberteil und soll ihm zugeworfene Bälle fangen und zurückwerfen
- Ein Kind steht auf dem Kastenoberteil und versucht wiederum, Bälle zu fangen und zu werfen

Eigene Anmerkungen:

4. Langbank/Kastendeckel

Wippe

Eine Langbank wird mit der Sitzfläche nach unten über einen Kastendeckel gelegt, so dass eine Wippe entsteht.

Erlebens-/Förderbereiche: *Gleichgewicht, Körperkoordination*

Material: *Langbank, Kastenoberteil, Matten*

Vorbereitung: *Die Langbank mit Matten unterlegen*

Die Kinder gehen alleine über die Bank: auf den **breiten** Flächen oder auch auf der **schmalen** Fläche (Es gilt darauf zu achten, dass kein anderes Kind direkt am Ende der Bank steht, da diese bei der Gewichtsverlagerung in der Mitte am Ende auf die Füße oder unter das Kinn schlagen kann).

Variationen:

- Zwei Kinder sitzen an den Enden der Bank und wippen (2 Kastenteile nehmen)
- Zwei Kinder (oder pro Seite zwei Kinder) stellen sich auf die Bank, halten das Gleichgewicht und beginnen mit wachsender Sicherheit zu wippen
- Mehrere Kinder gehen hintereinander über die Bank. Sie können sich an den Hüften halten

✐ *Eigene Anmerkungen:*

5. Langbank/Stäbe

Rollender Baumstamm

Über eine Reihe nebeneinander gelegter Stäbe wird eine umgedrehte Langbank gelegt.

Erlebens-/Förderbereiche: *Gleichgewicht, Koordination*

Material: *Langbank, Stäbe, zwei blaue Matten*

Vorbereitung: *Mit einem Abstand von ca. einem Meter am Ende der Bank jeweils eine blaue Matte hinlegen: dies verhindert ein Wegrollen*

Es wird versucht, von einer Seite der Bank auf die andere zu gehen.

Variationen:

- Auf den breiten Trittflächen der Bank gehen
- Auf den schmalen Trittflächen gehen
- Mehrere Kinder stellen sich auf die breiten Trittflächen, und ein ÜL bewegt die Bank langsam in beide Richtungen; mit zunehmender Sicherheit das Tempo steigern/variieren. Die Kinder versuchen, das Gleichgewicht zu halten

Eigene Anmerkungen:

6. Weichbodenmatte/Medizinbälle

a) Unsicherer Grund

Eine große Weichbodenmatte wird auf Medizinbälle gelegt.

Erlebens-/Förderbereiche: *Gleichgewicht, Körperkoordination, Sozialverhalten*

Material: *Weichbodenmatte, Medizinbälle, u.U. kleine blaue Matten, die außen herum gelegt werden, um ein Wegrollen der Medizinbälle zu verhindern*

Ein oder mehrere Kinder versuchen, auf der Weichbodenmatte zu stehen, gehen, hüpfen, krabbeln, rollen, über die Weichbodenmatte zu laufen, von außen auf die Weichbodenmatte zu springen, ...

b) Rodeo

Eine große Weichbodenmatte wird auf Medizinbälle gelegt.

Erlebens-/Förderbereiche: *Gleichgewicht, Körperkoordination, Sozialverhalten*

Material: *Weichbodenmatte, Medizinbälle, u.U. kleine blaue Matten, die außen herum gelegt werden, um ein Wegrollen der Medizinbälle zu verhindern*

Ein Kind stellt sich auf die Matte, die anderen verteilen sich am Rand und bewegen die Matte in alle Richtungen. Das Kind versucht, möglichst lange stehen zu bleiben. Als zusätzlichen Anreiz kann der ÜL mit einer Stoppuhr die Zeit nehmen. So sind bei mehreren Durchgängen Leistungssteigerungen feststellbar.

Variationen: *Zwei oder mehrere Kinder stehen auf der Matte*

c) Schwebende Wolke

Eine große Weichbodenmatte wird auf Medizinbälle gelegt.

Erlebens-/Förderbereiche: *Gleichgewicht, Körperkoordination, Sozialverhalten*

Material: *Weichbodenmatte, Medizinbälle, u.U. kleine blaue Matten, die außen herum gelegt werden, um ein Wegrollen der Medizinbälle zu verhindern*

Ein oder mehrere Kinder legen sich auf die Weichbodenmatte und werden ganz langsam in alle Richtungen bewegt, so dass sich ein entspannender Effekt einstellen kann. Dieser erfährt durch begleitende ruhige Musik eine Unterstützung.

Eigene Anmerkungen:

7. Klein-Sportgeräte

Erlebens-/Förderbereiche:	*Material- und Raumerfahrung, Koordinationsschulung, vestibuläre Stimulation, Körperwahrnehmung*
Material:	*Pedalos, Rollbretter, Gymnastikbälle, Hüpfbälle etc.*
Vorbereitung:	*Die Kleingeräte werden in einem Hallenteil bereitgelegt. Dieser kann durch Langbänke oder ein deutlich sichtbares Klebeband abgegrenzt werden*

Die unterschiedlichen Kleingeräte können ausprobiert werden. Jedes Kind folgt dabei seinen persönlichen Neigungen und eigenen Bewegungserfahrungen.

Hinweis:	Wegen einer erhöhten Verletzungsgefahr die Anzahl der Kleingeräte in Anpassung an Gruppengröße und -struktur überschaubar halten!

Eigene Anmerkungen:

7.6 Bewegungsgeschichten

Kinder verfügen (im Gegensatz zu vielen Erwachsenen) über Phantasie und Kreativität, wenn es darum geht, reale Situationen in eine Geschichte einzubringen/zu verwandeln und diese zu spielen. Auch sind sie leicht dafür zu begeistern, verschiedene Rollen (z.B. von Tieren) zu übernehmen oder Stimmungen (z.B. wütend, lustig ...) darzustellen. Bewegungsgeschichten erleichtern den Zugang zu neuen Bewegungsformen, da ihr motivationaler Charakter hoch ist und, wenn Kinder andere Rollen einnehmen können, sie ihre eigenen (objektiv vorhandenen und vermeintlichen) Defizite vergessen. Über das Erleben gelingt es ihnen, die neuen Erfahrungen in ihr persönliches Selbstbild zu integrieren.

Bewegungsgeschichten sollten so beschaffen sein, dass die Kinder die Möglichkeit erhalten, ihre eigenen Ideen mit einzubauen. So sind auch die folgenden Anregungen als Vorschläge zu verstehen, die aber nicht konsequent 'durchgeführt' werden müssen.

➢ *Register der „Bewegungsgeschichten"*

Der Regenbogenfisch

Sozialform:	*wechselnd*
Erlebens-/Förderbereiche:	*Kreativität, Darstellungsfähigkeit, Sozialerfahrung, Koordination*
Material:	*Schablone, Pappen, Stifte, Kleber, Schere, Verkleidungsutensilien, die Geschichte vom Regenbogenfisch (PFISTER 1996)*
Vorbereitung:	*Schablonen in Form eines Fisches ausschneiden*

Nachdem die Geschichte vom Regenbogenfisch den Kindern vorgelesen wurde (dies kann im Rahmen von Ruheeinheiten in vorherigen Stunden stattgefunden haben), pausen die Kinder die Schablonen auf Pappen ab, schneiden sie aus und malen sie an. Jedes Kind benötigt zwei angemalte Fische, die, mit einer Öffnung für den Zeigefinger versehen, aneinandergeklebt werden (einmal die Vorder- und einmal die Rückseite der Pappe anmalen). Glitzergel (Karneval-, Schminkutensil) ermöglicht die Herstellung von Glitzerschuppen.

Nun können beispielsweise die verschiedenen Rollen der Fische verteilt und die Geschichte nachgespielt werden. Hierzu sollten zusätzlich ein Seestern und ein Tintenfisch hergestellt werden. Das Verschenken (der Glitzerschuppen) kann beispielsweise durch (im Schreibhandel erhältliche) an den Fischen befestigte, kleine Markierungspunkte geschehen. Weiterhin können sich die Kinder mit entsprechenden Utensilien verkleiden und die Geschichte nachspielen. Ideen der Kinder sollen natürlich einbezogen werden.

✎ *Eigene Anmerkungen:*

Eine Reise um die Welt - Bewegungsgeschichte mit dem Fallschirm

Die Reise beginnt, indem alle im Kreis sitzen und ein ÜL den Fallschirm im Beutel vor sich stehen hat.

„Wir haben euch was mitgebracht! Und ihr könnt nun einmal fühlen und erraten, was hier drin ist."

Anschließend wird der Fallschirm aus dem Beutel herausgeholt - einige Kinder ziehen gemeinsam, oder aber der ÜL übernimmt das.

„Nun müssen wir den Fallschirm schütteln, um ihn zu entstauben. Wie können wir das denn machen?"

Es ist Zeit auszuprobieren, was mit einem Fallschirm alles möglich ist. Aus dem 'ungeordneten Chaos' kann der ÜL mit der Zeit herausführen, indem er bzw. Kinder Vorschläge machen, die von allen gemeinsam erprobt werden.

„Nun gönnen wir dem Fallschirm einen Moment Ruhe, legen ihn auf den Boden und setzen uns außen herum. Wir wollen eine Reise machen, weil bald Ferien sind. Und zwar in ein Land, in dem die Sonne scheint. Wo ist das wohl? Wo ist es heiß?"

Antworten der Kinder: ... (Sammeln verschiedener Urlaubsziele)

„Gut, ihr habt viele verschiedene Möglichkeiten genannt, und mein Vorschlag ist, dass wir nach Afrika fliegen."

Alle Kinder sind um den Fallschirm herum verteilt und beginnen, ihn auf dem Boden zu schütteln, werden schneller, bis er abheben kann; sie stehen dabei auf und beginnen zu fliegen. Dies geschieht, indem alle mit dem Fallschirm durch die Halle laufen. Zwischendurch die Richtung wechseln.

„In Afrika gibt es einen gefährlichen Löwen; wir wollen versuchen, ihn zu fangen, denn er soll in einen Zoo kommen."

Die gesamte Gruppe versucht nun, einen vorher festgelegten Löwen (Kind/Erwachsener) mit dem Fallschirm einzufangen.

„Boh, nun ist es uns aber heiß geworden. Wohin wollen wir jetzt fliegen?"

Antworten der Kinder: ... (Es werden wieder Antworten gesammelt, wohin man fliegen könnte, wo es nicht so warm ist.)

„Mein Vorschlag ist, wir fliegen einmal nach Alaska."

Alle Kinder sind um den Fallschirm herum verteilt und beginnen, ihn auf dem Boden zu schütteln, werden schneller, bis er abheben kann; sie stehen dabei auf und beginnen zu fliegen. Dies geschieht, indem alle mit dem Fallschirm durch die Halle laufen. Zwischendurch wird die Richtung gewechselt.

„Hier findet gerade ein Schlittenrennen statt."

Ein bis zwei Kinder sitzen auf dem Rand des Fallschirms und werden gezogen.

„Es kommt ein Schneesturm auf; wir müssen uns schnell ein Iglu bauen."

Es wird ein Iglu gebaut, indem alle stehend durch Auf- und Niederbewegen des Fallschirmes gleichmäßige Wellen erzeugen. Der ÜL kündigt dann an, dass gleich ‘bei drei’ alle einen Schritt nach vorne gehen und das Tuch im höchsten Punkt hinter sich herunterziehen und sich auf den Rand setzen. So entsteht ein Iglu. Wenn alle im Iglu sitzen, gibt es verschiedene Möglicheiten: Es werden reihum Geschichten oder Witze erzählt; Fingerspiele gemacht ...

„ Es wird nun zu kalt für uns in Alaska. Wir wollen nun wieder nach Hause fahren, und diesmal mit dem Schiff."

Alle Kinder sind um den Fallschirm herum verteilt und beginnen, ihn auf dem Boden zu schütteln, werden schneller, bis ‘das Schiff’ starten kann; sie stehen auf und laufen los. Dies geschieht, indem alle mit dem Fallschirm durch die Halle laufen. Zwischendurch wird die Richtung gewechselt.

„Unterwegs wird es uns wieder sehr warm, und wer will, kann mal schwimmen gehen."

Zwei bis drei Kinder gehen auf den Fallschirm, die anderen machen, außen um den Fallschirm sitzend, Wellen. Die Kinder, die auf dem Tuch stehen, können nun darauf laufen, sich wälzen, sich rollen, krabbeln, ...

„Vom Schwimmen haben wir alle Hunger bekommen. Oh, wir haben Glück, denn es gibt hier fliegende Fische."

Ein ÜL wirft Bälle in den Fallschirm. Drei bis vier Kinder (vom ÜL bestimmt) versuchen, die ‘fliegenden Fische’ außerhalb des Fallschirms zu fangen und in einen bereitgestellten kleinen Kasten zu legen. Die Bälle fliegen heraus, indem die restlichen - um den Fallschirm herumstehenden - Kinder diesen schnell auf- und abbewegen.

„Nun sind wir wieder zu Hause, und einige von uns sind ganz zerzaust von der Reise und sollten wohl erst einmal zum Friseur gehen."

Einige Kinder mit längeren Haaren setzen sich unter den Fallschirm, die anderen 'rubbeln' den Fallschirm über die Köpfe und heben ihn dann hoch.

„Wir sind von der Reise müde geworden, nach so vielen Erlebnissen, und wollen uns ins Bett legen. Dafür müssen wir unser 'Bettzeug' ausschütteln."

Der Fallschirm wird hoch- und runterbewegt; auf ein Kommando des ÜL hin wird er losgelassen, und alle versuchen, sich drunter zu legen. Nun decken sich alle mit dem Fallschirm zu, so dass nur noch die Köpfe zu sehen sind. Alle schlafen ein, und träumen/erzählen noch einmal von der Reise. Hier kann erzählt werden, was Einzelnen am besten gefallen hat, was sie nicht gerne hatten, wo sie nicht gerne waren. (Der ÜL achtet darauf, dass jeder, der erzählen möchte, dies auch in Ruhe tun kann.)

Hinweise: Diese Bewegungsgeschichte kann auf mehrere Stunden verteilt werden und bietet viele Möglichkeiten für die eigene Kreativität sowie für Ideen und Phantasien der Kinder.

Eigene Anmerkungen:

Schwarzlichttheater als Mitmachtheater

Die folgende Beschreibung entstand nach einer Sequenz innerhalb eines Psychomotorik-Lehrganges (BSNW), die von Frau KLÖCKNER geleitet wurde.

Aufbau der Bühne:

Der Raum wird verdunkelt. Zum Abdecken des Hintergrundes eignet sich Teichfolie. Eine Schwarzlichtröhre kann auf einem Brett befestigt, an Haken aufgehängt werden. Der Schalter sollte möglichst groß sein und der Hintergrund schwarz. In größeren Räumen ist der Effekt noch wirkungsvoller, wenn mehrere Röhren auf dem Boden liegen. Diese können in einem schwarz angestrichenen Kasten befestigt, transportiert und auch aufgestellt werden.

Kleidung:

Die Kleidung der Spieler muss ganz schwarz sein, z.B. schwarze Gymnastikhosen und Shirts sowie Kapuzen als Kopfbedeckung. Es ist darauf zu achten, dass Unterwäsche nicht durchscheint.

Material:

Das Material kann man, besonders zur Karnevalszeit, in Spielwaren-, Zirkus- und Jongliergeschäften kaufen. Es eignen sich fluoreszierende und phosphoreszierende Gegenstände wie: Tüll- und Seidentücher, Brillen, Kappen, Watteballchen (bemalt), Schnüre, Rohre, Bälle, Teller mit Stab (Tellerdrehen), Ringe, Lichtleitkabel, Kinderplastikschmuck wie Armreif und Ketten, Augenmaske, Wurm, weiße Socken und Handschuhe, leuchtende Mal- und Schminkfarben (z.B. Schminkpalette oder Make-up von 'Kryolan Brändel').

Figuren:

Lebensgroße oder auch kleine Figuren können aus Styroporkugeln, auf einem Stab befestigt, hergestellt werden. Lange, schmale Tücher bilden den Körper, Arme und Beine. Handpuppen wie Frosch, Krokodil o.ä. lassen sich aus leuchtendem Material nähen. Holzfiguren mit beweglichen Armen und Beinen oder aus Styroporplatten ausgesägt, werden mit Leuchtfarbe angemalt oder mit entsprechendem Papier beklebt. Weiterhin lassen sich große Hände, Füße oder Phantasiefiguren herstellen.

Das Theater:

Als Einstieg kann beispielsweise eine Geschichte von einem Farbenkönig, dessen Land in viele kleine Teile zerstört ist, erzählt werden. Mit Hilfe eines Puzzles erfolgt nun die Gruppenbildung. Jede Gruppe gibt sich einen Namen und bereitet ein Darstellungspiel vor.

- Dieses Spiel kann klassischen Charakter haben, mit entsprechender Musik
- es kann fetzig mit Popmusik gestaltet sein
- es kann rein pantomimisch, ohne Musik sein
- es kann ein Zirkusspiel mit Zirkusmusik sein, in dem Aufführungen wie Tellerdrehen, Jonglieren, Akrobatik und Tiernummern stattfinden
- weitere Möglichkeiten sind: Figurentheater mit kleinen oder lebensgroßen Stabpuppen
- ...

Die Vorbereitung des Darstellungsspiels findet sowohl unter der Bedingung des Schwarzlichtes als auch ohne Schwarzlicht statt. D.h., viele Bewegungsfolgen oder Szenen können bei realen Lichtbedingungen eingeübt werden. Dies ist sinnvoll, da eine lange Verweildauer im Schwarzlicht für die Augen sehr anstrengend ist.

Bei einer kleineren Gruppe und bei Kindern empfiehlt es sich, das Thema und die ganze Geschichte vorzugeben. Ansonsten wird möglicherweise keine Einigung unter den Kindern erzielt, und eine vermeidbare Frustration entsteht.

Zur Einführung des Schwarzlichtes und der Effekte bietet sich folgendes Gruppenspiel an:

Alle Kinder stehen im Kreis und halten ein einfarbiges, relativ dunkles (rot) Schwungtuch (evtl. Stoff oder Folie) fest. Nun werden viele Wattekugeln in unterschiedlichen Größen auf das Schwungtuch gelegt. Die Kugeln wurden zuvor mit Neonfarben (Textmarker) angemalt. Das Schwungtuch wird erst langsam, dann schneller auf und ab bewegt, so dass die Bälle rollen, hüpfen oder ganz hoch fliegen.

Hinweise:

Schwarzlichttheater eignet sich aus verschiedenen Gründen zum Einsatz in Psychomotorik-Gruppen. Primär ist hier der große Aufforderungscharakter zu nennen, der bei den Kindern eine positive Motivationslage zum Ausprobieren und Rollenspiel schafft. Die eigene Herstellung der Requisiten ermöglicht eine gezielte feinmotorische Förderung. Die Beschäftigung mit einem Thema über mehrere Stunden steigert die Ausdauerfähigkeit der Kinder. Und schließlich findet durch eine Aufführung eine Verbesserung des Selbstwertgefühles statt.

✎ *Eigene Anmerkungen:*

7.7 Einleitungs- und Ausklangsideen

Der nun folgende Praxisteil beschäftigt sich einerseits mit der Gestaltung von Stundenanfang und -ende; weiterhin finden sich einige Ideen zur Unterstützung des Kennenlernprozesses, wenn eine neue Psychomotorikgruppe ins 'Leben gerufen' wird.

Gerade bei bewegungs- und wahrnehmungsgestörten Kindern ist es sinnvoll, sowohl die Anfangs- als auch die Endsituation im Sinne eines Rituals ähnlich zu gestalten, da ihnen dies einen großen inneren Halt verleiht. Ob nun zu Beginn eine eher offene Struktur gewählt wird - die Kinder können z.B. die Hallengeräte frei nutzen - oder ob mit einem kleinen Gespräch begonnen wird (z.B. im Mittelkreis), hängt primär von den Bedürfnissen der Gruppe ab. Nach einer freien Sequenz jedoch sollte immer ein Zusammenführen der Gruppe stattfinden.

Indem die Kinder im Gesprächskreis ihre eigene Befindlichkeit äußern können („Wie geht es euch denn heute?" „Gibt es etwas, was euch geärgert hat?" Oder auch die Frage: „Was möchtet ihr denn heute gerne machen?"), erfährt der ÜL etwas über die Stimmungen der Kinder und kann daraus resultierende 'kritische Situationen' im Vorfeld entschärfen. Durch ein solches Gespräch erfahren die Kinder auch, dass ihre Bedürfnisse gehört und ernst genommen werden, und sie können ihre verbale Ausdrucksfähigkeit schulen.

Den Ausklang einer Stunde bildet sinnvollerweise eine kurze 'Rückblende', bei welcher die Kinder äußern können, was ihnen in der Stunde gut gefallen hat und was nicht. Hieraus ergibt sich die Möglichkeit von noch notwendigen Streitklärungen, und die Kinder können die Halle 'befreit' verlassen und müssen Auseinandersetzungen nicht in den Umkleideräumen fortsetzen.

Für Kinder, die sich scheuen, vor der Gruppe zu sprechen, oder nicht die Fähigkeiten dazu besitzen, ist es hilfreich, nonverbale Ausdrucksformen zu nutzen wie z.B. das 'Stimmungsbarometer'. Der 'Turmbau' seinerseits bietet die Möglichkeit, den Gruppenzusammenhalt zu unterstützen.

Der Neuaufbau einer Gruppe wird als primären Inhalt die Steuerung des Kennenlernprozesses einschließen. Wie dieser gestaltet wird, hängt mit vom Alter der Kinder, den vorkommenden Behinderungsformen, der Hallenausstattung, dem zur Verfügung stehenden Material sowie von der Gruppengröße ab.

Nicht vorher kalkulierbar sind die individuellen Voraussetzungen, die jedes Gruppenmitglied mitbringt. Damit sind u.a. Persönlichkeitsmerkmale wie ruhig oder dynamisch, aufmerksam oder leicht ablenkbar, bewegungsvermeidend oder bewegungsfreudig, kontaktsuchend oder kontaktvermeidend, ... gemeint. Hier gilt es dann für den ÜL zu entscheiden, ob er den Kennenlernprozess eher in direktiver, d.h. steuernder Form unterstützt oder ob die Kinder die Möglichkeit erhalten, sich selber über die freie Bewegung / das freie Spiel kennen zu lernen.

Natürlich können neben den folgenden Spielen auch solche zum Einsatz kommen, die in den Kapiteln 7.1 bis 7.3 zu finden sind.

➢ ***Register „Einleitungs- und Ausklangsideen"***

Hallenfeger

Sozialform: *Einer gegen alle*

Erlebens-/Förderbereiche: *Ausdauer, Frustrationstoleranz*

Material: *keines*

Vorbereitung: *keine*

Häufig ist es am Ende der Stunde schwierig, alle Kinder aus der Turnhalle zu bekommen. Einige haben Schwierigkeiten, Grenzen, d.h. auch Grenzen der Zeit einzuhalten. Hier empfiehlt sich das folgende Spiel:

Der ÜL ist ein 'Besen', der die Aufgabe hat, die 'Krümel' (Kinder) aus der Turnhalle zu fegen. Die Kinder laufen kreuz und quer durch die Halle; wer vom ÜL gefangen wird, wird von diesem zur Umkleidetüre gebracht, verabschiedet und kann sich umziehen.

Hinweise: Der ÜL hat hier die Möglichkeit, Kindern ein Erfolgserlebnis zu vermitteln, indem er sie möglichst spät fängt (ohne dass es unecht wirkt).

✎ ***Eigene Anmerkungen:***

Hand und Gesicht

Sozialform: *Jeder für sich, in der Gruppe*

Erlebens-/Förderbereiche: *Körperschema, optische Wahrnehmung, Sozialerfahrung*

Material: *Eine große Pappe, weiße Blätter, Buntstifte, Scheren, von jedem Kind ein Photo*

Vorbereitung: *Die Materialien bereitlegen*

Zu Beginn eines Abschnittes von mehreren Psychomotorikstunden (z.B. nach den Ferien) zeichnen die Kinder ihre Handumrisse und malen diese mit Buntstiften aus. Anschließend werden die gemalten Hände ausgeschnitten und auf eine große Pappe geklebt. Neben die Hände wird ein Photo des Kindes geklebt. Zu Beginn der folgenden Stunden erhält nun jedes Kind die Aufgabe, seine Hände auf die eigenen gemalten Hände zu legen. So wird anschaulich deutlich, wer da ist und wer fehlt.

✎ *Eigene Anmerkungen:*

Kunst von der Müllhalde

Sozialform: *Alle zusammen*

Erlebens-/Förderbereiche: *Feinmotorik, Auge-Hand-Koordination, Kreativität, Kooperation*

Material: *Klebstoff, Kordel, Schere, Farben, gesammelte Gegenstände (Dosen, Stoffe, Pappen, Bänder, Rollen ...), ein großes Tuch/Bettlaken*

Vorbereitung: *Gegenstände in der Mitte auf dem Tuch verteilen*

Gruppen zu 3-5 Personen sollen aus den Gegenständen ein Fabelwesen gestalten und ihm einen Namen geben. Jedes Fabelwesen erhält vorab eine besondere Eigenschaft: hoch hinausragend, sich auf der Erde schlängelnd, rollen könnend, ...

Variationen:

- Während der Gestaltungsphase nicht sprechen
- **Keine Hilfsmittel** verwenden wie Uhu, Tesa, ...

Hinweise: Dieses kreative Spiel eignet sich als alternative Gestaltung des Kennenlernprozesses bei der Gruppenneubildung und als Einheit zu einem späteren Zeitpunkt. Im Vordergrund steht gemeinsames Handeln.

Eigene Anmerkungen:

Mein rechter Nebenmann

Sozialform: *Alle miteinander*

Erlebens-/Förderbereiche: *Gedächtnis, Sozialerfahrung, Auge-Hand-Koordination, Ausdauer*

Material: *Bälle*

Vorbereitung: *keine*

Es wird ein Kreis gebildet, und jedes Kind schaut zu seinem rechten Nebenmann. Nun wird der Kreis aufgelöst, und alle laufen kreuz und quer durch die Halle. Ein Ball / mehrere Bälle wird / werden ins Spiel gebracht. Jeder wirft den Ball seinem rechten Nebenmann aus dem vorherigen Kreis zu.

Variationen: Die Kreise immer wieder neu bilden, so dass die 'rechten Nebenmänner' wechseln

Hinweise: Als Kennenlernspiel bei der Neubildung einer Gruppe geeignet, aber auch zwischendurch, insbesondere wenn ein / mehrere neue Kinder hinzukommen

✐ *Eigene Anmerkungen:*

Namen auf den Rücken eines Partners schreiben

Sozialform: *1 mit 1 (Paare)*

Erlebens-/Förderbereiche: *Taktil, Auge-Hand-Koordination*

Material: *Je Paar 2 Blätter und ein Stift*

Vorbereitung: *Verteilung von Blättern und Stiften*

Einer schreibt beim anderen seinen Namen auf den Rücken, und dieser schreibt anschließend den erfühlten Namen auf das Papier.

Variationen:

- Es wird gleichzeitig gefühlt und geschrieben
- Symbole statt Namen
- Kettenbildung: Nach dem Prinzip der 'Flüsterpost' sitzen die Kinder hintereinander, und ein Symbol wird von hinten nach vorne durchgegeben. Der Vorderste malt es auf. Der Hinterste bestätigt oder korrigiert

Hinweise: Dieses Spiel eignet sich zur Förderung des Kennenlernprozesses in der Anfangsphase einer Gruppenbildung. Die Variationen sind auch später einsetzbar.

Eigene Anmerkungen:

Namen herausfinden

Sozialform: *1 gegen 1 (Paare)*

Erlebens-/Förderbereiche: *Reaktion, Ausdauer, Konzentration, Frustrationstoleranz*

Material: *Krepp-Klebeband, je Kind ein dicker Filzstift*

Vorbereitung: *Jedes Kind schreibt seinen Namen in Druckbuchstaben auf einen Streifen Kreppband und befestigt diesen auf seinem Rücken (ohne dass die anderen Kinder den Namen sehen können)*

Es finden sich Paare (der ÜL bildet Paare), die sich gegenüberstehen. Nun soll jeder den Namen des anderen herausfinden und den eigenen gleichzeitig durch geschickte Bewegungen verbergen.

Variationen: Auf Blätter gezeichnete Symbole, Tierbilder/Fotos von Alltagsgegenständen auf den Rücken kleben

Hinweise: Dieses Spiel eignet sich zur Förderung des Kennenlernprozesses bei älteren Kindern in der Anfangsphase einer Gruppenbildung. Die Variationen sind auch später einsetzbar.

✎ *Eigene Anmerkungen:*

Namen sammeln

Sozialform: *Alle gegen einen*

Erlebens-/Förderbereiche: *Reaktion, Ausdauer, Kognition, Frustrationstoleranz*

Material: *Kreppband, dicke Stifte, je Kind ein Papier, ein Stift, Tesafilm*

Vorbereitung: *Blätter an verschiedenen Stellen im Raum befestigen und den Stift dazulegen. Den auf Kreppband geschriebenen Namen auf den Rücken kleben*

In einer begrenzten Zeit sollen die Kinder möglichst viele Namen herausfinden und auf ihr Blatt schreiben. Dabei wird der eigene Name durch geschicktes Bewegen vor den Blicken der anderen geschützt.

Anschließend ordnen die Kinder die Namen wieder den Gruppenmitgliedern zu.

Variationen: Symbole anstelle von Namen nehmen

Hinweise: Dieses Spiel eignet sich zur Förderung des Kennenlernprozesses bei der Gruppenneubildung.

✏ *Eigene Anmerkungen:*

Stimmungsbarometer

Sozialform: *Jeder für sich*

Erlebens-/Förderbereiche: *Sozialerfahrung, emotionale Wahrnehmung, Ausdrucksfähigkeit*

Material: *Ein aufgemaltes Barometer in ca. 1 m Größe*

Vorbereitung: *Das Barometer unten in blau zeichnen, nach oben in rot übergehen lassen. Die Vorlage mit durchsichtiger Folie bekleben und auf beiden Seiten vom Barometer ein Klettband ankleben. Je Kind ein Namensschild (die Rückseite mit Klettband)*

Jedes Kind erhält sein Namensschild (Kinder, die lesen können, suchen sich ihres). In der Anfangs- und Schlussrunde klebt jeder seinen Namen auf die seiner derzeitigen Stimmung entsprechende Höhe des Barometers. In der Schlussrunde erzählt jedes Kind, was ihm gefallen hat und was nicht. So werden Zusammenhänge zu kindlichen Verhaltensweisen während der Stunde deutlich, insbesondere ob sich die Grundstimmung des Kindes im Stundenverlauf verändert hat.

Variationen: Statt der Namen Photos verwenden

Hinweise: Nicht sprechenden Kindern wird so eine andere Form des Ausdrucks ihrer Stimmung angeboten.

Eigene Anmerkungen:

Turmbau

Sozialform: *Gesamtgruppe*

Erlebens-/Förderbereiche: *Sozialerfahrung, taktile Wahrnehmung*

Material: *keines*

Vorbereitung: *keine*

Eine schöne Möglichkeit zum Stundenende ist der Turmbau: Alle Kinder legen ihre Hände übereinander (je nach Gruppengröße eine oder beide Hände nehmen) und verabschieden sich mit dem Spruch: „Tschüss, bis nächste Woche".

Variationen:

- Der Turmbau kann im Sitzen oder Liegen erfolgen
- Je nach Stundenabstand wird ein anderer Spruch gewählt, z.B.: „Tschüss, bis nach den Ferien"

Eigene Anmerkungen:

7.8 Gesamtregister

Spielbezeichnung	Praxis-/Bewegungs-anregungen			Stunden-projekt/ Bewegungs-geschichte	Seite
	Körper-	Material- erfahrung	Sozial-		
Alles, was fliegt		X	X		168
Am kleinsten-klein-groß-am größten		X			169
Aufbruch in ein unbekanntes Land		X			170
Badminton mal anders		X		X	239
Bärenspiel			X		190
Ball durch den Reifen	X				142
Baumstammfangen			X		191
Baumstamm und Kordel	X				211
Beschweren und beschwert werden	X	X			143
Brückenwächter			X		192
Chinesische Wand	X				144
Den Körper spüren	X				212
Den Weg legen	X				145
Der Flug ins All	X	X	X	X	227
Der Regenbogenfisch	X	X	X	X	250
Detektivspiel			X		193
Die endlose Schlange	X	X	X	X	231
Die Kuppel auf dem Wasser			X	X	237
Diverse Planeten	X	X	X		230
Eine Reise um die Welt - Bewegungsgeschichte mit dem Fallschirm				X	251
Enten fangen			X		194
Entspannen auf einer Wolke	X				213
Eseltreiber	X				146
Feuer-Wasser-Luft	X				147
Fische fangen			X		195
Fleckerlhaschen	X				148

Spielbezeichnung	Praxis-/Bewegungsanregungen			Stundenprojekt/ Bewegungsgeschichte	Seite
	Körper-	Material- erfahrung	Sozial-		
Schwarzlichttheater als Mitmachtheater	X	X	X	X	254
Schwarz-Weiß	X				160
Schwebender Kasten	X			X	243
Schwebende Wolke	X		X	X	247
Sinnesschaukel	X			X	241
Sportgeräte als Experimentierraum		X	X	X	240
Springplanet	X			X	229
Sonnenstrahlen	X				221
Stimmungsbarometer			X		264
Streicheln und gestreichelt werden	X				161
Transportstaffel		X			184
Turmbau			X		265
Übers Wasser gehen	X				162
Unsicherer Grund	X		X	X	246
Untergründe		X			185
Variationen über das Rollbrett		X			186
Wasserfall	X				222
Werfen und Fangen		X		X	234
Wer hat Angst vorm Zaubermann			X		208
Wetterbericht	X		X		223
Wippe	X			X	244
Wir gehen über das Wasser		X	X	X	238
Wo ist was?	X				163
Zauberlehrling	X				164
Zusammengesetzte Tiernamen	X		X		165

8 HAUPTSACHE: MENSCH – NEBENSACHE: BEHINDERT? (Dorothee Klöckner)

Karin und Petra, beide Mitarbeiterinnen einer heilpädagogischen Tagesstätte, unterhalten sich in der Pause über ihre Gruppen. Karin erzählt, dass ein neues Down-Kind in die Gruppe kommen werde. Petra sagt, das sei ja Klasse, Down-Kinder seien ja so zutraulich, anhänglich, zärtlichkeitsbedürftig und gutmütig. Sie würden ja nicht unbedingt viel lernen, seien im lebenspraktischen Bereich aber durchaus lernwillig. Karin bestätigt dies und erwähnt noch, Down-Kinder seien manchmal etwas bockig, alles in allem jedoch sehr leicht zu führen.

Monika, eine neue Mitarbeiterin in der Einrichtung, die zufällig mithört, mischt sich in das Gespräch ein. Sie meint, man könne doch nicht einfach so pauschal über die Entwicklung eines Menschen urteilen. Jeder Mensch, also auch ein Mensch mit Down-Syndrom, sei doch eine individuelle Persönlichkeit und habe unterschiedliche Anlagen. Außerdem habe sie schon öfter über betroffene Kinder gelesen, die eine normale Schule besucht hätten. Einmal sogar von einem jungen Mann mit Down-Syndrom, der ein Buch geschrieben habe. Daraufhin wird Monika von Karin und Petra milde belächelt. Sie sind sich ihrer Meinung ganz sicher: In ihrer 15-jährigen Praxis haben sie noch nie etwas anderes erlebt.

In dem Gespräch zwischen den Mitarbeiterinnen der Tagesstätte geht es um Edith, 3 Jahre alt. Sie hat das Down-Syndrom, auch Trisomie 21 genannt. Edith, das erste Kind von Klaus (25) und Uta (23), ist ein Wunschkind. Die Eltern haben sich sehr gut auf die Geburt vorbereitet und sich auf ein gesundes Kind gefreut, mit dem viele Wünsche und Phantasien verknüpft sind. Während der Schwangerschaft kam auch schon mal der Gedanke auf: „Was ist, wenn das Kind behindert ist?“ Diese Gedanken waren immer nur flüchtig und wurden schnell wieder verdrängt.

Die Geburt verläuft ohne Komplikationen und sehr harmonisch in einem Krankenhaus, das bekannt ist für sein Engagement, Geburten so sanft wie möglich zu gestalten und z.B. durch Rooming-In und freie Besuchszeiten für den Vater die Gewöhnung der Familie aneinander zu fördern. Um so größer der Schock, als den Eltern am Tag nach der Geburt mitgeteilt wird, dass bei Edith der Verdacht auf Down-Syndrom besteht.

In einem Gespräch erklärt der Kinderarzt Klaus und Uta, was ‘Down-Syndrom’ bedeutet. Der Arzt nimmt Edith liebevoll auf den Arm und zeigt den Eltern die äußerlichen Merkmale, an denen man das Down-Syndrom erkennen kann, z.B. die schräggestellten Augen. Er erklärt den Eltern, dass jede Zelle eines Menschen

46 Chromosomen hat, die alle dessen Erbinformationen tragen. Die Fortpflanzungszellen, Ei und Samen, haben 23 Chromosomen. Diese bilden nach der Befruchtung wieder die für den Menschen typische Einheit von 46 Chromosomen. Beim Down-Syndrom ist in 95 % der Fälle das Chromosom Nr. 21 dreimal vorhanden. Deshalb wird die Behinderung auch 'Trisomie 21' genannt. Durch eine Blutuntersuchung kann das Down-Syndrom sicher nachgewiesen werden.

Obwohl der Arzt ziemlich sicher ist, dass Edith vom Down-Syndrom betroffen ist, macht er den Eltern deutlich, dass die Blutuntersuchung noch abgewartet werden muss. Er gibt ihnen eine Broschüre einer Selbsthilfegruppe, in der sich Angehörige von Kindern mit Down-Syndrom zusammengeschlossen haben. Dann untersucht er Edith nochmals gründlich und äußert keinen Verdacht auf eine zusätzliche behandlungsbedürftige Beeinträchtigung, die eine Verlegung in eine Kinderklinik nötig machen würde. Edith solle aber auf einen möglichen Herzfehler untersucht werden, der oft in Verbindung mit dem Down-Syndrom auftritt. Da sie keine entsprechenden Symptome zeigt, kann damit noch ein paar Wochen oder Monate gewartet werden. Uta und Klaus entschließen sich, mit Edith wie geplant im Rooming-In-Zimmer zu bleiben.

In den ersten Tagen nach Ediths Geburt sind die Eltern wie gelähmt. Uta sitzt stundenlang am Kinderbett, schaut ihre Tochter an und weint. Sie sieht nur die verräterischen Zeichen, die deutlich machen, dass ihr Kind anders ist als andere Kinder. Vor ihrem inneren Auge spielen sich regelrecht Filme ab, in denen Uta sich vorstellt, wie das Leben mit einer gesunden Tochter hätte ablaufen können. Dann muss sie noch mehr weinen, und ihr Kind erscheint ihr wie ein Monster. Sie und Klaus können in diesen ersten Tagen fast nicht miteinander reden. Sie halten sich oft einfach nur im Arm.

Klaus hat zu Hause das Lexikon hervorgeholt und nachgelesen, was dort zum Down-Syndrom steht. In seinem Lexikon gibt es unter dem Begriff keine Eintragung. Er schaut unter dem veralteten Begriff Mongolismus nach. Dort heißt es: „**Mongolismus**, mongoloider Schwachsinn, eine Form des angeborenen Schwachsinns mit mongolenähnl. Schlitzaugen, vorspringenden Backenknochen u. hormonalen Störungen, bedingt durch Chromsomenstörung (1 überzähliges Chromosom Nr 21)" (HERDERS NEUES VOLKSLEXIKON 1974, 637). Der Text schockiert Klaus. Er kann nicht glauben, dass ihm so etwas passiert. Er glaubt, die Blutuntersuchung werde ergeben, dass der Arzt sich getäuscht hat. Wenn er im Krankenhaus ist, versucht er Kontakt zu Edith aufzubauen. Er verbreitet Optimismus und verdrängt jeden Gedanken an Ediths mögliche Behinderung.

Im Krankenhaus arbeitet Marion, eine Krankenschwester, die schon öfter die Geburt eines behinderten Kindes erlebt hat. Sie versucht, sich in Uta und Klaus einzufühlen. Sooft es ihr möglich ist, geht sie in das Zimmer von Uta und Edith. Sie sagt nicht viel, versucht einfach da zu sein und auszuhalten, wenn Uta weint. Wenn Klaus erzählt, dass seine Tochter bestimmt nicht behindert sei, hört sie zu und verweist auf die Blutuntersuchung, die abgewartet werden müsse. Marion nimmt Edith immer wieder aus dem Bett, herzt sie und animiert Uta und Klaus zur Pflege. Uta sagt später, dass ihr das Verhalten von Marion sehr geholfen habe. Sie habe gesehen, wie selbstverständlich Marion mit Edith umgeht und dass sie in ihr kein Monster sieht. Als bei Uta die Milch einschießt, ermuntert Marion Uta zum Stillen.

Neben der Chance, über das Stillen einen guten Kontakt zu bekommen, bietet es für Kinder mit Down-Syndrom noch den Vorteil, die fast immer zu schlaffe Muskulatur zu trainieren und die häufig auftretende Infektanfälligkeit zu mindern.

Edith hat am Anfang große Schwierigkeiten zu saugen. Uta wird durch den Versuch des Stillens wieder aktiver. In ihr wächst der Wunsch, etwas für ihre Tochter zu tun. Sie hat ein schlechtes Gewissen, dass sie im Moment keine Liebe für ihr Kind empfindet. Der Aufwand beim Stillen entlastet sie. Das Krankenhauspersonal unterstützt sie, soweit es möglich ist, vor allem Marion gibt Uta viel Unterstützung auch praktischer Art. Edith wird so gut wie nicht zugefüttert. Und der Einsatz hat Erfolg: Kurz vor der Entlassung kann Edith zwei Drittel der Nahrung mit der Muttermilch zu sich nehmen.

Durch das Stillen und die teilnehmende Betreuung des Klinikpersonals ist Uta zunehmend in der Lage, in Edith mehr zu sehen als ein Monster mit schräggestellten Augen und heraushängender Zunge. Sie verbringt immer noch Stunden damit, einfach nur dazuliegen und Edith anzuschauen. Ein Gefühl von Zärtlichkeit für dieses von ihr geborene Kind schleicht sich in all den Schmerz, den sie empfindet. Immer öfter nennt sie ihr Kind in Gedanken mit Namen. Sie verspürt den Wunsch, dieses Kind beschützen zu wollen. Der Gedanke, dass Edith mit hoher Wahrscheinlichkeit behindert ist, tritt in den Hintergrund. Das Gefühl, dass dieses kleine, von ihr geborene Kind hilflos ist und ihre Unterstützung benötigt, bekommt zunehmend Gewicht.

Nach 10 Tagen werden Uta und Edith entlassen. Allen Verwandten und Bekannten haben Uta und Klaus mitgeteilt, dass sie im Moment keinen Besuch empfangen wollen, da sie sich zuerst aneinander gewohnen müssen. Klaus hatte es abgelehnt, auch nur irgendeinen Verdacht gegenüber den Verwandten und Bekannten zu äußern. Beide konzentrieren sich auf das Sich-Einleben zu Hause. Uta ist noch oft sehr traurig. Klaus kann dies kaum ertragen. Später werden Uta und Klaus erzählen, dass diese Phase die allerschwierigste der ersten Zeit war; sie konnten kaum miteinander reden und waren beide völlig in sich gefangen.

Als Edith 3 Wochen alt ist, kommt ein Anruf aus dem Krankenhaus. Der Arzt, der mit ihnen das erste Gespräch geführt hatte, bestätigt die Verdachtsdiagnose. Er verweist nochmals auf die Selbsthilfegruppe und betont, dass auch er jederzeit zu einem Gespräch bereit sei.

Uta empfindet fast Erleichterung bei dieser Nachricht. Die Endgültigkeit ermöglicht es ihr, über die Zukunft nachzudenken. Klaus hingegen bricht nach dieser Diagnose vollkommen zusammen. Nachdem es ihm ein paar Tage lang sehr schlecht geht und er sich vollkommen zurückzieht, gelingt es den beiden zum ersten Mal nach Ediths Geburt wieder zueinander zu finden. Sie halten sich lange im Arm und weinen. In den nächsten Tagen reden sie sehr viel miteinander und überlegen, wie es weitergehen soll. Sie beschließen, alle Verwandten und Bekannten über die Behinderung von Edith zu informieren. Sie verschicken eine Geburtsanzeige, in der sie auf die Besonderheit von Edith aufmerksam machen und in der sie ihren Wunsch zum Ausdruck bringen, dass alle Edith in die Gemeinschaft aufnehmen mögen und sie als Eltern in ihren Bemühungen um Edith unterstützen sollen.

In den nächsten Wochen und Monaten wird für Uta und Klaus sehr deutlich, wer zu ihren Freunden zählt. Es kommen viele unterstützende Reaktionen auf ihre Geburtsanzeige. Manche Freunde brechen den Kontakt ab. Die Verwandschaft ist sehr betroffen von der Mitteilung, dass Edith behindert ist. Utas Bruder hat große Vorbehalte gegen behinderte Menschen und glaubt, dass die ‘Mongis’, wie er Menschen mit Down-Syndrom nennt, nicht erziehungsfähig seien. Er rät, Edith in ein Heim zu geben und ein neues Kind zu bekommen. Uta fühlt sich dadurch zutiefst verletzt und bricht den Kontakt zu ihrem Bruder ab.

Uta fängt an, sich über das Behinderungsbild zu informieren. In diesem Zusammenhang fällt ihr der Hinweis des Arztes auf die Selbsthilfegruppe wieder ein. Sie nimmt Kontakt auf. Schon am Telefon erfährt sie viel über die Gruppe und ihre Aktivitäten. Auf ihren Wunsch hin bekommt sie die Adresse von einer Familie mit einem Down-Kind in ihrer Nähe. Außerdem erhält sie Literaturhinweise und eine Einladung zum nächsten Treffen der Gruppe.

Nachdem Uta und auch Klaus viel über das Down-Syndrom gelesen haben, nehmen sie Kontakt mit der von der Selbsthilfegruppe genannten Familie auf. Bei ihrem Besuch einige Tage später sind sie überrascht von der Fröhlichkeit, die in dieser Familie spürbar ist.

Kai, das Kind mit Down-Syndrom, ist 5 Jahre alt. Er hat noch vier ältere Geschwister; seine Eltern sind schon fast 50 Jahre alt. Die Familie ist sehr religiös. Die Eltern haben sich in der Schwangerschaft mit Kai trotz des Alters der Mutter gegen eine Fruchtwasseruntersuchung entschieden. Bei dieser Untersuchung kann man genetische Schäden erkennen. Ist dies der Fall, schließt sich fast zwangsläufig eine Abtreibung an. Für Kais Eltern wäre eine Abtreibung nie in Frage gekommen, deshalb lehnten sie auch die Untersuchungen ab. Sie berichten, dass es nach Kais Geburt extrem schwer gewesen sei, sich gegen die Angriffe von Außen zu wehren. In der Klinik habe man sie sehr unsensibel über die Behinderung informiert und ihnen unmissverständlich klar gemacht, dass sie selber schuld seien, ein behindertes Kind zu haben und sich jetzt nicht beklagen dürften. Trost und Halt hätten sie durch die Familie und die Gemeinde, in der sie aktiv mitarbeiten, erfahren. Kais Geschwister seien ihnen eine große Hilfe gewesen. Sie seien vorbehaltlos auf Kai zugegangen. Dadurch habe er viele Kontakte auch zu anderen Kindern bekommen. Kais Eltern glauben, dass es wichtig ist, die Besonderheiten von Down-Kindern zu beachten, dass es aber gut sei, sie ansonsten so natürlich wie möglich zu behandeln.

Uta und Klaus sind nach diesem Besuch erleichtert. Sie haben Kai als fröhlichen, aufgeschlossenen Jungen erlebt. Er sieht zwar anders aus als andere Kinder und spricht sehr verwaschen, vermittelt ihnen aber ein viel positiveres Bild vom Down-Syndrom als die Literatur.

Edith ist jetzt 2 Monate alt. Sie wird voll gestillt. Uta und Klaus gehen beide sehr liebevoll mit ihr um. Für die Eltern ist das Wissen um Ediths Behinderung nicht mehr übermächtig. Sie freuen sich an Edith und ihren durchaus vorhandenen Ausdrucksmöglichkeiten. Manchmal sind sie noch tieftraurig über den Verlust bestimmter Vorstellungen und Träume, die sie mit der Geburt eines Kindes verbunden hatten. Sie versuchen, nicht allzuweit in die Zukunft zu denken. Eine größere Untersuchung in der Uniklinik hat keine Hinweise auf weitere organische Missbildungen ergeben.

Durch die Selbsthilfegruppe, an deren Treffen sie nun regelmäßig teilnehmen, haben sie eine Frühförderstelle vermittelt bekommen, die gut informiert ist über die Entwicklung von Down-Kindern. Neuere Untersuchungen zeigen nämlich, dass Kinder mit Down-Syndrom nicht einfach entwicklungsverzögert sind, also später sprechen und laufen lernen als andere Kinder. Vielmehr machen sie eine Entwicklung nach anderen Gesetzmäßigkeiten als nichtbehinderte Kinder durch, die folgende Besonderheiten aufweisen kann (JANTZEN 1998):

- Die Entwicklung erfolgt in den ersten fünf Lebensjahren im halben Tempo im Vergleich zu nichtbehinderten Kindern
- die motorische Entwicklung verläuft langsamer als die geistige
- sie brauchen mehr Zeit, um auf Reize zu reagieren
- sie reagieren auf Anforderungen empfindlicher als nichtbehinderte Kinder

Ediths Eltern werden von der Frühförderstelle gut informiert und angeleitet. Edith entwickelt sich sehr positiv. Die Eltern suchen den Kontakt mit anderen Kindern. So besucht Uta einen Spielkreis für behinderte und nichtbehinderte Kinder und eine Babyschwimmgruppe. Als Edith 18 Monate alt ist, bekommt sie einen Bruder. Sie reagiert eifersüchtig, verkraftet den Familienzuwachs aber schließlich gut.

Die motorische Entwicklung von Edith verläuft langsam. Mit 20 Monaten kann sie noch nicht frei laufen. Demgegenüber verläuft ihre geistige Entwicklung sehr viel schneller. So verfügt Edith schon mit 2 Jahren über einen enormen passiven Wortschatz. Versucht sie sich sprachlich auszudrücken, gelingt ihr das aufgrund ihrer schlecht entwickelten Mundmotorik nur sehr schwer; es kommt schnell zu Frustrationserlebnissen, infolge derer sie bockig und störrisch erscheint. Dadurch, dass die Eltern und andere Bezugspersonen um diese Schwierigkeiten wissen, lassen sich viele heikle Situationen und problematische Verhaltensweisen von Edith vermeiden. Ediths Eltern und die Frühförderstelle achten darauf, dass sie viele Möglichkeiten, sich auszudrücken, erhält, geben ihr Bildkarten an die Hand und zeigen ihr Gesten, mit denen sie sich deutlicher artikulieren kann.

Ein weiteres Problem in der Erziehung von Edith stellt die Empfindlichkeit auf unmittelbare Anforderungen dar. Oft, wenn Edith direkt zu etwas aufgefordert wird, verweigert sie sich. Sie wird störrisch, vergräbt ihren Kopf in die Hände und ist nicht bereit zu folgen. Die Eltern merken, dass dieses Verhalten vor allem auftritt, wenn Edith diese Handlungen noch nicht vollkommen sicher beherrscht. Versucht man sie durch eine eher indirekte Aufforderung zum Mittun zu bewegen, kann sie sehr viel besser reagieren und zeigt eine viel höhere Handlungskompetenz.

Nach wie vor geht Edith zweimal in der Woche in eine Spielgruppe für behinderte und nichtbehinderte Kinder, die von der Frühfördererin, die auch Edith betreut, geleitet wird. Die Mutter braucht während der Spielgruppe nicht mehr anwesend zu sein. Edith ist sehr gut in die Spielgruppe integriert. Werden ihre besonderen Lern- und Entwicklungsbedingungen beachtet, ist sie in der Lage, sich in der Gruppe anzupassen und ihren Fähigkeiten entsprechend zu verhalten.

Uta und Klaus fühlen sich inzwischen in der Erziehung von Edith sicher. Die gute Betreuung durch die Selbsthilfegruppe und die Frühförderung haben dazu geführt, dass sie Edith als ihr Kind angenommen haben und sie mit ihren Besonderheiten ernst nehmen. Sehr geholfen hat ihnen die Tatsache, dass Edith im Verwandten- und Freundeskreis inzwischen vollständig akzeptiert ist. Auch mit ihrem Bruder hat sich Uta wieder versöhnt; seine Meinung über Kinder mit Down-Syndrom hat er vollkommen geändert; er sagt selbst, dass seine damalige Meinung von Vorurteilen und vor allem von Unwissenheit gewesen sei.

Uta und Klaus haben ein Haus in einem Neubaugebiet gebaut. Dort wohnen viele Kinder aller Altersstufen. Uta und Klaus haben die umliegenden Nachbarn über Ediths Behinderung infomiert. Alle habe die anfängliche Scheu, beim Umgang mit Edith etwas falsch zu machen, schnell überwunden. Edith und auch ihr Bruder werden oft von anderen Kindern zum Spielen eingeladen. Edith ist gerne unter anderen Kindern.

Als Edith 3 Jahre ist, wird Uta noch einmal schwanger. Daher entschließen sich Uta und Klaus, Edith in den ortsansässigen Sonderkindergarten zu geben. Ursprünglich hatten sie einen integrativen Kindergarten gewählt. Edith hätte dann jeden Tag von den Eltern gefahren werden müssen, da der Wohnort von Edith nicht im Einzugsgebiet des Kindergartens liegt. Für die Familie wären die täglichen Fahrten eine zu große Belastung gewesen, vor allem auf dem Hintergrund von Utas erneuter Schwangerschaft.

So kommt Edith in die Gruppe von Karin, von der am Anfang die Rede war. Karin ist Erzieherin und arbeitet seit 15 Jahren in diesem Kindergarten. In ihrer Gruppe arbeitet noch eine Kinderpflegerin, die kurz vor der Pensionierung steht. Die beiden betreuen sieben behinderte Kinder. Zum Zeitpunkt von Ediths Eintritt in den Kindergarten sind dies zwei sehr schwer behinderte Kinder und ein als autistisch diagnostizierter Junge; die übrigen Kinder sind vom Down-Syndrom betroffen oder entwicklungsverzögert. Edith kommt nach den Sommerferien als achtes Kind hinzu. Sie ist die einzige Dreijährige. Die anderen Kinder sind alle älter als vier und jünger als sieben Jahre.

Uta und Klaus gehen davon aus, dass die Mitarbeiter im Kindergarten über den Umgang mit dem Down-Syndrom Bescheid wissen. Uta begleitet Edith zuerst bei der Busfahrt und im Kindergarten. Als sie merkt, dass Edith sich wohlfühlt, zieht sie sich immer mehr zurück. Nach kurzer Zeit fährt Edith alleine in den Kindergarten.

Ein paar Wochen später fängt Edith morgens an zu quengeln und sich zu verweigern. Auch wenn sie aus dem Kindergarten kommt, ist sie oft unzufrieden und unausgeglichen. Zuerst denken Uta und Klaus, es handle sich um Anpassungsschwierigkeiten; schließlich will der Schritt in den Kindergarten erst einmal bewältigt werden. Nachfragen im Kindergarten ergeben keine Hinweise, dort scheint alles in Ordnung zu sein.

Als sich Ediths Verhalten auch nach einigen Wochen nicht ändert, bittet Uta darum, im Kindergarten hospitieren zu dürfen. Uta ist entsetzt über das Verhalten von Edith im Kindergarten. Sie ist sehr bockig, verweigert sich auch bei lebenspraktischen Tätigkeiten, über große Phasen des Tages spielt sie den Clown. Durch ihr Verhalten ist Edith nicht gut integriert. Uta merkt am Verhalten von Karin, dass sie Edith anders behandelt als Klaus und sie es als hilfreich erfahren und von der Frühförderung vermittelt bekommen haben. Karin fordert zu viel von Edith. Fast alle Forderungen liegen auf der lebenspraktischen Ebene und können von Edith auf Grund ihrer motorischen Schwächen oft nicht erfüllt werden. Im kognitiven Bereich dagegen werden an Edith wenig Anforderungen gestellt.

Uta merkt, dass Karin davon ausgeht, dass Edith viele Dinge zwar kann, aber aus Bockigkeit nicht bereit ist, sich angemessen zu verhalten. Uta versucht, Karin im Gespräch deutlich zu machen, dass solche Konflikte durch das eigene Verhalten oft vermieden werden könnten. Sie berichtet über die Selbsthilfegruppe und über die neueren Forschungsergebnisse im Bereich der Förderung und Erziehung von Kindern mit Down-Syndrom. Sie erzählt, dass Edith im kognitiven Bereich viel weiter sei, als es den Anschein hat, und dass sie in diesem Bereich Herausforderungen bräuchte. Karin hört Uta zwar zu, Uta hat aber nicht das Gefühl, verstanden zu werden.

Karin und Petra, beide Mitarbeiterinnen einer heilpädagogischen Tagestätte, unterhalten sich in der Mittagspause über ihre Gruppen. Karin erzählt von Edith, die jetzt seit 3 Monaten in der Gruppe ist. Edith sei genauso wie man es von Down-Syndrom-Kindern erwarte. Nur die Mutter sei so schwierig: sie akzeptiere Ediths Behinderung überhaupt nicht und überfordere das Kind total ...

9 AUTORINNEN

Buchkonzept / Redaktion / Textbeiträge

Regina Naschwitz-Moritz, geb. 1963; Dipl.-Sportlehrerin für Rehabilitations- und Behindertensport; Weiterbildungen in Integrativer Kinder- und Jugendlichentherapie, Gestützter Kommunikation; Psychomotorik, Qualifizierungsseminare zur Erwachsenenbildung; Therapeutische Mitarbeiterin der Kölner Ambulanz „Hilfe für das autistische Kind"; Referententätigkeiten für den BSNW und andere Bildungsinstitutionen. Verheiratet, zwei Kinder (4 und 2 Jahre)

Textbeiträge

Sandra Hecker, 1971 in Karlsruhe geboren; Dipl.-Sportlehrerin; 1990 - 1995 Rehabilitations- und Behindertensportstudium an der DSHS Köln (Körper-, psychisch- und Sinnesbehinderte, Psychomotorik); Honorarkraft des MTV Köln (Reha.-Abt.), seit 1996 psychomotorische Förderung behinderter Kinder in integrativer Kindertagesstätte, Aufbau und Leitung von Schwimmkursen, Referenten- und Trainertätigkeit (BSNW)

Andrea Hilgert, geb. 1968; Dipl.-Sportlehrerin (DSHS Köln); Zusatzstudiengang: Prävention und Rehabilitation durch Sport (Ruhruniversität Bochum); Berufserfahrungen im Sportverein und in der ambulanten Rehabilitation, Honorarlehrkraft des LSB NW und der Sportjugend NW (u.a. im Bereich Bewegungserziehung und Kinder mit mangelnden Bewegungserfahrungen); verheiratet, ein Kind

Dorothee Klöckner geb. 1958; Heilerzieherin, Sozialpädagogin. Langjährige Erfahrung in der Behindertenarbeit (Heim, Sonderkindergarten, therapeutische Arbeit mit autistischen Kindern, Freizeitarbeit). Freiberufliche Referentin in der Erwachsenenbildung. Schwerpunkt: Autismus, Menschen mit schweren Behinderungen. Eine Tochter (geb. 1982), ein Pflegesohn mit autistischem Syndrom (geb. 1978)

Anja Offergeld-Schnapka, geb. 1963; Sport- und Gymnastiklehrerin, Motopädin, Weiterbildungen in Tanztherapie und Bildnerischer Gestalttherapie; Berufserfahrungen: Tanzpädagogik mit Kindern, Jugendlichen und Erwachsenen, in Psycho- und Graphomotorik; therapeutische Mitarbeiterin der Kölner Autismusambulanz; Referententätigkeit für verschiedene Institutionen, Themenschwerpunkte: 'Autismus' und 'Wahrnehmung'. Verheiratet, zwei Kinder

Uta Wolff, 1972 in Cottbus geboren, besuchte in der Zeit von 1988 bis 1991 die Medizinische Fachschule und arbeitet seitdem als Physiotherapeutin im Bereich der Sozialpädiatrie und Frühförderung. 1992 absolvierte sie am Kinderzentrum in München die Ausbildung zur Therapeutin der sensorischen Integration und spezialisierte sich auf die Behandlung von Säuglingen und Kleinkindern.

Graphische Gestaltung

Anja Clemens, geb. 1968 in Köln; 4-jähriges Studium an der Rhein-Sieg-Kunstakademie in Hennef; seit 1992 freiberuflich tätig als Illustratorin. Schwerpunkte: Cartoons, Comics, Karikaturen. Erstellung von Modellen aus verschiedenen Materialien für beispielsweise Geschenkartikel

10 LITERATUR

AUCOUTURIER, B./LAPIERRE, A.: Die Symbolik der Bewegung - Psychomotorik und kindliche Entwicklung. München 1998.

AFFOLTER, F.: Wahrnehmung, Wirklichkeit und Sprache. Villingen 1985.

ANDRESEN, U.: So dumm sind sie nicht. Von der Würde der Kinder in der Schule. Weinheim/Berlin 1990.

AYRES, A.J.: Bausteine der kindlichen Entwicklung. Berlin/Heidelberg/New York/Tokio 1992 (2. Aufl.).

BERRUEZO, P.-P.: Das Konzept und die Entwicklung der Psychomotorik in Spanien. In: Motorik 21 (1998) 1, 23-24.

BETTELHEIM, B.: So können sie nicht leben. Die Rehabilitierung emotional gestörter Kinder. München 1988 (2. Aufl.).

BIELEFELD, J.: Körpererfahrung. Grundlage menschlichen Bewegungsverhaltens. Göttingen 1986.

BIELEFELD, J.: Sportunterricht und/oder Motopädagogik. In: Motorik 10 (1987) 1, 30-40.

BIERMANN, G. (Hrsg.): Handbuch der Kinderpsychotherapie. Frankfurt am Main 1988.

BLEULER, E.: Lehrbuch der Psychiatrie. Berlin/Heidelberg 1983 (15. bearb. Aufl.).

BOBATH, B./BOBATH, K.: Die motorische Entwicklung bei Zerebralparesen. Stuttgart 1998 (5. unveränd. Aufl.).

BOSSCHER, R.: Psychomotorische Therapie in den Niederlanden. In: Praxis der Psychomotorik 16 (1991) 3, 186-190.

BRAUN, G.: Was ist Psychomotorik? In: Praxis der Psychomotorik 17 (1992) 2, 68-71.

BRAZELTON, T.: Babys erstes Lebensjahr. Ravensburg 1997 (10. Aufl.).

CORDES, J. CH./ARNOLD, W./ZEIBIG, B.: Grundlagen und Techniken der Bewegungstherapie. Berlin 1987 (2. Aufl.).

CORDES, J. CH./ARNOLD, W./ZEIBIG, B.: Physiotherapie, Neurologie. Berlin 1988 (3. Aufl.).

DEFERSDORF, R.: Ein Kind braucht Hilfe - Welche Hilfen brauchen Eltern? In: Praxis der Psychomotorik 21 (1996) 2, 104-113.

DORNES, M.: Der kompetente Säugling. Die präverbale Entwicklung des Menschen. Frankfurt am Main 1997.

DORNES, M.: Die frühe Kindheit. Frankfurt am Main 1998.

DSM-IV (Dt. Bearb. SASS, H.-U./WITTCHEN, H./ZAUDIG, M.): Diagnostisches und Statistisches Manual psychischer Störungen DSM-IV. Göttingen 1996.

EGGERT, D. (Hrsg.): Zur Diagnose der Minderbegabung - Ein Handbuch und Textbuch zur TBGB. Weinheim 1971.

EGGERT, D.: Theorie und Praxis der psychomotorischen Förderung. Dortmund 1994.

EGGERT, D. (unter Mitarbeit von LÜTJE-KLOSE, B. u.a.): Theorie und Praxis der psychomotorischen Förderung. Dortmund 1995 (2. verb. Aufl.).

EGGERT, D./PETER, Th.: DIAS - Diagnostisches Inventar auditiver Alltagshandlungen. Dortmund 1992.

EGGERT, D./RATSCHINSKI, G.: DMB - Diagnostisches Inventar Motorischer Basiskompetenzen. Dortmund 1993.

ENDE, M.: Momo. Stuttgart 1973 (23. Aufl.).

FALLER, A.: Der Körper des Menschen. Stuttgart 1980.

FEUSER, G.: Geistigbehinderte gibt es nicht. In: Geistige Behinderung 35 (1996) 1, 18-25.

FISCHER, K.: Die Zeitschrift Motorik als Vereinsorgan - Stationen und Themen der Entwicklung. In: Motorik 21 (1998) 3, 117-122.

FISHER, A.G./MURRAY, E.A./BUNDY, A.C.: Sensorische Integrationstherapie, Theorie und Praxis. Berlin/Heidelberg 1998.

FLEHMIG, I.: Normale Entwicklung des Säuglings und ihre Abweichungen. Stuttgart 1990 (4. überarb. Aufl.).

FRÖHLICH, A.: Basale Stimulation. Düsseldorf 1991.

FROSTIG, M.: Bewegungserziehung. Neue Wege der Heilpädagogik. München/Basel 1973.

GÖLLNITZ, G.: Neuropsychiatrie des Kindes- und Jugendalters. Jena/Stuttgart 1992 (5. bearb. u. erw. Aufl.).

GSCHWEND, G.: Motorik als Phänomen der neurophysiologischen Entwicklungsachsen des Kindes. In: Sozialpädiatrie und Kinderarztpraxis 18 (1996) 10, 546-557.

HACHMEISTER, B.: Psychomotorik bei körperbehinderten Kindern. Entwicklung und Förderung. München/Basel 1997.

HAHN, E./KALB, G./PEIFFER, L.: Kind und Bewegung. Kinderturnen kritisch betrachtet. Schorndorf 1978.

HAMMER, R.: Wissen schafft ist, was Wissen schafft. In: Motorik 21 (1998) 3, 94 - 96.

HARRE, D. u.a.: Trainingslehre. Berlin (Ost) 1986.

HARTMANN, K.: Heilpädagogische Psychiatrie in Stichworten. Eine Einführung für Studierende der Sonder- und Sozialpädagogik. Stuttgart 1986 (2. überarb. und erw. Aufl.).

HEINEMANN, E./RAUCHFLEISCH, U./GRÜTTNER, T.: Gewalttätige Kinder. Psychoanalyse und Pädagogik in Schule, Heim und Therapie. Frankfurt am Main 1992.

HERDERS NEUES VOLKSLEXIKON. Freiburg 1974 (5. Aufl.).

HUMBOLDT-PSYCHOLOGIE-LEXIKON: Red. AHLHEIM, K.-H., Redaktion Naturwissenschaft u. Medizin des Bibliographischen Instituts. München 1990.

IRMISCHER, T.: Einführung in die Bewegungsbeobachtung. Arbeitsmaterialien des Aktionskreises Psychomotorik. Lemgo 1983.

IRMISCHER, T.: Psychomotorik in Europa. In: Motorik 21 (1998) 3, 133-137.

JANTZEN, W.: Zur Neubewertung des Down-Syndroms. In: Geistige Behinderung 37 (1998) 3, 224-238.

KALDE, M.: Vom spielerischen zum sprachlichen Dialog mit behinderten Kindern. Ein Buch zur handlungsorientierten Spiel- und Sprachmotivation. Dortmund 1992.

KANNER, L.: Autistic disturbances of affective contact. Springfield 1943.

KESPER, G./HOTTINGER, C.: Mototherapie bei sensorischen Integrationsstörungen. München 1993.

KEPPLER, L.: Aggression in der Kindertherapie. In: BIERMANN, G. (Hrsg.): Handbuch der Kinderpsychotherapie. Frankfurt am Main 1988, 209-218.

KIPHARD, E.J.: Bewegungsdiagnostik bei Kindern. Gütersloh 1978 (2. Aufl.).

KIPHARD, E.J.: Psychomotorik in Praxis und Theorie. Ausgewählte Themen der Motopädagogik und Mototherapie. Gütersloh 1989.

KIPHARD, E.J.: Unterschiede und Gemeinsamkeiten französischer und deutscher Psychomotorik. In: Motorik 14 (1991) 1, 31-36.

KIPHARD, E.J.: Motopädagogik. Dortmund 1992 (5. Aufl.).

KIPHARD, E.J.: Mototherapie Teil I. Dortmund 1995 (4. Aufl.).

KIPHARD, E.J.: Wie weit ist ein Kind entwickelt? Eine Anleitung zur Entwicklungsüberprüfung. Dortmund 1996 (9. unveränd. Aufl.).

KREFT, D./MIELENZ, I.: Wörterbuch Soziale Arbeit. Weinheim/Basel 1996 (4. vollst. überarb. Aufl.).

KURZ, S.: Eine Bildungsreise deutscher Psychomotoriker nach Paris. In: Motorik 21 (1998) 3, 138.

ERNST, A./HERBST, V./LANGBEIN, K./SKALINK, CH.: Kursbuch Kinder. Köln 1993.

LINDNER, H.: Praxisreihe zum Eltern-Kind-Turnen und Kinderturnen in Kindergarten, Schule und Verein. Neumünster 1992.

MARBACHER-WIDMER, P.: Bewegen und Malen. Zusammenhänge - Psychomotorik - Urformen - Körper- und Raumerfahrung. Dortmund 1991.

MARTIN, D./CARL, K./LEHNERTZ, K.: Handbuch Trainingslehre. Schorndorf 1993 (2. Aufl.).

MATTNER, D.: Anthropologische Bestimmung der Mototherapie. In: Motorik 12 (1989) 4, 142 - 149.

MECKLENFELD, D.: Lasst uns Zeit! Zu Besuch im Emmi-Pikler-Institut in Budapest. In: Praxis der Psychomotorik 22 (1997) 4, 273-275.

MERTENS, K.: Körperwahrnehmung und Körpergeschick. Psychomotorische Entwicklungsförderung - Band 4. Dortmund 1986.

MURDOCK, M.: Dann trägt mich meine Wolke ... Wie Große und Kleine spielend leicht lernen. Freiburg 1989.

MUSSEN, P.H./CONGER, J./KAGAN, J./HUSTON, A.: Lehrbuch der Kinderpsychologie. Stuttgart 1993 (4. vollst. überarb. Aufl.).

NADOLNY, S.: Die Entdeckung der Langsamkeit. München 1989 (15. Aufl.).

OAKLANDER, V.: Gestalttherapie mit Kindern und Jugendlichen. Stuttgart 1993 (8. Aufl.).

OLBRICH, I.: Mit Eltern und entwicklungsauffälligen Kindern spielend kommunizieren lernen: Grundstrukturen einer Entwicklungsförderung für Kinder, Eltern und Therapeut(inn)en. In: KIPHARD, E.J./OLBRICH, I. (Hrsg.): Psychomotorik und Familie. Psychomotorische Förderpraxis im Umfeld von Therapie und Pädagogik. Dortmund 1995, 45-63.

OLBRICH, I.: Die Akademie für Motopädagogik ergänzt ihr Angebot um die Erweiterungsqualifikation für Lehrende. In: Motorik 21 (1998) 3, 101-102.

PANTEN, D.: Kritische Betrachtungen zur Effizienz psychomotorischer Therapie. In: Motorik 3 (1980) 4, 153-157.

PFISTER, M.: Der Regenbogenfisch. Gossau/Zürich/Hamburg/Salzburg 1996.

PIAGET, J.: Psychologie der Intelligenz. Olten/Freiburg 1975 (6. Aufl.).

PIKLER, E.: Friedliche Babys - zufriedene Mütter. Pädagogische Ratschläge einer Kinderärztin. Freiburg/Basel/Wien 1982 (4. Aufl.).

PIKLER, E.: Laßt mir Zeit. Die selbständige Bewegungsentwicklung des Kindes bis zum freien Gehen. München 1988.

PIONTELLI, A.: Vom Fetus zum Kind: Die Ursprünge des psychischen Lebens. Eine psychoanalytische Beobachtungsstudie. Stuttgart 1996.

PRESSEL A./PRESSEL I.: Sozialisation In: Fachlexikon der Sozialen Arbeit: Frankfurt am Main 1993 (3. ern. u. erw. Aufl.), 881-884.

PRÉVOST, J.-J.: Grundzüge der Psychomotorik in Frankreich. In: Motorik 13 (1990) 3, 107-114.

PSCHYREMBEL KLINISCHES WÖRTERBUCH. Hamburg 1993 (Sonderausgabe 257. Aufl.).

REINARTZ, A./REINARTZ, E.: Marianne Frostig Programm - Wahrnehmungstraining. Dortmund 1974.

ROHMANN, U./ELBING, U.: Selbstverletzendes Verhalten. Überlegungen, Fragen und Antworten. Dortmund 1998.

ROTHENBERG, R.E.: Medizin für jedermann. Fragen und Antworten. Stuttgart 1995 (5. neubearb. Auf.).

RUSCH, H./WEINECK, J.: Sportförderunterricht - Lehr- und Übungsbuch zur Förderung der Gesundheit durch Bewegung. Schorndorf 1992 (4. Aufl.).

SCHÄFER, I.: Von der psychomotorischen Idee zu den Gründungsjahren des Aktionskreises Psychomotorik. In: Motorik 21 (1998) 3, 82-86.

SCHERLER, K.: Sensomotorische Entwicklung und materiale Erfahrung. Schorndorf 1979 (2. unveränd. Aufl.).

SCHILLING, F.: Motodiagnostik des Kindesalters. Halle 1970.

SCHILLING, F.: Checkliste motorischer Verhaltensweisen (CMV), Handanweisung. Braunschweig 1976.

SCHILLING, F.: Zum Stand des Faches Motologie und der Ausbildung von Motologen und Mototherapeuten. In: Psychomotorik 1 (1976) 1, 4-10.

SCHILLING, F.: Die Psychomotorik läuft Gefahr, nur Aushängeschild zu werden. In: Motorik 5 (1982) 2, 57-58.

SCHILLING, F.: Ansätze zu einer Konzeption der Mototherapie. In: Motorik 9 (1986) 2, 59-67.

SCHILLING, F./KIPHARD, E.J.: Der Körperkoordinationstest für Kinder (KTK) in der Bearbeitung von F. Schilling, Manual. Weinheim 1974.

SCHNABEL, M.: Eltern und Kinder bringen sich in Schwung! Psychomotorische Förderung in Eltern-Kind-Gruppen. In: Praxis der Psychomotorik 21 (1996) 3, 160-162.

SCHOCH, R.: Was ist Psychomotorik ? Ein Versuch, die Frage nicht zu beantworten. In: Praxis der Psychomotorik 17 (1992) 3, 154-156.

SCHRADER, CH.: Die geborenen Experten. In: GEO-WISSEN: Kindheit und Jugend (1993) 2, 26-35.

SEEWALD, J.: Der „Verstehende Ansatz" und seine Stellung in der Theorienlandschaft der Psychomotorik. In: Praxis der Psychomotorik, 22 (1997) 1, 4-14.

SEEWALD, J.: Entwicklungen in der Psychomotorik. In: Praxis der Psychomotorik 18 (1993) 4, 188-193.

SEEWALD, J.: Glossar zum Begriff der Psychomotorik. In: Praxis der Psychomotorik 22 (1997) 4, 272.

SPORTJUGEND NORDRHEIN-WESTFALEN (Hrsg.): Kinder mit mangelnden Bewegungserfahrungen. Teil 1, Duisburg 1995.

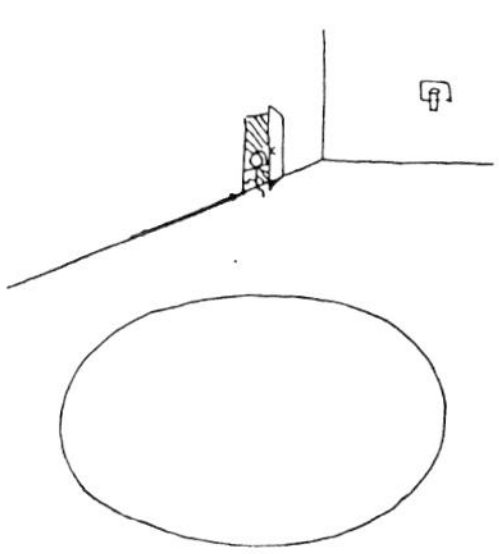

SPORTJUGEND NORDRHEIN-WESTFALEN (Hrsg.): Kinder mit mangelnden Bewegungserfahrungen. Teil 2 - Praktische Hilfen zur Förderung der Wahrnehmung und Bewegungsentwicklung. Duisburg 1998.

SPORTJUGEND NORDRHEIN-WESTFALEN (Hrsg.): Kinder mit mangelnden Bewegungserfahrungen. Teil 3 - Praktische Beobachtungshilfen zur Einschätzung und Förderung kindlichen Bewegungsverhaltens. Duisburg 1999.

STEMME, G./VON EICKSTEDT, D.: Die frühkindliche Bewegungsentwicklung - Vielfalt und Besonderheiten. Düsseldorf 1998.

STEHN, M./EGGERT, D.: "Ganzheitlichkeit" zur Verwendung gestalt- und ganzheitspsychologischer Konzepte in der Psychomotrik. In: Motorik 10 (1987) 1, 4-18.

STEHR, K./LANG, N.: Schwangerschaft, Geburt und Säuglingspflege. München 1989 (7. überarb. Aufl.).

STERN, D.N.: Tagebuch eines Babys. Was ein Kind sieht, spürt, fühlt und denkt. München 1994 (5. Aufl.).

STEVENS, J.O.: Kunst der Wahrnehmung. Gütersloh 1996 (14. Aufl.).

VAN DER SCHOOT, P.: aktiv leben - gesund leben. Durch Bewegung, Spiel und Sport. Köln 1987.

VON HARNACK, G.-A. (Hrsg.): Kinderheilkunde. Berlin u.a. 1994 (9. Aufl.).

WERNER, G.: Das behinderte Kind. Stuttgart 1992 (4. überarb. Aufl.).

ZIMBARDO, Ph.G.: Psychologie. Berlin/Heidelberg 1992 (5. bearb. Aufl.).

ZIMMER, R.: Handbuch der Bewegungserziehung. Didaktisch-methodische Grundlagen und Ideen für die Praxis. Freiburg 1996 (5. Aufl.).

ZIMMER, R.: Dreimal täglich Pedalofahren!? Die Wirkfaktoren der psychomotorischen Förderung. Vortrag während der 24. Jahrestagung des Aktionskreises Psychomotorik. Sundern/Hachen 1998.

ZIMMER, R./CICURS, H.: Psychomotorik. Neue Ansätze im Sportförderunterricht und Sonderturnen. Schorndorf 1995 (4. unveränd. Aufl.).

ZIMMER, R./VOLKAMER, M.: Motoriktest für 4-6-jährige Kinder (MOT 4-6). Weinheim 1987 (2. Aufl.).

ZINKE-WOLTER, P.: Spüren-Bewegen-Lernen. Dortmund 1992.